BauKultur in Wien
1938–1959

Das Archiv der Zentralvereinigung
der ArchitektInnen Österreichs (ZV)

BauKultur in Wien
1938–1959

Ingrid Holzschuh (Hrsg.)
Zentralvereinigung der ArchitektInnen Österreichs

Birkhäuser
Basel

Vorwort

Die Baukultur in Österreich ist ohne das Wirken der Zentralvereinigung der ArchitektInnen Österreichs (ZV) im 20. Jahrhundert nicht denkbar. 1907 gegründet stellte dieser Verein als föderalistische Berufsvertretung in allen Bundesländern vor dem Zweiten Weltkrieg eine wesentliche Institution in allen Belangen für das qualitätsvolle Bauen dar. Die ZV-Präsidenten Ludwig Baumann (1907–1914), Ferdinand Fellner II. (1914–1916), Emil Bressler (1916–1918), Hermann Helmer (1918–1919), Siegfried Theiss (1919–1931), Otto Schönthal (1931/32), Clemens Holzmeister (1932–1936) und Hans Jaksch (1936–1938) waren wichtige Akteure im Bauwesen des 20. Jahrhunderts und die Architekten der ZV waren auch in der Zeit der Wirtschaftskrisen und der politischen Umbrüche in der gesellschaftlichen Entwicklung aktiv. In der Geschichte Österreichs war von 1907 bis 1938 die ZV das Organ des architektonischen Diskurses – durch eine von ihr regelmäßig herausgegebenen Zeitschrift und einer eigenen Bauberatungsstelle unterstützte sie in ganz Österreich das moderne Baugeschehen. Nach dem „Anschluss" wurde die ZV als Verein aufgelöst und die NS-Reichskammer der bildenden Künste übernahm ab 1938 die Berufsvertretung der Architekten. Die Zeit des Nationalsozialismus war für viele von ihnen eine schwierige Phase: des Berufsverbots, der persönlichen „Sippenhaftung" oder der Nachforschung unehelicher Abstammung. Wie viele Kolleginnen und Kollegen mussten die Vertreibung, ja den Tod erleiden? Die „Entjudung Wiens" ist einem dramatischen Tiefstand gesellschaftlichen Konsenses geschuldet. Dies sollten wir niemals vergessen.

Leider haben nach 1945 die Republik Österreich und die Bundesländer den im Nationalsozialismus erfolgten schrecklichen Vertreibungen wenig entgegengesetzt und den zurückkehrenden Kolleginnen und Kollegen einen Neubeginn nicht leicht gemacht. Erst in den vergangenen Jahren wurde durch Publikationen und Ausstellungen die Diskussion der Geschichte in der Öffentlichkeit bewusst gemacht. Die Jahre des Wiederaufbaus bedeuteten auch einen Neuanfang für die Zentralvereinigung, vorerst als Architektensektion der Berufsvereinigung der bildenden Künste. Es folgten aktive Jahre mit Vorträgen und Ausstellungen. Mit dem publizistischen Neubeginn und der Herausgabe der Zeitschrift *Der Bau* wurde an die Zeit vor 1938 angeknüpft und damit die österreichische Publizistik- und Architekturgeschichte weitergeschrieben. Die ZV konnte erst 1959 nach der schwierigen Phase des Wiederaufbaus als selbstständiger Verein neu gegründet werden. Auch diese Phase wurde von ZV-Präsidenten geprägt, prominente Architektenpersönlichkeiten der Nachkriegszeit waren Max Fellerer (1945–1951), Siegfried Theiss (1952–1955) und Erich Boltenstern (1956–1959).

Im Archiv des Landesverbands der ZV für Wien, Niederösterreich und Burgenland sind Dokumente erhalten, die sowohl die Mitgliederakten der NS-Reichskammer der bildenden Künste als auch die Dokumente der Baukulturarbeit der ZV nach 1945 dokumentieren und damit österreichische Baugeschichte erzählen. Der Vorstand der ZV hat beschlossen, diese Archivbestände schrittweise aufzuarbeiten und zu veröffentlichen, wobei die erste Publikation der Zeitspanne von 1938 bis 1959 gilt. Dabei zeigten sich überraschende Einblicke in Biografien von Frauen und Männern, deren Werk durch das wechselhafte Geschehen der Zeit unbekannt blieb oder verschwunden ist. Der ZV war es wichtig, die Dokumentation seiner eigenen Geschichte der Jahre zwischen der Auflösung (1938) und der Wiederkonstituierung als Verein (1959) aufzuarbeiten und im Gedenkjahr 2018 zu veröffentlichen, da die Aufarbeitung von Vereins- und Institutionsgeschichte ein wichtiger Beitrag zur Aufarbeitung von Zeitgeschichte ist. Das vorliegende Buch soll Licht ins Dunkel der Geschichte bringen und vor allem jene Zeit vor Ausbruch des Zweiten Weltkriegs und die folgenden Jahre beleuchten, in denen die österreichischen Kulturträgerinnen und -träger verfolgt und beschädigt wurden.

Ich möchte auf diesem Weg der Herausgeberin Ingrid Holzschuh und den Autorinnen danken, die mit ihrer Arbeit und den Beiträgen die Geschichte der ZV von 1938 bis 1959 erstmals umfangreich dokumentieren. Ebenso sei an dieser Stelle der ehemaligen Präsidentin Marta Schreieck (2007–2017), den Vorstandsmitgliedern der ZV und der Generalsekretärin Antonia Raneburger gedankt, die die Aufarbeitung des Archivbestands tatkräftig unterstützten. Vor allem sei aber den Fördergebern gedankt, dem Bundeskanzleramt, der Bundeskammer der ZiviltechnikerInnen, dem Nationalfonds sowie Zukunftsfonds der Republik Österreich und der Stadt Wien (MA 7), welche die Finanzierung der Forschung und der Publikation ermöglichten.

Diese Publikation wird einen wesentlichen Beitrag zur Aufarbeitung der Berufsgeschichte der Architektinnen und Architekten Österreichs leisten und eine Basis für weitere wissenschaftliche Bearbeitungen sein.

Maria Auböck
Präsidentin der Zentralvereinigung der ArchitektInnen Österreichs

Sammlung erforschen   *Das ZV-Archiv und seine*
                       Quellen (1938–1959)

Text: Ingrid Holzschuh

Obwohl in den vergangenen Jahren in Österreich eine Zunahme der Forschungstätigkeit in der Aufarbeitung ganzer Berufsgruppen und deren Rolle im Nationalsozialismus bemerkbar ist, wurde bis heute der Aufarbeitung des Berufsstands der Architektinnen und Architekten noch keine große Aufmerksamkeit geschenkt. Nur langsam beginnt die Forschung in Österreich, sich mit der „personalisierten" Architektur des Nationalsozialismus auseinanderzusetzen. So ermöglichen vor allem immer mehr zu Tage tretende, unbekannte Quellen der Wissenschaft, neue Erkenntnisse über den Berufsalltag verschiedener Berufsgruppen zu gewinnen, um ein Gesamtbild der Alltagsgeschichte im Nationalsozialismus nachzeichnen zu können.

Auch das Archiv des seit 1907 bestehenden Vereins der Zentralvereinigung der ArchitektInnen Österreichs (ZV) birgt eine Quelle weitgehend unbekannten Dokumentmaterials, die in den letzten Jahren erstmals bearbeitet wurde. Die dabei gewonnenen Erkenntnisse veranlassten den Vorstand der ZV 2016, sich der Aufarbeitung seiner Institutionsgeschichte zu stellen und das Archivmaterial der Jahre von 1938 bis 1959 wissenschaftlich dokumentieren zu lassen. Die gewählte Zeitspanne begründet sich mit der Auflösung des Vereins durch das NS-Regime im Jahr 1938 und der Neukonstitutionierung als eigenständiger Verein im Jahr 1959. Die Untersuchung der „unselbstständigen Jahre" von 1938 bis 1945 und der Jahre des „Neubeginns" von 1945 bis 1959 sollten die weitgehend unbekannte Vereinsgeschichte nachzeichnen und damit sowohl die Brüche als auch die Kontinuitäten über die Zäsur des Zweiten Weltkriegs hinweg aufzeigen.

Das Archivmaterial der ZV ist vielfältig und reicht bis 1938 zurück, wobei gerade die Mitgliederakten eine Fülle von bis heute weitgehend unbekannten und vor allem für die Forschung zur NS-Geschichte einzigartigen Quellen beinhalten. Die ZV gelangte nach deren Neugründung 1945 in den Besitz der bis heute verschollen geglaubten Mitgliederakten der NS-Institution Reichskammer der bildenden Künste (RdbK), Fachgruppe Architektur. Diese wurden als ZV-Mitgliederakten weitergeführt und beinhalten somit ebenso Dokumente aus der Zeit nach 1945, unter anderem Fragebögen der Architekten, die Auskunft über ihre politischen Aktivitäten im Nationalsozialismus und ihre beruflichen Tätigkeiten (Rüstungsindustrie, Luftwaffe etc.) während des Kriegs geben. Es ist eine einzigartige Quelle für die Aufarbeitung sowohl der Entnazifizierung des Berufsstands der Architekten als auch deren „individuellen" Lebensgeschichten. Auf der Basis dieser Primärquellen konnten in der Untersuchung die Grundlagen und die Instrumente für die diskriminierenden Maßnahmen wie die Nichtzulassung in die RdbK erforscht und daher die Berufsschädigungen der Wiener Architekten in der nationalsozialistischen Neuordnung beleuchtet werden. Denn bis zur Löschung des Vereins im Sommer 1938 gab es auch eine große Anzahl jüdischer Architekten, die in der ZV Mitglied waren und durch die Eingliederung in die RdbK de facto von der Berufsgruppe der freischaffenden Architekten ausgeschlossen wurden. Viele konnten schon vor März 1938 emigrieren und damit dem nationalsozialistischen System entkommen. Manche fassten Fuß in ihren Gastländern und konnten ihren Beruf als Architekt dort weiter ausüben. Jene, die in Wien blieben, wurden diffamiert, verfolgt, verschleppt und in Konzentrationslagern ermordet. Nur wenige überlebten den Holocaust und die Gräuel des Nationalsozialismus. Aber es wurde auch die Zeit der Entnazifizierung nach 1945 betrachtet, die die Registrierung ehemaliger NSDAP-Mitglieder umfasste, deren zeitweiligen Ausschluss von bestimmten Berufen sowie den Verlust der staatsbürgerlichen Rechte. Nach dem Krieg übernahm die ZV vorerst als Architektensektion der Berufsvereinigung der bildenden Künstler Österreichs (BV) wieder ihre vor 1938 ausgeübte Rolle der Standesvertretung der freischaffenden Architekten und im Wiederaufbau konnte sich die ZV erneut als wichtigste Interessensvertretung ihrer Berufsgruppe behaupten. Erst mit dem Inkrafttreten des Ziviltechnikergesetzes 1957 wurden der Architektenkammer endgültig die Themen der Standespolitik übertragen. Dieser Umstand führte 1959 in die (Neu-)Konstituierung des eigenständigen Vereins der ZV, der bis heute besteht.

In dem vorliegenden Buch sind nun die Ergebnisse der umfangreichen wissenschaftlichen Forschungsarbeit der vergangenen Jahre publiziert, wobei das Hauptaugenmerk in der Aufarbeitung der beiden Institutionen der Reichskammer der bildenden Künste (Landesleitung Wien, Fachgruppe Architektur) von 1938 bis 1945 und der Zentralvereinigung der Architekten Österreichs (Wien, NÖ, Bgld.) ab 1945 liegt. Ebenso wird deren Aufgabe und Rolle in der Zeit des Nationalsozialismus und nach 1945 sowie deren Bedeutung für das Architekturgeschehen im 20. Jahrhundert betrachtet. Mehrere von renommierten Wissenschaftlerinnen verfasste Textbeiträge vertiefen in verschiedenen, die ZV betreffenden Themen wie erste weibliche Mitglieder, jüdische Architekten und deren Schicksal nach 1938, Darstellung der ZV im eigenem Zeitschriftenmedium nach 1945 oder die ZV im internationalen Architekturdialog der Nachkriegszeit, womit die Geschichte der ZV und deren Mitglieder in einen größeren Kontext gesetzt wird. Eine Analyse der Mitgliederverzeichnisse aus den Jahren 1937, 1945 und 1951 zeigt die Veränderung des Mitgliederstands und versucht, den Spuren ehemaliger Mitglieder nachzuspüren, die später nicht wieder eintraten. Schließlich zeigt ein Kalendarium von 1945 bis 1959 die umfangreichen Aktivitäten des Vereins nach Kriegsende, die neben der Standesvertretung die Vermittlung von qualitätsvoller Architektur als ihre essenzielle Aufgabe sah. Um die einzelnen Personen bzw. das Individuum aus der Anonymität des ZV-Vereins hervorzuholen und so besser sichtbar zu machen, wurden sowohl in den Textbeiträgen die Namen der ZV-Mitglieder grafisch differenziert als auch Steckbriefe von verschiedenen ZV-Mitgliedern unsystematisch im Buch verteilt. Die Dokumentation der Mitglieder von 1907 bis 1959 bringt eine umfassende Namensliste von Architektinnen und Architekten zum Vorschein, die einen wesentlichen Beitrag zum Wiener Baugeschehen des 20. Jahrhunderts leisteten. Neben bekannten Persönlichkeiten findet sich auch eine Vielzahl an Namen von Personen, deren Leben und Werk weitgehend unbekannt sind und die hiermit aus dem Schattendasein der Geschichte gehoben werden. Mit der Dokumentation und der Aufarbeitung der Quellen des ZV-Archivs wird ein wichtiger Baustein in der Forschung zur Baukultur in Wien ergänzt und damit dem Gesamtbild österreichischer Architekturgeschichtsschreibung einen Schritt näher gerückt.

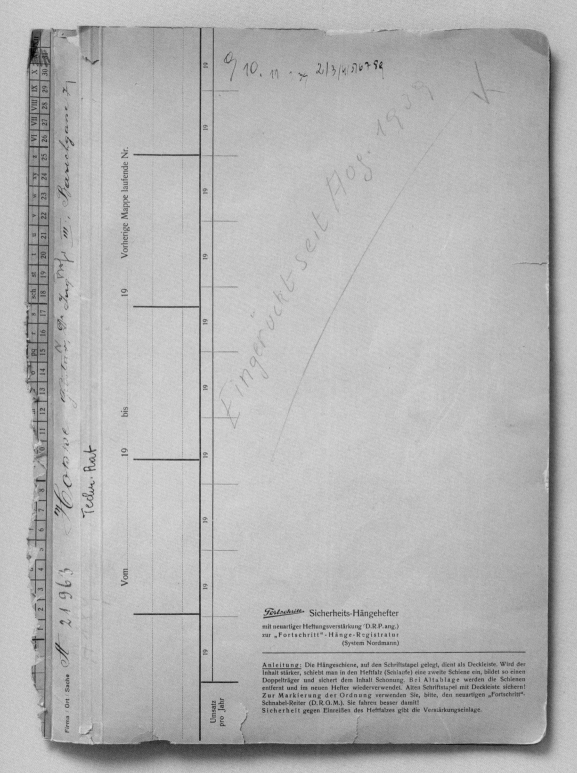

ZV-Mitgliedsakt von Gustav Hoppe, braune Einschlagmappe aus der RdbK mit der Anmerkung „Eingerückt seit Aug. 1939", die nach 1945 von der ZV übernommen und weitergeführt wurde, Vorderseite

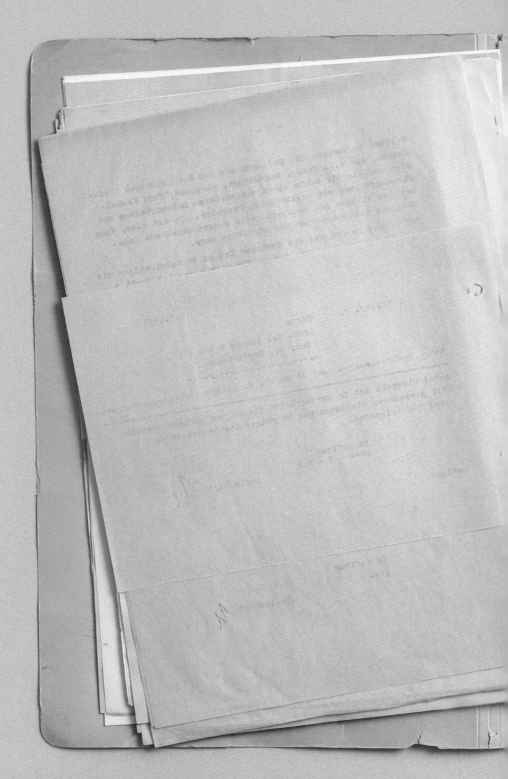

Aufgeschlagener ZV-Mitgliedsakt von Gustav Hoppe mit dem Aufnahmebescheid der RdbK (1939) und der Bekanntmachung seines Telefonnummernwechsels (1940)

Der Präsident
der Reichskammer der bildenden Künste

Berlin W 35, den   16. OKT. 1939
Blumeshof 4–6
Fernsprecher: 21 92 71
Postscheck-Konto: Berlin 144430

Aktenzeichen: IIa A 21963
_____
(In der Antwort anzugeben)

Einschreiben!

Herrn
Dr. Ing. Gustav H o p p e
Architekt

Abschrift!

W i e n III,

Barichgasse 7

Reichskammer der bildenden
Künste
Landes......... Wien
Eing.   18. OKT. 1939
Aktenz.

    Teile höflichst mit, dass

nunmehr meine Telefonnummer   ...ch Sie unter der

     U.16.2.73   1938   in die Reichs-
               Künste   ...Architekt im Sinne der
         Landeskultur Wien   ...eichskulturkammergesetzes

lautet.   20. MRZ. 1940

            Heil Hitler!   ...fertigung eine Gebühr
                            ...ammer und ist umgehend
                            ...keit nicht mehr aus-

ARCHITEKT
DR. GUSTAV HOPPE
WIEN III. BARICHGASSE 7

                 ...ammer zu entrichten.
                 ...r Girokonto bei der
                 ...i der Deutschen Bank,
                 ...be des obigen Akten-

...bogen sind ausgefüllt und unterschrieben innerhalb
von 8 Tagen an mich zurückzusenden,um die Höhe des Beitrages festsetzen zu
können.
   Ich weise darauf hin,daß alle Eingaben an mich über den für Sie zuständigen
Landesleiter der Reichskammer der bildenden Künste
beim Landeskulturwalter,Gau Wien,,Wien,,Reisnerstr.40................
unter Angabe der Mitgliedsnummer zu leiten sind.
   Ferner sind Sie als Mitglied meiner Kammer verpflichtet,die Bestimmungen
meiner ersten Anordnung über den Beruf des Architekten vom 28.7.1936 und
meiner siebenten Anordnung über den Schutz des Berufes und die Berufsausübung der Architekten vom 15.7.1935 in der Fassung v. 7.5.1937 (Gebühren-
ordnung der Architekten) sowie meiner sonstigen Anordnungen zu befolgen.

...mbl.Nr.84b

Unselbstständige Jahre

Die Auflösung der ZV und das selektive Aufnahmeverfahren der Reichskammer der bildenden Künste (RdbK)

Text: Ingrid Holzschuh

Im Jahr 1937 feierte die Zentralvereinigung der Architekten Österreichs (ZV) das 30-jährige Jubiläum ihres Bestehens. Sie galt damals als die wichtigste Interessenvertretung freischaffender Architekten Österreichs und wies laut Verzeichnis einen Gesamtstand von 506 Mitgliedern auf: 323 Mitglieder in Wien, 12 Mitglieder in Oberösterreich, 33 Mitglieder in Niederösterreich, 1 Mitglied im Burgenland, 29 Mitglieder in der Steiermark, 11 Mitglieder in Kärnten, 22 Mitglieder in Salzburg, 21 Mitglieder in Tirol, 5 Mitglieder in Vorarlberg und schließlich 49 Mitglieder außerhalb Österreichs.[1]

Mit dem „Anschluss" und der Eingliederung Österreichs in das Deutsche Reich 1938 veränderte sich nicht nur die politische Lage. Auch die beruflichen Bedingungen von Architekten waren nun andere, die sich auf die ZV auswirkten. Der ab 1907 bundesweit und in Landesverbänden agierende Verein der ZV wurde vom NS-Regime unmittelbar nach dessen „Machtergreifung" aufgelöst und das der Berufsgruppe der Architekten zugrunde gelegte Ziviltechnikergesetz von 1913 außer Kraft gesetzt. Fortan übernahm die NS-Institution der Reichskulturkammer bzw. deren untergeordnete Einzelkammer, die Reichskammer der bildenden Künste (RdbK), die Standesvertretung der Architekten und die Verwaltung ihrer Mitgliedschaft, welche zur Ausübung einer freischaffenden Architekturtätigkeit verpflichtend war. Die Organisation der Reichskammer erfolgte zentralistisch von Berlin aus. Für die Verwaltung der Mitglieder wurde in jedem „Gau" eine eigene Landesstelle der Reichskammer eingerichtet, die direkt der obersten Stelle des Präsidenten der Reichskammer der bildenden Künste in Berlin unterstellt war.

Die Auflösung des Vereins der ZV im Sommer 1938

Unmittelbar nach dem „Anschluss" Österreichs im März 1938 wurde Albert Hoffmann zum „Stillhaltekommissar für Verbände und Organisationen" in Wien ernannt. Im Stab des von Adolf Hitler eingesetzten „Reichskommissars für die Wiedervereinigung Österreichs mit dem Deutschen Reich", Gauleiter Josef Bürckel, war dieser für Vermögensabwicklungen sowie für die „Auflösung" von Vereinen zuständig.[2] Die ersten Maßnahmen des „Stillhaltekommissars" sahen eine komplette Bestandsaufnahme aller Vereine Österreichs und ihres Vermögens vor. Sehr rasch wurden die bestehenden Vereine aufgelöst und in die bereits in Deutschland etablierten politischen Verbände oder Institutionen eingegliedert. Die Organisation der RdbK war auf die Unterstützung der bereits bestehenden Interessensgemeinschaft (Vereine etc.) angewiesen, da diese die besten Kenntnisse und Unterlagen (Mitgliederakten) ihrer Mitglieder besaßen. So leistete auch die ZV ab März 1938 Hilfestellung für das NS-Regime und übernahm stellvertretend für die erst im Aufbau befindliche RdbK die erste Registrierung bzw. Anmeldung jener Architekten, die bereits in der ZV als Mitglied verzeichnet gewesen waren. Am 16. März 1938 wurde von der ZV zudem eine Versammlung mit den „nationalsozialistischen bildenden Künstlern Wiens" in der Wiener Akademie der bildenden Künste einberufen, bei der dem Führer als „Schutzherr der bildenden Künste" in einer Rede des Präsidenten der ZV gehuldigt wurde. Der Architekt Hans Jaksch[3], Mitglied der ZV ab 1910 und deren Präsident ab 1936, wurde nur wenige Tage nach der „Machtergreifung", am 2. April 1938, offiziell zum kommissarischen Leiter der Zentralvereinigung bestellt. Jaksch war augenscheinlich ein Garant für die parteitreue Haltung des Vereins, wovon Zeitungsberichte von März und April zeugen, welche die Euphorie widerspiegeln, mit der die Mitglieder der ZV den „Anschluss" an das Deutsche Reich und den neuen Machthaber Hitler in Österreich begrüßten. Auch bei der Volksabstimmung im April 1938 nahm die ZV eine klare Position für den „Anschluss"

D

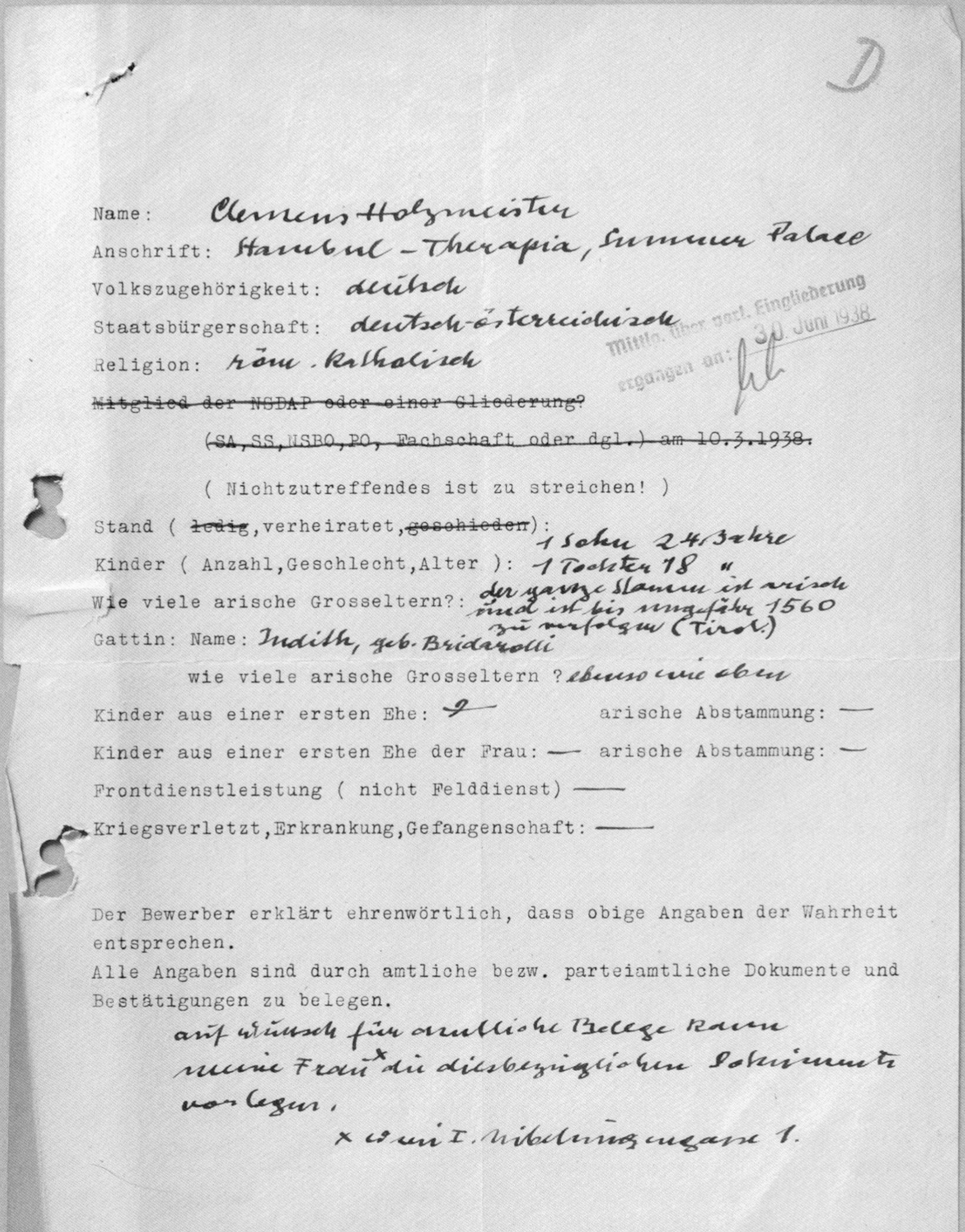

Name: Clemens Holzmeister

Anschrift: Istanbul – Therapia, Summer Palace

Volkszugehörigkeit: deutsch

Staatsbürgerschaft: deutsch-österreichisch

Religion: röm. katholisch

Mittlg. über vorl. Eingliederung ergangen an: 30. Juni 1938

~~Mitglied der NSDAP oder einer Gliederung?~~

~~(SA, SS, NSBO, PO, Fachschaft oder dgl.) am 10.3.1938.~~

(Nichtzutreffendes ist zu streichen!)

Stand (~~ledig~~, verheiratet, ~~geschieden~~):

Kinder (Anzahl, Geschlecht, Alter): 1 Sohn 24 Jahre, 1 Tochter 18 "

Wie viele arische Grosseltern?: der ganze Stamm ist arisch und ist bis ungefähr 1560 zu verfolgen (Tirol.)

Gattin: Name: Judith, geb. Bridarolli

wie viele arische Grosseltern ? ebenso wie oben

Kinder aus einer ersten Ehe: 0 arische Abstammung: —

Kinder aus einer ersten Ehe der Frau: — arische Abstammung: —

Frontdienstleistung (nicht Felddienst) —

Kriegsverletzt, Erkrankung, Gefangenschaft: —

Der Bewerber erklärt ehrenwörtlich, dass obige Angaben der Wahrheit entsprechen.
Alle Angaben sind durch amtliche bezw. parteiamtliche Dokumente und Bestätigungen zu belegen.

auf Wunsch für amtliche Belege kann meine Frau[x] die diesbezüglichen Dokumente vorlegen.

x Wien I. Nibelungengasse 1.

Antragsformular für die vorläufige Eingliederung in die RdbK, ausgefüllt von Clemens Holzmeister, 30. Juni 1938

Wilhelm Kroupa
* 25.08.1911, Wien
Abschluss: Technische
Hochschule Wien
(1934, Prom. 1936)
ZV-Mitglied ab 1937

ein, die sie in einem „Aufruf an die Architekten"[4] im *Neuen Wiener Tagblatt* kundtat. Die offizielle Auflösung des Vereins der Zentralvereinigung der Architekten Österreichs erfolgte schließlich im Sommer 1938.

Die NS-Institution der Reichskammer der bildenden Künste (RdbK) 1938–1945

Die in Deutschland 1933 gegründete Reichskulturkammer in Berlin war das wichtigste Instrument der nationalsozialistischen Kulturpolitik, die auch in Österreich ab 1938 die staatliche Organisation und Überwachung sowie Kontrolle der Kultur übernahm. Wer Kunst- bzw. Kulturschaffender war und seinen Beruf ausüben wollte, musste Mitglied in der jeweils für ihn zuständigen Kammer sein. Die rechtliche Grundlage für die Institution der Reichskulturkammer bildete das bereits in Deutschland beschlossene Reichskulturkammergesetz vom 1. November 1933, das auch in Österreich unmittelbar nach dem „Anschluss" durch ein Gesetzblatt am 24. Juni 1938 in Kraft trat. Die Reichskulturkammer bestand aus folgenden Einzelkammern: Reichspressekammer, Reichsrundfunkkammer, Reichsfilmkammer, Reichstheaterkammer, Reichsmusikkammer, Reichsschrifttumskammer und

Reichskammer der bildenden Künste.[5] Wie alle NS-Institutionen unterstand die Wiener Reichskammer der bildenden Künste ebenfalls der Berliner Zentralstelle mit dem Präsidenten der Reichskammer der bildenden Künste, die ihren Sitz in der Reichshauptstadt hatte. Sowohl die Aufnahmebestätigung als auch die Bescheidausstellung über die Mitgliedsnummer erfolgte direkt in Berlin im Büro des Präsidenten (Präsident ab 1933: Eugen Hönig, ab 1936: Adolf Ziegler). Die Wiener Reichskammer der bildenden Künste wurde 1938 im Künstlerhaus Wien (Karlsplatz 5) als „Dienststelle des Beauftragten aller Institutionen für bildende Kunst" eingerichtet und Leopold Blauensteiner[6] zum „Beauftragten aller Institutionen für bildende Kunst" ernannt. Später wurde er „Landesleiter der Reichskammer der bildenden Künste" bzw. der „Landeskulturwalter Gau Wien". Als Geschäftsführer der Behörde wurde der Architekt Marcel Kammerer eingesetzt. Die Behörde verlegte ungefähr im Jahr 1939 ihren Sitz in das Haus 1030, Reisnerstraße 40, und war ab 1944 im Haus 1010, Trattnerhof 1, untergebracht. Referent für die Sektion Architektur und damit unter anderem Zuständiger für die künstlerische Bewertung war Architekt Robert Örley,[7] der ab 1915 Mitglied der ZV war und 1919 deren zweiter Vizepräsident bzw. von 1922 bis 1930 erster Vizepräsident. Zu seinen Hauptaufgaben zählte die „Bewertung: (künstl. Fähigkeit und charakterl. Eigenschaft soweit bekannt)" der Architekten, die um eine Mitgliedschaft in der RdbK ansuchten. Ferner war er Ansprechpartner für die Mitglieder bei eventuellen Honorarstreitigkeiten, Klärungen etc. Aus seinem Mitgliedsakt geht hervor, dass er diese Funktion ehrenamtlich und neben seiner Tätigkeit als freischaffender Architekt ausführte.

Mit den Berufungen von Kammerer und Örley waren zwei ehemalige ZV-Mitglieder in die wichtigste NS-Organisation der Architektenschaft aufgestiegen. Sie entschieden ab 1938 im Zuge des strengen Aufnahmeverfahrens mit, wer einerseits durch seine „Abstammung" und andererseits durch seine künstlerische Fähigkeit berechtigt war, den Beruf des Architekten auszuüben.

Die Mitgliedschaft in der RdbK, Fachgruppe Architektur

Die Mitgliedschaft in der RdbK war für die Ausübung des Künstlerberufs verpflichtend. In erster Linie waren es die freischaffenden Architekten, die eine Mitgliedschaft in der RdbK beantragen mussten, um ihren Beruf ausüben zu können.

II A 4

Aktenzeichen:

Wien, am 23. April 1941.

Herrn
Arch. Anton H o c h ,
Wien IV., Heumühlgasse 9

**Betr.: Anmeldung zur Reichskammer der
bildenden Künste (RdbK.) Fachgruppe:** „Architektur"

Dieses Schreiben gilt als Bestätigung der erfolgten Anmeldung bei der Kammer. Es berechtigt zur Betätigung auf kammerpflichtigem Gebiet bis zum: **30.Sept.1941** und verliert an diesem Tage seine Gültigkeit, sofern nicht eine Verlängerung erfolgt.

Jede kulturguterzeugende und -verbreitende Tätigkeit auch geringfügiger und gelegentlicher Art (neben-beruflich) unterliegt nach der Reichskulturkammergesetzgebung*) der Anmeldepflicht bei einer der zuständigen Einzelkammern der Reichskulturkammer. (Reichs-Presse-, -Rundfunk-, -Film-, -Theater-, -Musik-, -Schrifttums-kammer und Reichskammer der bildenden Künste.)

Die Reichskulturkammer insgesamt hat die Aufgabe, die deutsche Kultur in Verantwortung für Volk und Reich und die wirtschaftlichen und sozialen Angelegenheiten der Kulturberufe zu regeln und zu fördern und zwischen ihnen einen Ausgleich zu bewirken.

Zum Geschäftsbereich der RdbK. gehören nachfolgende Tätigkeitsgebiete einschließlich der Sachverstän-digentätigkeit:

Baukunst (jede planende oder sonst gestaltende, leitende, betreuende und begutachtende Tätigkeit, die selbständig freischaffend, in einem Arbeitsverhältnis der Privatwirtschaft (ausschließlich einer solchen bei Behörden), oder als Bauunternehmer ausgeübt wird)

Landschafts- und Gartengestaltung

Malerei — Graphik

Gebrauchsgraphik

Bildhauerei

Kopieren und Restaurieren (Spezial-Gebiet angeben)

Entwerfen (angeben, für welches Industrie-Gebiet hauptsächlich Entwürfe angefertigt werden)

Kunsthandwerk (Kunstgewerbe) (angeben, in welchem Material hauptsächlich gearbeitet wird)

Kunst- und Antiquitätenhandel (einschl. des Handels mit kunstgewerblichen Gegenständen und des Kunstblatthandels; also auch des Handels mit Kunst- und Glückwunschkarten, da sie Verviel-fältigungen künstlerischer Entwürfe und somit kleine Kunstblätter darstellen)

Kunstverlag

Kunstversteigerungen

Künstlervereine

Kunstvereine

Vereine für Kunsthandwerk, sowie die Herstellung und Verbreitung von Grabmalerzeugnissen (kunst-handwerkliche Einzelgestaltung), Reiseandenken, Siegespreisen und Ehrengaben.

Es ist hierbei unerheblich, ob die kammerpflichtige Tätigkeit selbständig oder in einem nicht öffent-lichen Anstellungsverhältnis, durch Reichsangehörige oder Ausländer die ihren Wohnsitz im Reiche haben, ausgeübt wird; ohne Einfluß ist auch die künstlerische Fähigkeit des Einzelnen und die Zugehörigkeit zu einer wirtschaftlichen oder politischen Vereinigung, da die Kammer für die von ihr erfaßten Tätigkeiten die ein-zige gesetzliche Organisation darstellt und die Eingliederung bei ihr Voraussetzung für die Betätigung auf diesen Gebieten ist.

Ordnungsstrafen, evtl. Berufsverbot können gegen Jeden festgesetzt werden: (s. l. D. V.)*)
    der nicht bei der Kammer gemeldet ist und gleichwohl eine der von ihr umfaßten Beschäftigungen ausübt,
    der den Anordnungen der Kammer zuwiderhandelt,
    der der Kammer gegenüber falsche Angaben macht.

Die Kammer ist berechtigt, jede zur Durchführung ihrer Arbeit nötige Auskunft zu fordern. Gerichte, Polizei und Verwaltungsbehörden sind zur Verwaltungshilfe verpflichtet.

*) Verord. z. Durchf. des Rk. Ges. v. 1. 11. 1933 (T.G.Bl. .. S. 797) (10 Rpf + 12 Rpf Porto durch Reichsverlagsamt Berlin N\ 40 Scharnhorststr. 4).

1005   40 Q/069r

Zur Anmeldung sind einzureichen:

1. 2 Personalfragebogen, gut leserlich ausgefüllt (möglichst Maschinschrift) und unterschrieben. Als Lebenslauf (Frage 28) ist eine kurze, doch lückenlose Aufstellung mit Datenangabe nach

   Schulbildung: ....

   Berufsausbildung: ....
   (als Künstler)

   und hauptberuflicher Tätigkeit: .... (hier genügt die Zeit ab Herbst 1933) anzugeben. Architekten im Anstellungsverhältnis haben außerdem 2 Abschriften ihres derzeitigen Anstellungsvertrages miteinzureichen. Liegt kein förmlicher Vertrag vor, so sind 2 Arbeitsbescheinigungen beizufügen, aus denen der Tag der Einstellung, Tätigkeitsbereich, Gehalt und soziale Regelungen (Urlaub, Weihnachtsgeld usw.) eindeutig hervorgehen.

1a. Von Personen, die ein kammerpflichtiges Unternehmen der gewerblichen Wirtschaft betreiben (Handel mit Werken der bildenden Kunst und des Kunsthandwerkes, Verleger) sind weiterhin 2 Ergänzungsfragebogen und 2 Erklärungen über die Zusammensetzung des im Unternehmen arbeitenden Kapitals abzugeben.

2. 3 Paßbilder, ca. 4×5 cm Hochformat, ohne Kopfbedeckung, kein Profil; Zugehörigkeit zur Partei oder einer ihrer Gliederungen darf nicht erkennbar sein. Rückseite: Anschrift und Beruf vermerken. (Amateurfotos die dem entsprechen, sowie Fotos aus verschiedenen Aufnahmen können Verwendung finden.)

3. Von Kunstschaffenden sind Fotos nach ihren eigenen Arbeiten (unaufgezogen, ohne Passepartout), die einen Einblick in das künstlerische Schaffen geben, beizuschließen. Diese Fotos sind für die Archive der Landesleitung und der Kammer in Berlin bestimmt und sollen in doppelter Zahl eingereicht werden. Jedes Foto ist auf der Vorderseite bezw. auf angeklebte Zettel mit der Anschrift des Urhebers, Entstehungsjahr, Titel und Technik des Werkes zu versehen. Zwei Verzeichnisse der eingesandten Abbildungen sind beizufügen. Die Fotos sollen das Format 18×24 cm nicht überschreiten und nicht kleiner als 6×9 cm sein. Nur wenn Fotos aus irgendwelchen Gründen nicht beschafft werden können, sind ausnahmsweise auch Originalarbeiten kleineren Formats einzureichen, die dann nach Einsichtnahme wieder zurückgesandt werden. In diesem Falle ist nur ein Verzeichnis beizulegen.

4. Der Nachweis der Abstammung für Aufnahmewerber und Ehegatten. Für jede Person 2 Blätter (eventuell also noch 2 Stück anfordern). Die die Eintragungen belegenden Urkunden oder beglaubigten Abschriften sind beizulegen, sie werden baldmöglichst zurückgegeben.

Die Unterlagen sind umgehend einzureichen; (Aktenzeichen angeben) auch wenn eventuell der Abstammungsnachweis noch nicht vollständig sein sollte. In diesem Falle wird mit den überprüften Urkunden je ein Abstammungsformular zur Vervollständigung zurückgereicht. Noch fehlende Urkunden sind daher inzwischen zu beschaffen! Ist der Anmeldepflichtige für einen nichtkammerpflichtigen Hauptberuf Mitglied einer anderen gesetzlichen Berufsorganisation, so wird in der Regel bei der Kammer Befreiung von der förmlichen Mitgliedschaft (sogenannte listenmäßige Führung) erfolgen.

Gezeichnet:

Blauensteiner   Beglaubigt:

Aber auch Angestellte von Architekturateliers, die „künstlerisch entwerferisch-selbstständig" tätig waren, wurden zur Mitgliedschaft in der RdbK verpflichtet. „Die Mitgliedschaft in der Reichskammer d. b. K. ist für alle kammerpflichtigen Berufstätigen gesetzliche Pflicht. Sie ist die Voraussetzung zur Berufsausübung, wobei unerheblich ist, ob der Beruf selbstständig oder im Angestelltenverhältnis ausgeübt wird. Kammerpflichtig ist jeder im Deutschen Reiche Berufstätige, unabhängig von der Nationalität."[8] Die genau festgelegten Kriterien lauteten: „Künstlerisch, entwerferisch und selbstständig tätig sein heisst auf Grund eines Raumprogrammes oder sonstiger in Wort und Schrift gegebener Programmstellung das Konzept für ein Bauvorhaben festzulegen, Grundriss, Aufrisse und Schauseiten auszuarbeiten. Nicht aber fällt in diese Tätigkeit die Ausarbeitung nach Handskizzen, die dem Sinne nach oder im grösseren Massstabe planmässig aufgetragen und durchgeführt werden."[9] Die beamteten Architekten konnten nicht Mitglied der Kammer werden. Ausführende Baumeister ohne akademische Ausbildung wurden in der NS-Zeit durch die Pflichtmitgliedschaft bei der RdbK auf dieselbe Ebene eines akademisch ausgebildeten Architekten gestellt, was vor allem nach 1945 in der ZV für ein großes Konfliktpotenzial sorgte. Die Gleichstellung der Baumeister mit den Architekten bedeutete für die in der Praxis ausgebildeten Baumeister eine Aufwertung ihres Berufsstands, für Architekten möglicherweise eine Abwertung ihrer Ausbildung.[10]

Anton Hoch
* 29.08.1908, Wien
Abschluss: Akademie
der bildenden
Künste Wien (1933)
ZV-Mitglied ab 1935

Das Aufnahmeverfahren für eine Mitgliedschaft in die RdbK

Das durch die Pflichtmitgliedschaft eingeführte und von der Behörde festgelegte Aufnahmeverfahren der RdbK – das Ausfüllen eines umfangreichen Fragebogens und eines Abstammungsnachweises („Ariernachweis") sowie die Vorlage von künstlerischen Arbeiten – lieferte dem NS-Regime eine Bestandserhebung der gesamten Künstlerschaft, die für die politische Lenkung eingesetzt werden konnte. Das NS-Regime konnte damit die „nicht arischen" Architekten selektieren und nahm sich auch heraus, die Werke einer Künstlerin bzw. eines Künstlers zu bewerten und so die nicht konforme Kunst beim NS-Regime zu diffamieren. Damit wurde das Aufnahmeverfahren der RdbK zu dem wichtigsten Kontroll- und Lenkungsinstrument im gesamten Reich.

Bereits Mitte Juni 1938 wurde seitens des NS-Regimes über die österreichischen Zeitungen bekanntgegeben, dass nun das Reichskulturkammergesetz für Österreich in Kraft trat und sich daher auch die Architekten in der RdbK anzumelden hatten. Die erste Registrierung erfolgte über den noch bestehenden Verein der ZV, der seinen Mitgliedern den ersten Fragebogen[11] der RdbK übermittelte und die schriftliche Meldungsbestätigung ausstellte.[12] Anschließend wurden dem Anwärter mehrseitige Fragebögen auf dem Postweg zugesendet, die er spätestens bis zum 30. September 1938 ausfüllen und mit den in einem Zusatzblatt erläuterten Beilagen zurückschicken musste.[13]

Fragebogen und Fotografien der künstlerischen Arbeiten

Der Fragebogen enthielt neben den personellen Angaben unter anderem Fragen zur Religionszugehörigkeit und zur Mitgliedschaft bei NS-Verbänden bzw. der NSDAP. Aber auch Angaben zur beruflichen Ausbildung, zu künstlerischen Arbeiten, Preisen etc. wurden gefordert. Wie aus den Dokumenten hervorgeht war eine Mitgliedschaft in der NSDAP keine Voraussetzung für die Aufnahme, jedoch mussten die Antragsteller ihren ständigen Wohnsitz im Deutschen Reich nachweisen.[14] Neben dem Fragebogen mussten außerdem

Gaupersonalamtsleiter
Polit. Beurteilung
Z.b.V. 177488/Fi/Hr

An die
NSDAP. Gauleitung Wien
Personalamt bzw.
An die Kreisleitung

Bleibt frei

Z.b.V. *177488* **Vertraulich!**

Es wird um Bekanntgabe der politischen Beurteilung des Nachgenannten ersucht:

Name: **H o c h** Vorname: **Anton**

Geburtsdatum: **29.VIII.1908** Geburtsort: **Wien**

Beruf: **Architekt** Wo beschäftigt: **Arch.Tustmann**

Wohnort: **Wien IV.,** Straße: **Heumühlgasse 9**

Vorwohnungen von — bis:

Zweck der Anfrage**: **Eingliederung in die Reichskammer d. bild.Künste**
Wien, den **23.IV.** 194

Der Bescheid des Gaupersonalamtes:

1. Gegen Obengenannten ist in politischer Hinsicht bisher Nachteiliges nicht bekanntgeworden.

2. Im vorstehenden Falle bestehen gegen Obengenannten in politischer Hinsicht **keine** Bedenken.

Eventuelle Begründung:

Heil Hitler !
Wien, den **5.5.1941** Der Gaupersonalamtsleiter
i.A.

Kraft
(Kraft)
Gauhauptstellenleiter

Dienststempel und Zeichen der anfragenden Stelle:

Der Landesleiter der Reichskammer der
bildenden Künste Landesleiter-Kulturwalter
Gau Wien – Wien

Unterschrift des Personalvorstandes

P. B. 15. — Q 0697

** In diesem Teil muß der Grund der Anfrage genau
ausgefüllt werden (z. B. Neueinstellung, Beförderung, Ernennung oder Bestellung zum [unterer,
mittlerer, gehobener, höherer Dienst] usw., Auslandsreisen,
Einbürgerung, Einstellung bei der Wehrmacht).

Bekanntgabe der NSDAP über die politische Beurteilung, ausgestellt an Anton Hoch, 5. Mai 1941

Fragebogen

für die Aufnahme in die Reichskammer der bildenden Künste.

Fachgruppe: **Baukunst**
(Siehe Merkblatt Punkt 2, Tätigkeitszweige.)

1. Vor- und Zuname des Aufnahmewerbers   **Franz Kaym**

2. Berufsbezeichnung, Titel   **Architekt**

3. Wohnort, Straße, Hausnummer   **Wien XIX., Reithlegasse 14**

4. Arbeitsstätte, Ort, Straße   **Wien I., Freyung Nr.6**

5. Fernsprecher, Ort, Nr. **Wien U 22 - 3 - 53, Wohnung Wien B 13 - 3 - 74**

6. Geburtsort und Land **Moosbrunn, Niederösterreich**

7. Geburtstag, Monat und Jahr   **2o.Juni 1891**

8. Staatszugehörigkeit   **Deutsches Reich**

9. Religion (eventuelle frühere Religionszugehörigkeit)   **römisch katholisch**

10. Wieviel dokumentarisch nachweisbare arische Großeltern haben Sie?   **vier**

11. Sind Sie Mitglied der NSDAP.,
    wenn ja, seit wann und unter welcher Nummer?   **angemeldet**

12. Welchen weltanschaulichen, beruflichen, gesellschaftlichen Vereinigungen, **Künstlerverbänden** oder studentischen Verbindungen gehören Sie an?

**Genossenschaft der bildenden Künstler Wiens, Wien I.,Karlsplatz 5
Zentralvereinigung der Architekten Österreichs,Wien I.,In der Burg
Ingenieurkammer für Wien,Niederösterreich und Burgenland,Wien VII.,
Deutscher Klub, Wien I., In der Burg.**

12a) Haben Sie die Befugnis eines Architekten nach den Bestimmungen der österreichischen Gesetze? **ja**

12b) Sind Sie Mitglied der Fachsektion der Architekten der österreichischen Ingenieurkammer? **ja**

13. Sind Sie verheiratet, verwitwet oder geschieden?   **verheiratet**

14. Vor- und Zuname des Ehepartners,
    bei weiblichen auch den Mädchennamen   **Maria Kaym, geborene Thumer**

15. Religion des Ehepartners (eventuell frühere Religionszugehörigkeit) **römisch katholisch**

16. Wieviel dokumentarisch nachweisbare arische Großeltern hat Ihr Ehepartner? **vier**

17. Wieviel Kinder haben Sie?   **eine Tochter**

   deren Vornamen   **Brigitte**

Fragebogen für die Aufnahme in die RdbK, Vorder- und Rückseite, ausgefüllt von Franz Kaym, 8. Juli 1938

Zur Information.

Obige Fragen sind nur zu beantworten, insoferne sie auf den Aufnahmewerber und dessen Tätigkeit zutreffen.

Die untenstehenden §§ der ersten Verordnung zur Durchführung des Reichskulturkammergesetzes vom 1. November 1933, auf die besonders hingewiesen wird, lauten:

§ 4

Wer bei der Erzeugung, der Wiedergabe, der geistigen oder technischen Verarbeitung, der Verbreitung, der Erhaltung, dem Absatz oder der Vermittlung des Absatzes von Kulturgut mitwirkt, **muß Mitglied der Einzelkammer sein,** die für seine Tätigkeit zuständig ist.

Verbreitung ist auch die Erzeugung und der Absatz technischer Verbreitungsmittel.

§ 10

Die Aufnahme in eine Einzelkammer kann abgelehnt oder ein Mitglied ausgeschlossen werden, wenn Tatsachen vorliegen, aus denen sich ergibt, daß die in Frage kommende Person die für die Ausübung ihrer Tätigkeit erforderliche **Zuverlässigkeit** und **Eignung** nicht besitzt.

§ 28

Die Präsidenten der Einzelkammern können Ordnungsstrafen gegen jeden festsetzen,

1. der entgegen der Vorschrift des § 4 dieser Verordnung nicht Mitglied der Kammer ist und gleichwohl eine der von ihr umfaßten Beschäftigungen ausübt,

2. der als Mitglied der Kammer oder kraft seiner Verantwortung in einem Fachverband den Anordnungen der Kammer zuwiderhandelt,

3. der als Mitglied der Kammer oder kraft seiner Verantwortung in einem Fachverband der Kammer gegenüber falsche Angaben macht.

18. Welche Tätigkeit üben Sie hauptberuflich aus: **Architekt**
                                       seit Februar 191o (Eintritt be

19. Seit wann üben Sie einen kammerpflichtigen Beruf aus? **Architekt Hubert Gessner**).

20. Gehören Sie bereits irgend einer der Reichskulturkammer angeschlossenen Kammer oder einem Fachverband der Reichskammer der bildenden Künstler an, wenn ja, welcher? Nr. **Nein**

21. Welchen sonstigen Berufsständen gehören Sie an? ------------------------------

----

22. Genaue Beschreibung des Studienganges des Aufnahmewerbers besonders hinsichtlich seiner künstlerischen

    Entwicklung und Ausbildung

1.) Mittelschule:Höhere Staatsgewerbeschule,Wien I.,Schellingg.13,mit Ma
2.) Hochschule: Akademie der bildenden Künste,Spezialschule für Architek
    Otto Wagner,Austrittszeugnis vom 1.VII.1913.
3.) 6 Jahre Praxis bei Architekt Hubert Gessner,Wien XVIII.,
    18 Monate bei Hofrat Otto Wagner.
4.) Vom Jahre 1919 bis April 1935 selbständig in Bürogemeinschaft mit Ar
    tekt Alfons Hetmanek.
5.) Im April 1935 Auflösung der Bürogemeinschaft,seither selbständig als
    Architekt,Wien I.,Freyung Nr.6.

23. Üben Sie Ihren Beruf aus?

    a) selbständig: **selbständig**

    b) als Beamter: ----------

    c) als Angestellter: ----------

    d) als Gehilfe: ----------

    e) als Firma: (genaue Angabe über die Rechtsform) ------------------

24. Welche Werke (Bauwerke) sind unter Ihrem Namen und nach Ihren eigenen Entwürfen ausgeführt?
a.) gemeinsam mit Arch.Hetmanek:Siedlungen Wien:Flötzersteig,Spiegelgrun
    Weissenböckstrasse,Schlögelgasse,verschiedene kleinere Anlagen,zusam
    921 Häuser mit 1o7o Wohnungen.Volkswohnungsbauten:Wien,Liesing,Atzge
    dorf.Fabriken:Kores,Wien,Moosbrunner Glasfabrik.Wohn-u.Geschäftshaus
    Mährisch Ostrau.Appartementhaus Wien IX.,Lazarettgasse,Schulen: Sieg
    ben,Siegless. Einfamilienhäuser, Bäder,Grabmäler,Umbauten und Wohnun
    in Österreich,Cechoslovakei, Polen und Ungarn.
b.) nach Auflösung der Bürogemeinschaft mit Arch.Hetmanek:Wohnungen,Stad
    kassa Meinl,Wien," Zum Kärntnertor "(Meinl)Wien,Buchhandlung Gerold.

25. Bei welchen Wettbewerben haben Sie Preise erhalten? **Gemeinde Wien:Abschluss des**
    Schottenringes, Kursalon(gemeinsam mit H.Gessner),Fahnenschmuck,Wiene
    Kliniken,Wiener Technik, Bahnhöfe Linz und Innsbruck,Messegelände Wie
    (Ankauf).

26. Bei welchen Veranstaltungen (Anlässen) wurden Sie ausgezeichnet? ....

    Akademie der bildenden Künste;Spezialschulpreis,goldene Füger-Medaille.
    Künstlerhaus:Medaille für verdienstvolles Wirken.

27. An welchen Werken waren Sie hinsichtlich der Entwurfsbearbeitung maßgeblich beteiligt?

    Siehe 24.)

28. Welche öffentlichen und privaten Sammlungen besitzen Werke (Malereien, Plastiken) von Ihnen?

29. Welche Ihrer Werke (Plastiken) stehen auf öffentlichen Plätzen oder befinden sich auf oder in öffentlichen

    Gebäuden (staatlichen oder kommunalen)? ....

30. Haben Sie Kriegsdienste geleistet, in welcher Eigenschaft und wo; wurden Sie ausgezeichnet, wodurch?

    2o Monate Kriegsdienstleistung im k.k.Schützenregiment Nr.24 als
    Einjährig-Freiwilliger Zugsführer und Frontdienst an der italienischen
    Front.

    Vorstehende Angaben nach bestem Wissen und Gewissen gemacht zu haben, bezeugt durch die eigenhändige Unterschrift.

Wien, den 8.Juli 1938.
      Ort und Datum.
                          Franz Karpf
                    Eigenhändige Unterschrift bezw. genaue Firmenzeichnung

Abstammungsnachweis

(Beruf)	(Vor- u. Zuname)	(Wohnsitz)	(Mtgl. Nr.)

(Zuname) (amtl. Vornamen)

Geboren am 2. Dezember 1866 in _____ in _____

Getauft am 10. „ „ in

Konfession, auch früher: römisch – katholisch

Verheiratet am 28. Februar 1891 in Wien 15.

Vater _____ mit **Mutter**

(Zuname) (Vornamen)

Vater

Geboren am 10. Nov. 1852 in _____ in

Getauft am 17. „ „ in

Konfession, auch früher: römisch – katholisch

Verheiratet am 21. März 1877 in

Mutter

Geboren am 23. Oktober 1857 in _____ in

Getauft am 23. „ „ in

Konfession, auch früher: römisch – katholisch

Großvater (väterlicherseits)	**Großmutter** (väterlicherseits)	**Großvater** (mütterlicherseits)	**Großmutter** (mütterlicherseits)
(Zuname) (Vorname)	(Zuname) (Vorname)	(Zuname) (Vorname)	(Zuname) (Vorname)

Geboren am 7. III. 1810 in _____

Getauft am 7. III. 1810 in _____

Konfession, auch früher: römisch – katholisch

Verheiratet am 16. IV. 1837 in _____

Abstammungsnachweis („Ariernachweis") für die Aufnahme in die RdbK, Vorder- und Rückseite, ausgefüllt von Gustav Jahn, 17. August 1938

Die Richtigkeit der umstehenden Angaben ist auf Grund der vorgelegten Urkunden festgestellt worden.

Danach ist die umseitig angegebene Person arischer — volljüdischer — dreivierteljüdischer halbjüdischer — vierteljüdischer*) Abstammung.

Wien , den 17. August 1938.

überprüft: Jelinek.

*) Zutreffendes ist zu unterstreichen.

Der Beauftragte für bildende Kunst des Landeskulturamtes der NSDAP.

DER KOMMISSARISCHE LEITER ALLER INSTITUTIONEN FÜR BILDENDE KUNST

Der Gau=Unterbevollmächtigte

DER GESCHÄFTSFÜHRENDE STELLVERTRETER
EXRAT l. c. MARCEL KAMMERER

Der kommissarische Fachschaftsleiter

der „Abstammungsnachweis" für den Antragsteller
und deren Ehegattin bzw. dessen Ehegatten, ein
„Zeugnis über die politische Zuverlässigkeit" sowie ein „Sittenzeugnis"[15] beigelegt werden. Zum
Nachweis des künstlerischen Schaffens, das im
Aufnahmeverfahren von einem Fachreferenten
überprüft wurde, waren Fotografien erforderlich.

Theodor Hoppe
* 18.05.1908, Wien
Abschluss:
Technische Hochschule
Wien (1931, Prom. 1933)
ZV-Mitglied ab 1945

Künstlerische Bewertung und Beurteilung der „politischen Zuverlässigkeit"

Die künstlerische Bewertung fand in den Landes-
stellen der RdbK statt. In Wien wurde diese von
Architekt Robert Örley durchgeführt, der als Referent für die Fachgruppe Architektur zuständig
war. Die Bewertung erfolgte in „Leistungsgrup-
pen" nach einem alphabetischen System mit den
Buchstaben A bis C, wobei deren Bedeutung aus
den Akten nicht eindeutig hergeleitet werden
kann. Fest steht, dass Erich Kaindl bereits 1936 in
München die Aufnahme in die RdbK beantragte
und von der Landesleitung München-Oberbayern
ein „Prüfungsprotokoll" (Formular) erstellt wurde,
aus dem hervorgeht, dass die Beurteilung C
„entwicklungsfähig" bedeutet.[16] In Deutschland
wurde 1935 die Bewertung etwas detaillierter
und nachvollziehbarer aufgeschlüsselt, wie aus
dem Mitgliedsakt von Martin Cäsar zu ersehen
ist. Er hatte sich bereits 1935 bei der RdbK-Lan-
desstelle Württemberg angemeldet und ihm
wurde folgende künstlerische Bewertung ausgestellt: „Der deutschblütige Gesuchsteller hatte in seiner Ausbildung durch die früheren Verhältnisse in seiner Heimat (Mähren) zu leiden.
Die Einstellung der Baukunst gegenüber ist deshalb etwas doktrinär und seine Leistungen sind
reissbrett-abhängig. Künstlerisch fehlt das Ge-
fühl für die architektonische Gestaltung und im
Hinblick auf die Möglichkeiten des Materials sowie die architektonischen Gesetze. Cäsar besitzt
gute statische Kenntnisse. Vorschlag Leistungs-
gruppe ‚C'. München 25. Mai 1939."[17] Des Weiteren
befindet sich im Akt von Cäsar ein Formular (RdbK
Württemberg) zur „Vorprüfung", das möglicherweise auch Örley in Österreich als Richtlinie zur
künstlerischen Beurteilung diente.[18]
Die Vorlage der Fotografien von Arbeiten
der Architekten war die Grundvoraussetzung, damit der Akt nach Berlin weitergeleitet wurde.[19]
Ebenso musste ein Nachweis der „politischen Zuverlässigkeit" vorgelegt werden, der jedoch nicht
vom Bewerber beigebracht, sondern von der RdbK
eingeholt wurde. Entweder wurde ein Auszug aus
dem Strafregister von der „Kriminalpolizeistelle"[20]

oder die Auskunft von der Gauleitung der NSDAP
in Wien[21] eingeholt.
Nach Vorlage aller notwendigen Unterlagen
wurden diese von der RdbK in Wien überprüft und
deren Ergebnisse mit den Einreichpapieren nach
Berlin gesendet. Die zweifach ausgefertigten Dokumente wurden dann sowohl in Wien als auch in
Berlin archiviert.[22]

Abstammungsnachweis („Ariernachweis")

Im Formular des Abstammungsnachweises mussten Angaben zum Geburts- und Taufdatum, zur
Konfession sowie Angaben zum Hochzeitsdatum
und -ort gemacht werden, wobei es um die Daten
der Antragstellerin bzw. des Antragstellers ging
sowie jenen der Eltern- und der Großelterngene-
ration. Dieses Vorgehen sollte die „arische" Herkunft der Antragstellerin bzw. des Antragstellers
sicherstellen. Die Angaben mussten mit im Origi-
nal beigelegten Dokumenten, die die Richtigkeit
der Angaben bestätigten, belegt werden. Ebenso
musste der „Abstammungsnachweis" von der Ehegattin bzw. von dem Ehegatten zwei Generationen
zurückreichend erbracht werden. Die Beurteilung
erfolgte durch die Reichskammer in den ausge-
wiesenen Kategorien „arischer / volljüdischer /

Hans Bolek
* 13.11.1890, Wien
Abschluss:
Kunstgewerbeschule
Wien (1910)
ZV-Mitglied ab 1945

dreivierteljüdischer / halbjüdischer / vierteljüdischer Abstammung".

In den Mitgliederakten der ZV ist dokumentiert, dass es immer wieder auch Einzelfälle einer Aufnahme in die RdbK trotz der Zuschreibung einer „volljüdischen Abstammung" der Ehepartnerin gab: So verlief das Schicksal von Hanns Kunath, dessen Frau vom NS-Regime als „Volljüdin" klassifiziert wurde, wodurch ihm eigentlich der Zugang zur Mitgliedschaft in die RdbK verschlossen gewesen wäre. Wie aus einem Schreiben vom Präsidenten der RdbK Leopold Blauensteiner hervorgeht, setzten sich die beiden Architekten Kurt Klaudy und Georg Lippert, die ab 1933 Mitglieder der NSDAP waren und von Blauensteiner als „erprobte Nationalsozialisten"[23] bezeichnet wurden, für Kunath ein.[24] Trotz zahlreicher Unterstützungserklärungen wurde Kunath vorerst in Berlin abgelehnt. Das änderte sich erst nach der Bestätigung seiner „stets einwandfreien Einstellung" durch ein weiteres Gutachten von seiner NS-Ortsgruppe und ein nochmaliges Ansuchen Blauensteiners um eine Sondergenehmigung in Berlin mit der Bekräftigung, wie unentbehrlich Kunath für das Büro von Klaudy und Lippert sei, da dieses wichtige Bauten für die Rüstungsindustrie errichtete. Insbesondere letzterem Umstand ist es wahrscheinlich geschuldet, dass Kunath schließlich am 9. Oktober 1941 die

Sondergenehmigung erteilt und in die RdbK aufgenommen wurde.[25] Allerdings erreichte die RdbK im Juni 1944 eine Anfrage des Reichspropagandaamts Wien, das erfahren hatte, dass Kunath „ungeachtet der Versippung, seitens der Reichskulturkammer eine Arbeitserlaubnis besitzt. Ich bitte um umgehende Benachrichtigung, wann diese Sondergenehmigung erfolgte, und welchen Umständen sie sich verdankte".[26] Die Anfrage wurde von Blauensteiner mit einem kurzen Schreiben beantwortet: „Kunath gilt in Architektenkreisen als fachlich sehr gut und wird als vertrauenswürdig bezeichnet."[27] Der Fall Kunath zeigt die absolute Kontrolle des NS-Regimes und das Misstrauen der unterschiedlichen Institutionen zueinander.

Aus den Mitgliederakten geht ferner hervor, dass bei den ersten Ansuchen um 1938 eine Ehepartnerin mit „halbjüdischer Abstammung" noch keinen Ablehnungsgrund darstellte. So wurde auch bei Theodor Hoppe im Zuge der Erbringung des Abstammungsnachweises festgestellt, dass seine Frau „Halbjüdin" war, und eine Notiz gibt Auskunft, dass „seitens der hiesigen Dienststelle keinerlei Bedenken besteht, das vorstehende Ansuchen zu befürworten, zumal im Altreich kein Anstoss genommen wird, Personen rein arischer Abstammung mit halbjüdischen Ehepartnern im Amte zu belassen oder anzustellen, wenn nicht andere Gründe dem entgegenstehen".[28] In der Beurteilung seitens Blauensteiners heißt es: „Seine Frau [Anm. d. Verf.: von Hoppe] macht kaum einen jüdischen Eindruck."[29]

Hans Bolek war ebenfalls mit einer Jüdin verheiratet und erhielt 1942 eine erste Ablehnung der Aufnahme. Er formulierte noch einige Bittschreiben, ohne Erfolg. Am 1. April 1942 schrieb der Präsident der RdbK an die „Geheime Staatspolizei, Staatspolizeileitstelle" die „Ablehnungsverfügung" mit dem „Ersuchen, nach dem § 29 der ersten Verordnung zur Durchführung des Reichskulturkammergesetzes vom 1.11.1933 (RGBl.I, S.797) zu überwachen, daß der Beruf als Architekt oder eine andere kammerpflichtige Tätigkeit nicht mehr ausgeübt wird".[30] Es folgte ein Schreiben direkt an Bolek mit folgendem Entscheid: „Sie sind nicht berechtigt, den Beruf als Architekt oder eine andere kammerpflichtige Tätigkeit auszuüben."[31] Eine Abschrift der Ablehnungsverfügung wurde an die Geheime Staatspolizei übermittelt, welche die Durchführung, das heißt das Berufsverbot, zu überwachen hatte. Eine Berufsausübung ohne Reichskammermitgliedschaft hätte eine Verfolgung durch die NS-Strafjustiz zur Folge gehabt.

Beispiel für die totalitären Kontrollmechanismen des NS-Regimes ist die Geschichte des

Architekten Leopold Hoheisel, der unehelich geboren und dessen Vater unbekannt war. Bei der Aufnahme in die Reichskammer konnte er bei seinem Abstammungsnachweis weder seinen Vater noch seine Großeltern väterlicherseits angeben. Aus diesem Grund erhielt er eine Ablehnung seiner Aufnahme aus Berlin. Ein gerichtliches Verfahren wurde eingeleitet, um die Abstammung Hoheisels zu klären, was sich als schwierig herausstellte. 1942 forderte die Reichskammer in Berlin eine „anthro-pologische Untersuchung" von Hoheisel, die in Berlin im Reichssippenamt durchgeführt werden sollte. Am 15. April 1942 ging bei der RdbK Wien die Parteiauskunft ein, dass Hoheisel „Mischling I. Grades" und „sein Vater Jude" sei. Die politische Zuverlässigkeit wurde angemerkt: „Der Genannte hat sich politisch weder vor noch nach dem Umbruch etwas zuschulden kommen lassen. Ausser seiner jüdischen Abstammung wurde von ihm bisher Nachteiliges nicht bekannt."[32] Am 31. Juli 1944 erfolgte die „Abschrift der Ausschlußverfügung vom 29.6.1942", die von der Reichskammer in Berlin an die Geheime Staatspolizei gesendet wurde.

Aufnahme in die RdbK, Mitgliedsbuch und Beitragsfestsetzung

Mit der Abgabe der Aufnahmeunterlagen war der Antragsteller automatisch in der Reichskammer angemeldet und konnte seinen Beruf weiterhin ausüben. Da damit aber die „Erledigung des Aufnahmeantrages" offiziell noch nicht abgeschlossen war, handelte es sich bisweilen um eine „Sondergenehmigung zur Ausübung einer kammerpflichtigen Tätigkeit".[33]

Die offizielle Ausstellung des Bescheids über die Aufnahme in die RdbK sowie die Zuteilung der Mitgliedschaft in Form von Mitgliedsbuch und Mitgliedsnummer wurden nicht in Wien, sondern in der Zentralstelle in Berlin vorgenommen. Die Aufnahmebestätigung mit der Mitgliedsnummer kam direkt aus Berlin und seitens des Landeskulturwalters folgte ein Schreiben, dass das Mitgliedsbuch vom Präsidenten der RdbK zugestellt worden war und bereitliege. Anschließend musste noch ein „Fotobogen" unterschrieben und dieser zurückgesendet werden, woraufhin das Mitgliedsbuch zugeschickt oder persönlich abgeholt werden konnte.[34]

Der offizielle Mitgliedsakt mit allen Dokumenten lag nun der zuständigen Landesleitung der RdbK vor und wurde bei dem Wohnungswechsel eines Architekten an den Landeskulturwalter des zuständigen Gaus überstellt. Das Mitglied der RdbK

musste jährlich eine „Erklärung zur Beitragsfestsetzung der Reichskammer der bildenden Künste" für das jeweilige Rechnungsjahr abgeben. Anzugeben war das aus der kammerpflichtigen Tätigkeit entstandene selbstständige oder unselbstständige Einkommen des vergangenen Jahres, nach dem sich die Höhe des Beitrags richtete. Dessen Zahlung hatte nach Berlin zu erfolgen.

Lenkung und Kontrolle der Architektenschaft durch die Reichskammer

Der RdbK oblag die Lenkung und Kontrolle aller in Zusammenhang mit der Berufsausübung stehenden und für diese erforderlichen Belange und Mittel. Die RdbK erfüllte nicht nur die Aufgabe der Bestandserhebung, sondern war auch die erste Instanz für die Beschaffung von Dienstfahrzeugen oder Werkzeugen bzw. Arbeitsmaterialien. Der voranschreitende Krieg verursachte eine Ressourcenknappheit und das für die Arbeit benötigte Material musste von den Architekten in der Kammer beantragt werden. Viele Architekten, die mit kriegswichtigen Bauten betraut waren, konnten erst nach der Einholung einer offiziellen Bestätigung, dass sie in der Rüstungsindustrie tätig waren, zum Beispiel einen Zeichnungsstahlschrank[35] anschaffen. Auch die Zuteilung von Fahrzeugen und Benzin lenkte die Reichskammer.[36] Es musste ferner die Bereitstellung substanzieller alltäglicher Büromittel angefordert werden, sodass etwa das Büro von Klaudy und Lippert für die Herstellung von Modellen kriegswichtiger Bauten 1 Kilogramm Plastelin beantragte.[37] Franz Kaym wiederum suchte im Oktober 1944 um Füllfeder und Reißzeug an, die „durch Fliegerangriff verloren gegangen"[38] waren und im Mitgliedsakt von Elisabeth Hofbauer-Lachner findet sich ein Ansuchen für fünf Pinsel.[39] Ebenso musste die örtliche Verlagerung von Architektenbüros bekanntgegeben werden. Bei Honorarstreitigkeiten und Rechtsfragen wurde die RdbK ebenfalls eingeschaltet. Oftmals waren es private Bauherren oder Firmen (Professionisten), die sich an die RdbK wendeten. Das heißt, die RdbK fungierte nicht nur als Standesvertretung für die eigenen Mitglieder, sondern war auch eine Art „Konsulentenbehörde", die sich zwischen den Parteien bewegte.[40] Sie war für alle Arten von Anträgen und Auskünften zuständig, unter anderen jene, bei denen es um das Reisen oder den Wehrdienst ging. Ebenso wurden die Anträge zur Unabkömmlichstellung (UK-Stellung) fallweise seitens der RdbK befürwortet und an die Hauptgeschäftsführung in Berlin weitergeleitet.[41] Darüber hinaus

**REICHSKAMMER
DER BILDENDEN KÜNSTE**

AKTENZEICHEN: III 302 (Aufn.) - Vv -

(In der Antwort anzugeben)

BERLIN W 35, DEN _9. 6. 44._
Blumeshof 4–6
Fernruf: 21 92 71
Postscheck-Konto: Berlin 1444 30

Durchschrift an
den Landesleiter der RdbK.
beim Landeskulturwalter,
Gau Wien

An die
Geheime Staatspolizei
Staatspolizeileitstelle Wien

W i e n I
Morzinplatz 4

über die Reichskulturkammer.
Betr.: **Architekt LudwigKLem, Wien II,Praterstr.25a, geb.10.5.92**

Anliegende Abschrift meiner Ablehnungsverfügung vom 10.1:44   übersende ich
mit dem Ersuchen,nach dem § 29 der ersten Verordnung zur Durchführung des
Reichskulturkammergesetzes vom 1.11.1933 (RGBl.I.S.797) zu überwachen,daß der
Beruf als   **A r c h i t e k t**   oder eine andere kammerpflichtige
Tätigkeit nicht mehr ausgeübt wird.

Im Auftrag
gez.Vieweger
(Siegel)

Beglaubigt:
gez.Camin

Vorstehende Durchschrift übersende ich zur Kenntnis unter Bezugnahme auf die
seinerzeit übersandte Ablehnungsverfügung.

Form 29 11.42

Der Präsident

der Reichskammer der bildenden Künste

25. NOV. 1939

Berlin W 35, den
Blumeshof 4–6
Fernsprecher: 21 92 71
Postscheck-Konto: Berlin 144430

Aktenzeichen: **IIa A 22953**

(In der Antwort anzugeben.)

Einschreiben!

Abschrift!

Herrn
Robert Örley
Architekt

W i e n I

Rudolfsplatz 1

Aufgrund Ihres Antrages vom 25.7.1938 gliedere ich Sie unter der
Mitgliedsnummer A 22953 mit Wirkung vom 1.7.1938 in die Reichskammer der bildenden Künste ein,weil Sie den Beruf als Architekt im Sinne der
§§ 4 und 5 der ersten Verordnung zur Durchführung des Reichskulturkammergesetzes
vom 1.11.1933 (RGBl.I, S.797) ausüben.
Als Anlage erhalten Sie das Mitgliedsbuch,für dessen Ausfertigung eine Gebühr
von RM 1.-- zu zahlen ist.Das Buch ist Eigentum meiner Kammer und ist umgehend
an mich zurückzusenden,falls eine kammerpflichtige Tätigkeit nicht mehr ausgeübt wird.
Nach § 24 aaO. sind Sie verpflichtet,Beiträge an meine Kammer zu entrichten.
Zahlungen sind auf mein Postscheckkonto Berlin 144430 oder Girokonto bei der
Berliner Stadtbank Girokasse 2 Konto-Nr.160 oder Konto bei der Deutschen Bank,
Depositenkasse K 2,Berlin W.35,Lützowstr.33-36 unter Angabe des obigen Akten-
zeichens zu leisten.
Die beiliegenden Fragebogen sind ausgefüllt und unterschrieben innerhalb
von 8 Tagen an mich zurückzusenden,um die Höhe des Beitrages festsetzen zu
können,anderenfalls erfolgt zwangsweise Festsetzung nach geschätztem Einkommen.
Ich weise darauf hin,daß alle Eingaben an mich über den für Sie zuständigen
Landesleiter der Reichskammer der bildenden Künste,
Wien, Wien III, Meissner Str.40
beim Landeskulturwalter,Gau ....
unter Angabe der Mitgliedsnummer zu leiten sind.
Ferner sind Sie als Mitglied meiner Kammer verpflichtet,die Bestimmungen
meiner ersten Anordnung über den Beruf des Architekten vom 28.7.1936 und
meiner siebenten Anordnung über den Schutz des Berufes und die Berufsausübung der Architekten vom 15.7.1935 in der Fassung v. 7.5.1937 (Gebühren-
ordnung der Architekten) sowie meiner sonstigen Anordnungen zu befolgen.

RKdbK,Formbl.Nr.84b

Bescheid über die Eingliederung in die RdbK und Bekanntgabe der Mitgliedsnummer, Vorderseite, ausgestellt an Robert Örley, 26. November 1939

Robert Örley
* 24.08.1876, Wien
Abschluss:
Kunstgewerbeschule
Wien (1896)
ZV-Mitglied ab 1907

die Kunst um niedrigere Motive willen prosti-
tuieren, müssen ferngehalten werden."[44] In der
Rechtfertigung der Aufgabe, eine „echte deutsche
Kunst" zu schaffen und zu bewahren, erfolgte vom
nationalsozialistischen Kontrollapparat der Reichskammer die Selektion in erster Linie nach rassistischen Gesichtspunkten, was für viele freischaffende Architekten das Ende ihrer Berufsausübung
und vielfach auch den Weg in eine ungewisse und
düstere Zukunft bedeutete.

fielen alle allgemeinen Auskünfte zur beruflichen
Tätigkeit der Mitglieder in den Wirkungsbereich
der RdbK, die zudem Bauherren Auskünfte über
Architekten gab. Die RdbK war eine offizielle Verwaltungsbehörde und konnte daher direkt eine Unterstützung von anderen Behörden und Dienststel-
len anfordern. Erschien zum Beispiel ein Mitglied
nach mehreren Aufforderungen nicht bei der RdbK,
konnte diese ein sogenanntes Amtshilfeansuchen
an die Polizei richten, in dem sie darum bat, den Architekten in der Dienststelle vorführen zu lassen.[42]

Mit der Aufarbeitung der im ZV-Archiv überlieferten
Mitgliederakten wurde zum ersten Mal das vom
NS-Regime politisch gelenkte Aufnahmeverfahren der RdbK (Wien) für die Berufsgruppe der Architekten wissenschaftlich dokumentiert. Es zeigt
den zentralistisch geführten NS-Kontrollapparat
der Reichskammer, der nach dem „Führerprinzip
geregelt"[43] war, und dessen politische Ziele in dem
verpflichtenden strengen Verfahren zur Aufnahme
in die RdbK ihre Umsetzung fanden. Der Präsident
der RdbK Eugen Hönig schrieb 1934: „Besorgten
Künstlern sei die beruhigende Zusicherung gegeben, daß die Reichskammer der bildenden Künste
nicht engherzig bei der Aufnahme vorgehen wird.
Nur die Gewissenlosen, Unverantwortlichen, die

1   o.A., Verzeichnis der Mitglieder der Zentral-
    vereinigung der Architekten Österreichs
    nach dem Stande vom Jänner 1937, Wien 1937.
2   Ralf Blank, Albert Hoffmann (1907–1972), in:
    http://www.historisches-centrum.de/index.
    php?id=284, Zugriff am: 11. Juli 2017.
3   Von Hans Jaksch ist weder im Archiv der ZV
    noch in der BV ein Mitgliedsakt vorhanden.
4   Hans Jaksch, Aufruf an die Architekten, in:
    Neues Wiener Tagblatt, 9. April 1938, S. 10.
5   Formular 1005 40Q/0696 von der Reichskammer,
    ausgestellt an Anton Hoch am 23. April 1941.
    Siehe Mitgliedsakt Anton Hoch.
6   Leopold Blauensteiner wurde am 16. Jänner 1880
    in Wien geboren. Er besuchte das Gymnasium
    in Melk und studierte anschließend von 1898 bis
    1902 mit Unterbrechung durch einen einjährigen
    Militärdienst Malerei an der Wiener Akademie
    der bildenden Künste bei Christian Griepenkerl,
    der die Spezialschule für Historienmalerei
    leitete, und nahm Privatunterricht bei
    Alfred Roller. Er unterhielt Verbindungen
    zum Klimt-Kreis, war Mitglied der Wiener Seces-
    sion und nahm 1908 an der Kunstschau teil.
    Reisen führten ihn nach Dalmatien, Deutschland
    und Italien. Blauensteiner erhielt 1927 den
    Österreichischen Staatspreis, 1932 die Staats-
    preismedaille sowie die Goldmedaille des
    Künstlerhauses. Von 1916 bis 1930 lebte er in
    Melk.
7   s.o. Reichsbehörden der Sonderverwaltungen im
    Reichsgau Wien, in: http://docplayer.org/
    48001093-Reichsbehiirden-der-sonderverwaltungen-
    im-reichsgau-wicn.html, Zugriff am:
    25. August 2018.
8   Schreiben von Jung an Waldemar Zelfel vom
    13. Jänner 1937. Siehe Mitgliedsakt Waldemar
    Zelfel.
9   Schreiben von der RdbK an Heinz Siller vom
    20. Februar 1942. Siehe Mitgliedsakt Heinz
    Siller.
10 Schreiben von der RdbK Berlin an Franz Kühnel
    vom 21. Juni 1940. Siehe Mitgliedsakt Franz
    Kühnel.
11 Fragebogen von Anton Hoch vom 30. Juni 1938.
    Siehe Mitgliedsakt Anton Hoch.
12 Meldebestätigung. Siehe Mitgliedsakt Fritz
    Janeba.
13 Schreiben (Formular ausgefüllt) von Leopold
    Blauensteiner an Rudolf Goebel vom 8. März 1939
    sowie Schreiben von der RdbK an Emil Tischler
    vom 9. März 1938. Siehe
    Mitgliedsakt Rudolf Goebel.
14 Siehe die Ablehnung der Aufnahme von Anton
    Ceplecha, der als Wohnsitz Pressburg
    (Bratislava) angibt, was als ein Ablehnungs-
    grund angeführt wird.

I	II	III	IV	V	VI	VII	VIII	IX	X	XI	XII

Uk-Karte

Uk-Stellung wird beantragt

von ~~Landesstelle der Reichskammer der bildenden Künste beim Landeshauptmann Reichsgau Wien, Wien I, Trattnerhof 1~~

(Vorlageberechtigte Stelle)

für Dipl.Arch.Schöll Theodor

(Betrieb)

als freischaffender Architekt

1.	Familienname		S c h ö l l
2.	Vornamen (Rufname unterstreichen)		Theodor

3.	Geburtsdatum	Tag	Mon.	Jahr	b	Kreis
		25	1o	95		Wien

4.	Geburtsort	a	Wien	Regier.-Bez. Wien

5.	Wohnung	Wien, IV/5o., (Ort)
		Schönburgstr.16
		(Straße) (Hausnummer)

6.	Familienstand	verh.	Berufsgruppe	
	Zahl der Kinder	— —	Berufsart	akad.Arch.

7. Arbeitsbuchnummer

8. Erlernter Beruf   Akad.Architekt

9. Genaue Angaben über Art der Beschäftigung im Betrieb usw.   freischaffender dipl. akad. Architekt

---

10. Wehrnummer   N2/85 V # 180/2   c

11. Zuständiges Wehrbez.-Kdo. Wien (I Süd

12. Aktive Dienstpflicht erfüllt oder kurzfristige Ausbildung abgeleistet:
von 15.3. 19 15 bis 15.Nov. 19 18
bei Infantrie
(Truppenteil usw.)

13. Wehrdienstverhältnis   Landwehr II   Abd. Pr

14. Wehrmachtteil Heer   Waffengattung Infantrie
Letzter Dienstgrad Zugsführer

15. Einberufen am
zu
Jetzige Anschrift (Feldpost-Nr.)

Begründung: Wehrwirtschaftliche Planungsarbeiten für den Ausbau von behelfsmäßigen LS-Räumen.
GB-Bau-Kennnummer "XVII 43 L s f 1"

..n, am 8.3.44.
(Datum)   (Unterschrift)

Staatsdruckerei Wien. (St.)   Unrichtige Angaben werden gem. Kriegssonderstrafrechtsverordnung v. 17. 8. 1938 streng bestraft   Uk 1 c   LAA Wien RD. 50,000

Uk-Karte, Vorderseite, ausgestellt an Theodor Schöll, 8. März 1944. Anm.: (Uk)Unabkömmlichkeitsstellung bedeutete, dass jemand als Fachkraft für Aufgaben der Kriegswirtschaft notwendig war und somit vom Kriegsdienst freigestellt war

15 Schreiben von Karl Harberger an die „Dienststelle des Beauftragten für alle Institutionen der bildenden Künste" vom 1. August 1938. Siehe Mitgliedsakt Harberger Karl (abgelehnt nach 1945). Aus dem Mitgliedsakt geht hervor, dass auch ein „Zeugnis über die politische Zuverlässigkeit" sowie ein „Sittenzeugnis" bei den Ansuchen zur Aufnahme in die Reichskammer der bildenden Künste gefordert war.

16 Siehe Mitgliedsakt Erich Kaindl.

17 Siehe Mitgliedsakt Martin Cäsar.

18 Vorprüfung von 1935 in der Reichskammer Württemberg. Siehe Mitgliedsakt Martin Cäsar.

19 Bescheid der RdbK Wien an Karl Klaus vom 17. Jänner 1940. Siehe Mitgliedsakt Karl Klaus.

20 Formular „Die Kriminalleitstelle", Strafregisteramt. Siehe Mitgliedsakt Josef Leitner. In einigen Akten befindet sich das Formular zur Anfrage der Reichskammer bezüglich Vorstrafen.

21 Schreiben vom Landesleiter der RdbK an die Gauleitung Wien der NSDAP vom 4. November 1939. Es wurde ein Formular an die Gauleitung gerichtet, die „über seine politische Zuverlässigkeit" Auskunft geben sollte. Siehe Mitgliedsakt Fritz Grünberger.

22 Vorprüfung von 1935 in der Reichskammer Württemberg. Siehe Mitgliedsakt Martin Cäsar.

23 Schreiben von Leopold Blauensteiner, o.D. Siehe Mitgliedsakt Hanns Kunath.

24 Gutachten von Kurt Klaudy und Georg Lippert an den Präsidenten der Reichskammer der bildenden Künste Berlin vom 2. Oktober 1940. Siehe Mitgliedsakt Hanns Kunath.

25 Schriftverkehr zwischen der Zentralstelle der RdbK in Berlin und der Landesstelle in Wien. Siehe Mitgliedsakt Hanns Kunath.

26 Schreiben von dem Reichspropagandaamt Wien an die RdbK (Trattnerhof) vom 16. Juni 1944. Siehe Mitgliedsakt Hanns Kunath.

27 Schreiben von Leopold Blauensteiner an die RdbK Reichspropagandaamt Wien vom 22. Juni 1944. Siehe Mitgliedsakt Hanns Kunath.

28 Notiz auf dem Fragebogen vom 2. Juli 1938. Siehe Mitgliedsakt Theodor Hoppe.

29 Schreiben von Leopold Blauensteiner an die Außenstelle Wien der RdbK vom 7. Oktober 1938. Siehe Mitgliedsakt Theodor Hoppe.

30 Schreiben von dem Präsidenten der RdbK Berlin an die Geheime Staatspolizei vom 1. April 1942. Siehe Mitgliedsakt Hans Bolek.

31 Schreiben von dem Präsidenten der RdbK Berlin an Hans Bolek vom 7. März 1941. Siehe Mitgliedsakt Hans Bolek.

32 Notiz Parteiauskunft vom 15. April 1942. Siehe Mitgliedsakt Leopold Hoheisel.

33 Schreiben von Leopold Hoheisel an das Reichsministerium für Volksaufklärung und Propaganda vom 29. Jänner 1942. Siehe Mitgliedsakt Leopold Hoheisel.

34 Schreiben von Landeskulturwalter Gau Wien an Gustav Jahn vom 11. Februar 1939. Siehe Mitgliedsakt Gustav Jahn.

35 Schreiben von Franz Kaym an die RdbK vom 31. März 1941. Siehe Mitgliedsakt Franz Kaym.

36 Ansuchen für die Erweiterung der Ostmark-Werke um Freigabe der Benützung eines Personenwagens und eines Motorrads. Schreiben von Franz Kaym an die RdbK vom 19. September 1939. Siehe Mitgliedsakt Franz Kaym.

37 Schreiben von Franz Kaym und Georg Lippert an die RdbK, vom 28. November 1944. Siehe Mitgliedsakt Kurt Klaudy.

38 Notiz der RdbK vom 10. Oktober 1944. Siehe Mitgliedsakt Franz Kaym.

39 Schreiben vom 28. März 1944. Siehe Mitgliedsakt Elisabeth Hofbauer-Lachner.

40 Anzeige der Fa. Stark (Tischler) wegen nicht bezahlter Rechnungen. Siehe Mitgliedsakt Karl Klaus.

41 Schreiben von der RdbK vom 7. Februar 1944. Siehe Mitgliedsakt Franz Kaym.

42 Bescheid von der RdbK Wien an Karl Klaus vom 27. Dezember 1944. Siehe Mitgliedsakt Karl Klaus.

43 Eugen Hönig, Die Reichskulturkammer und die bildende Kunst im Neuen Reich, in: Ernst Adolf Dreyer (Hrsg.), Deutsche Kultur im Neuen Reich. Wesen, Aufgabe und Ziel der Reichskulturkammer, Berlin 1934, S. 62.

44 Ibid., S. 63.

Beurteilung von Robert Örley über die künstlerische Fähigkeit von Anton Valentin und seine für die Aufnahme in die RdbK eingereichten Fotos, 14. Februar 1940

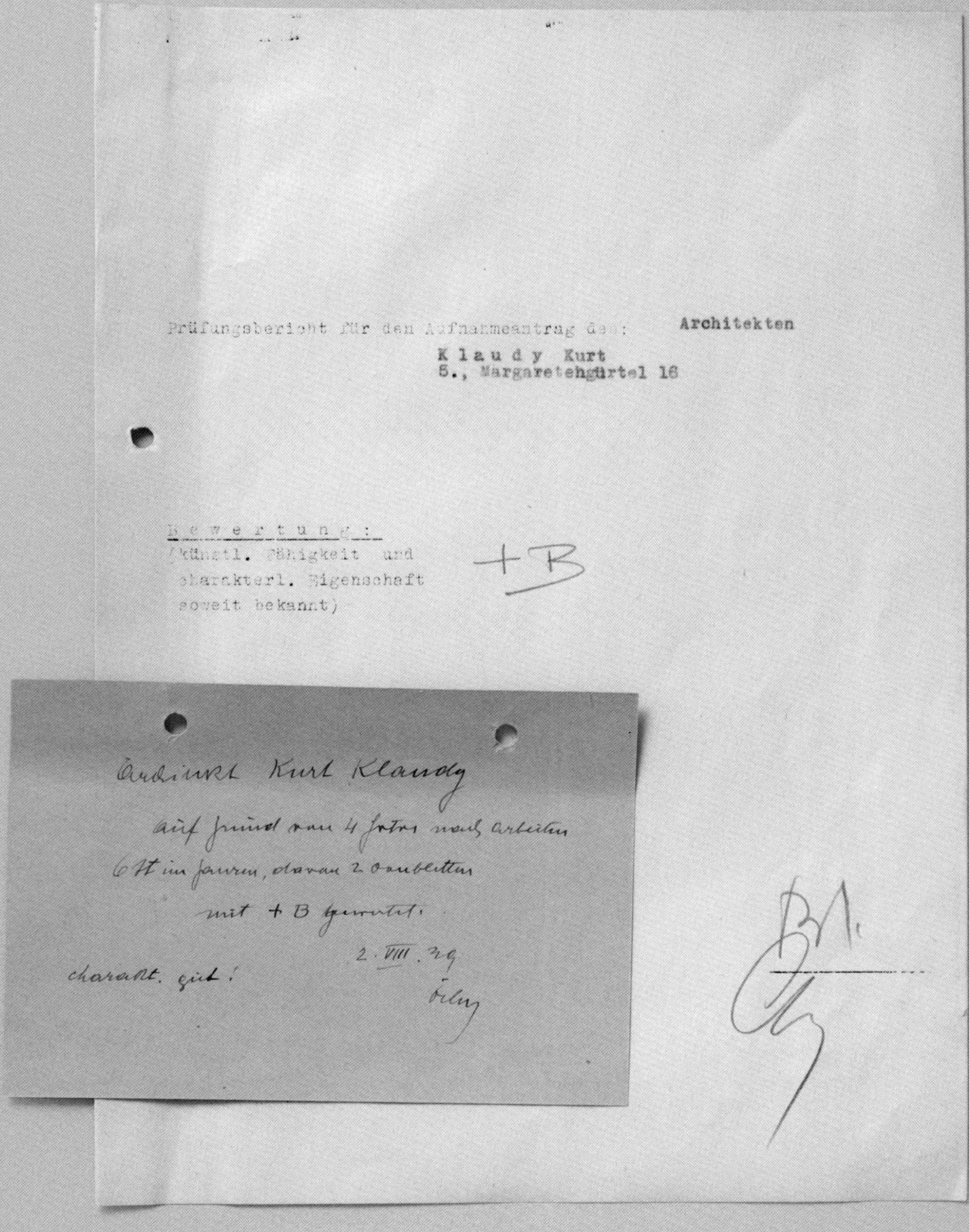

Prüfungsbericht für den Aufnahmeantrag des: **Architekten**
K l a u d y   Kurt
5., Margaretehgürtel 16

B e w e r t u n g :
(künstl. Fähigkeit und
charakterl. Eigenschaft
soweit bekannt)

+B

Architekt Kurt Klaudy

auf Grund von 4 Fotos nach Arbeiten
6 St im ganzen, davon 2 Bauten
mit +B bewertet.

2. VIII. 39
Örley

charakt. gut!

Künstlerische Beurteilung von Robert Örley und der Prüfungsbericht mit Bewertung der „künstl. Fähigkeit und charakterl. Eigenschaft"
für die Aufnahme von Kurt Klaudy in die RdbK, 2. August 1939

Opfer und Emigranten

*Jüdische und politisch
verfolgte Architekten der ZV*

Text: Ursula Prokop

Als im März 1938 der „Anschluss" Österreichs an das Deutsche Reich vollzogen wurde, machte sich bei vielen Architekten Euphorie breit. Die Lähmung der Bautätigkeit infolge der schlechten wirtschaftlichen Situation zur Zeit des sogenannten Ständestaats, als Bauaufträge spärlich waren und zumeist nur an Günstlinge des Regimes vergeben wurden, schien endlich beendet, sodass man für die Zukunft das Beste erhoffte. Ganz andere Auswirkungen hatte diese veränderte politische Situation jedoch für die Gruppe der jüdischen Architekten sowie politischen Gegner. Für sie bedeutete der Regierungswechsel zumeist das Ende ihrer beruflichen Laufbahn neben der existenziellen, im äußersten Fall sogar die physische Vernichtung.

Die Vorgehensweise, jüdische Architekten von ihrer Tätigkeit auszuschließen, war relativ simpel, und es bedurfte keinerlei aufwendigen Maßnahmen. In dem österreichischen Teil des Deutschen Reichs trat automatisch die NS-Gesetzgebung in Kraft, worunter auch die „Nürnberger Rassegesetze" von 1935 fielen. Um als Architekt arbeiten zu können, musste man Mitglied der Reichskammer der bildenden Künste (RdbK) sein und im politisch gelenktem Aufnahmeverfahren einen „Ariernachweis" erbringen. Das hieß: Wer nicht vier „arische" Großeltern nachweisen konnte

bzw. eine jüdische Ehefrau bzw. einen jüdischen Ehemann hatte oder damit „versippt" war, dem wurde die Berufsbefugnis entzogen. Angesichts dieser Umstände gelang es immerhin einem Großteil der jüdischen Mitglieder der Zentralvereinigung – von denen einige zu den innovativsten Architekten der Zwischenkriegszeit zählten –, zu emigrieren, wobei dieses Faktum nicht repräsentativ für die in Wien lebenden Juden war, da es sich bei dieser Gruppe um eine gut ausgebildete Elite handelte, die häufig über Kontakte ins Ausland verfügte.[1] Dennoch wurde eine kleinere Anzahl zu direkten Opfern der NS-Judenpolitik, indem sie Selbstmord verübten oder später deportiert wurden. Ein weiterer Personenkreis der männlichen ZV-Mitglieder galt als „jüdisch versippt", das heißt, sie hatten zumeist jüdische Ehefrauen – ihre berufliche Karriere verlief höchst unterschiedlich. Dieser Artikel versucht, anhand einiger beispielhafter Schicksale die damalige Situation zu schildern.

Zu den ersten unmittelbaren Opfern, die den beruflichen Ausschluss nicht verkraften konnten und noch 1938 Selbstmord begingen, gehören Fritz Keller und Otto Breuer. Fritz Keller (ZV-Mitglied ab 1924), der ursprünglich Kohn hieß, hatte seinen Namen 1901 ändern lassen – ein beredtes Zeugnis dafür, wie stark der Wille zur Assimilation war.[2] Er hatte in den Jahren vor dem Ersten Weltkrieg ein gut gehendes Baubüro in Wien betrieben, zeitweilig in Zusammenarbeit mit Fritz Herzmanovsky-Orlando, der später ein bekannter Schriftsteller werden sollte. In der Zwischenkriegszeit machte ihm die schlechte wirtschaftliche Lage zu schaffen, denn er erhielt nur kleinere Aufträge. Nachdem bereits seine Familie nach London geflüchtet war, beging er im Dezember 1938 unter ungeklärten Umständen Selbstmord.[3] Ähnlich das Schicksal von Otto Breuer, der neben seinem Technikstudium auch bei Adolf Loos (ZV-Ehrenmitglied) und am Bauhaus in Weimar studiert hatte.[4] Anfang der 1920er-Jahre machte er sich selbstständig und war mit seinem Partner Albert Linschütz angesichts der schlechten Baukonjunktur vorwiegend für Möbelentwürfe und Wohnungseinrichtungen verantwortlich. Sein einzig dokumentierter Bau ist ein Doppelhaus in der Werkbund-Siedlung in Wien-Hietzing von 1932. Nach dem „Anschluss" wurde sein Vermögen beschlagnahmt, und nach einem missglückten Selbstmordversuch wurde er in das Sanatorium Purkersdorf eingewiesen, wo er sich – erst 41-jährig – erhängte. Seine Ehefrau, die Keramikerin Grete Neuwalder, kam 1941 in einem Konzentrationslager in Polen ums Leben.[5]

Eine relativ kleine Gruppe der jüdischen ZV-Mitglieder wurde deportiert und ermordet,

Wiener Magistrat, Magistratsabteilung 2.

·–·

M.Abt.2/ 4 6 3 2 / 39   Wien, am 12. April 1939 1939.

Gessner Franz
Verlust der Befugnis.
Entjudung des Ziviltechniker-
standes für den Gau Wien.

            An Herrn

            Herrn Franz Gessner

            Wien, 18., Michaelerstr.11.

            B e s c h e i d :

            ·–·–·–·–·–·–·–·–·–·–·–·–·–·–·–·–·–·

        Gemäß § 19, Pkt.d der Vdg.BGBl.Nr.61/1937 in Verbindung mit den
§§ 2 und 3, Abs.1 der Vdg.Ges.Bl.für das Land Österreich Nr.160/1938
(Berufsbeamtengesetz) wird der Verlust
            Ihrer Befugnis eines Ziviltechnikers
ausgesprochen.
        Gemäß § 64, Abs.2, AVG. hat die Berufung keine aufschiebende
Wirkung.   B e g r ü n d u n g :
                  ·–·–·–·–·–·–·–·–·–·–·–·–·–·–·–·

        Die Befugnis der Ziviltechniker in Österreich ist eine Funktion
eines öffentl.Amtes und fällt daher unter die Bestimmungen des zit.
Berufsbeamtengesetzes. Ihre Frau ist Mischling 1.Grades.

_____

        Gegen diesen Bescheid ist binnen 2 Wochen schriftlich oder tele-
graphisch die Berufung möglich, die bei der Magistratsabteilung 2 einzubringen wäre.
Ergeht an:
        1.) die Ingenieurkammer für Wien und Niederdonau,
        2.) das Landgericht für Z.R.S. Wien,
        3.) das Finanzamt für den 18.Bez.

                        Für den Bürgermeister:
                        Der Abteilungsvorstand:
                        i.V.

                            Ob.Mag.Rat.

                                            ./.

Bescheid vom Wiener Magistrat (MA 2) über den Verlust der beruflichen Befugnis aufgrund der „Entjudung des Ziviltechnikerstandes für den Gau Wien", ausgestellt an Franz Gessner, 12. April 1939

Josef Horacek
* 10.08.1911, Wien
Abschluss:
Kunstgewerbeschule
Wien (1937),
Akademie der bildenden
Künste Wien (1940)
ZV-Mitglied ab 1945

zumeist Angehörige der älteren Generation, die um 1870 geboren war und die wahrscheinlich deswegen den Schritt in die Emigration scheute. Darüber hinaus waren sie alle im Ersten Weltkrieg Kriegsteilnehmer im Offiziersrang gewesen und fühlten sich daher nicht gefährdet. Dazu gehörte Leopold Steinitz, der ein gut ausgelastetes Baubüro betrieben hatte, das vor dem Ersten Weltkrieg vor allem mit der Errichtung von Miethäusern und in der Zwischenkriegszeit mit einer Reihe von Industriebauten befasst war. Obwohl er schon in jungen Jahren zum Protestantismus konvertiert war, wurde er 1938 zum „Geltungsjuden" erklärt und 1942 – bereits 74-jährig – mit seiner Frau in das Konzentrationslager Theresienstadt deportiert, wo er nur kurze Zeit später verstarb.[6] Ein ähnliches Schicksal erlitt Theodor Schreier, der vor dem Ersten Weltkrieg in Ateliergemeinschaft mit Ernst Lindner zahlreiche Miethäuser, Villen und öffentlichen Bauten – darunter einige Synagogen – auf dem Gebiet der Donaumonarchie errichtet hatte. Während des Kriegs arbeitete er beim Militärbaukommando. In der Zwischenkriegszeit gab er die freiberufliche Tätigkeit auf und war bei der Creditanstalt angestellt. Auch er wurde 1942 mit seiner Frau nach Theresienstadt deportiert, wo er nach einigen Monaten verstarb.[7] Zuletzt sei Siegmund Katz genannt, über dessen berufliche Laufbahn und Œuvre

wenig bekannt ist, gesichert gehen auf ihn zwei Wohnhausanlagen des „Roten Wien" zurück. Im Oktober 1941 wurde er in das Getto von Łódź deportiert, wo er im Jänner 1942 verstarb.[8]

Unter den Emigranten hatte es die ältere Generation ebenfalls besonders schwer, da für sie ein Wiedereinstieg ins Berufsleben praktisch unmöglich war. Dazu gehörten Alexander Neumann und Ernst Gotthilf (ZV-Ehrenmitglied), die vor dem Ersten Weltkrieg ein gemeinsames Atelier betrieben und eine größere Anzahl von äußerst prestigeträchtigen Bankbauten errichtet hatten. Auch sie hatten in der Zwischenkriegszeit mit einer schlechten Auftragslage zu kämpfen. Beiden gelang schon in fortgeschrittenem Alter 1939 die Emigration. Während Neumann zu seinem Sohn nach Neuseeland ging, verbrachte Gotthilf seine letzten Jahre in Großbritannien, wo er völlig verarmt starb.[9] Hartwig Fischel, der sich vor allem mit seinen Fachpublikationen auf dem Gebiet der Malerei und der Architektur einen Namen gemacht hatte, floh ebenfalls nach Großbritannien, wo er noch während des Kriegs hochbetagt verstarb. Arnold Karplus war der Direktor einiger bedeutender Baugesellschaften gewesen und hatte sich mehrfach publizistisch betätigt. Er wurde 1939 von seinem Sohn Gerhard Karplus, mit dem er zuletzt ein gemeinsames Büro geführt hatte und der schon früher als der Vater geflüchtet war, nach New York geholt. Während der Vater während des Kriegs verstarb, gelang es dem Sohn, beruflich in den USA Fuß zu fassen, indem er mit einer Reihe großer Industriebauten befasst war. Nachdem Gerhard Karplus in den 1950er-Jahren seitens der österreichischen Regierung Aufträge zur Errichtung eines Kulturinstituts und des Büros der Austrian Airlines in New York erhalten hatte, wurde er 1966 mit der Goldenen Verdienstmedaille der Republik Österreich ausgezeichnet – eins der wenigen versöhnlichen Schicksale.[10]

Einer der prominentesten Vertreter der jüngeren Generation war Felix Augenfeld, der dem Schülerkreis um Adolf Loos angehört hatte. In der Zwischenkriegszeit führte er eine Ateliergemeinschaft mit Karl Hofmann,[11] die überwiegend Einfamilienhäuser und Inneneinrichtungen entwarf. Darüber hinaus hatte er Kontakt zu zahlreichen Wiener Intellektuellen und Künstlern wie dem Kreis um Josef Frank (ZV-Ehrenmitglied) oder dem Umfeld Sigmund Freuds. Augenfeld emigrierte über Großbritannien in die USA, wo er 1940 die Architektenlizenz erhielt und einige bedeutende Projekte realisieren konnte. Noch in seiner Londoner Zeit publizierte er einen Aufsatz über die zeitgenössische österreichische Architektur, der vor allem seine österreichischen Kollegen einem

Opfer und Emigranten

englischsprachigen Publikum vorstellen sollte und ein Schlaglicht auf die gegenseitige Hilfestellung und Vernetzung der Emigranten gibt.[12] Auch Heinrich Kulka (ZV-Ehrenmitglied) gehörte aufgrund seines relativ jungen Alters zu den wenigen, die in der Emigration noch eine erfolgreiche Karriere aufbauen konnten. Als Schüler und späterer Mitarbeiter von Loos, hatte er insbesondere durch seine Schriften über Loos maßgeblich zu dessen Rezeption beigetragen. Nach dem „Anschluss" und dem verhängten Berufsverbot floh er als gebürtiger Mährer vorerst in die damalige Tschechoslowakei, um dann über Großbritannien nach Neuseeland auszuwandern. Als Mitarbeiter und späterer Chefarchitekt der großen Baufirma Fletcher Construction Ltd. in Auckland war er für zahlreiche Großprojekte verantwortlich.[13]

Nur wenige Emigranten hatten nach dem Krieg noch Kontakt zu ihrer alten Heimat oder versuchten gar eine Rückkehr, wobei es ihnen zumeist nicht leicht gemacht wurde. Zu diesen Einzelfällen gehört Theodor Mayer, der wie die meisten seiner Generation überwiegend vor dem Ersten Weltkrieg tätig war und in der Zwischenkriegszeit unter der schlechten Auftragslage zu leiden hatte. Obwohl zum evangelischen Glauben konvertiert, wurde er als „Geltungsjude" eingestuft und emigrierte im März 1939 nach Großbritannien. Hochbetagt kehrte er 1951 nach Wien zurück und verbrachte hier seinen Lebensabend. Eine bemerkenswerte Anhänglichkeit an Österreich zeigte auch Egon Riss, der in der Zwischenkriegszeit einige Wohnhausanlagen für das „Rote Wien" und diverse Gesundheitseinrichtungen errichtet hatte. Aufgrund seines relativ jungen Alters gelang es ihm, in Großbritannien beruflich Fuß zu fassen, wo er leitender Architekt des National Coal Board wurde. Im Juli 1947 suchte er um eine Erneuerung seiner Mitgliedschaft in der Zentralvereinigung an, „als Zeichen seiner Loyalität den österreichischen Kollegen gegenüber", wie Eduard Sekler, der als Vermittler fungierte, schrieb.[14] Riss wurde in der Folge als korrespondierendes Mitglied aufgenommen – Worte des Bedauerns über die vergangenen Ereignisse wurden allerdings nicht geäußert.[15]

Tatsächlich wieder in Österreich als Architekt tätig zu sein, war für die Emigranten nahezu unmöglich. Dies zeigen die Beispiele Walter Sobotka und Ernst Lichtblau. Beide waren in die USA emigriert, wo sie sich erneut eine berufliche Existenz aufbauen konnten. Als sie in den 1950erund 1960er-Jahren in Wien arbeiten wollten, stießen sie auf die größten Schwierigkeiten, da ihnen in kleinlicher bürokratischer Handhabung „als Ausländer" die Architektenbefugnis nicht erteilt

wurde. Daher mussten sie jeweils einen Partner hinzuziehen und durften nur eine beratende Funktion übernehmen.[16] Lichtblau verstarb kurz vor der Fertigstellung der von ihm mitprojektierten Schule in der Grundsteingasse in Wien-Ottakring. Sobotka kehrte äußerst gekränkt Österreich endgültig den Rücken.[17]

Eine perfide Differenzierung wurde im Fall einer „Mischehe" gemacht –, wenn also eine Partnerin bzw. ein Partner jüdisch war. Im patriarchalischen Denken der Zeit war es am ungünstigsten, wenn der Mann Jude und die Ehefrau es nicht war. Dies traf auf Oskar Neumann zu, der noch vor dem Ersten Weltkrieg eine Reihe von Miethäusern und Villen errichtet hatte. Seine Konversion zur anglikanischen Kirche und seine Ehe mit einer Christin schützen ihn zwar vor einer Deportation, dennoch wurde ihm die Berufsbefugnis entzogen. Er verstarb 1951 in Wien, wobei nicht geklärt ist, ob er während des Kriegs emigrierte oder geschützt aufgrund seiner „Mischehe" das Land nicht verlassen hatte.[18]

Besser gestellt waren „arische" Ehemänner mit jüdischen Frauen – allerdings hatten auch sie zahlreiche Schwierigkeiten, die sehr unterschiedlich gehandhabt wurden. Der prominenteste Fall war Erich Boltenstern, dessen Frau „Halbjüdin" war. Boltenstern, der sich mit der Errichtung des Grazer Krematoriums und des Kahlenbergrestaurants in den 1930er-Jahren einen Namen gemacht hatte, wurde 1938 von der Akademie der bildenden Künste, wo er als Assistent gearbeitet hatte, relegiert. Die RdbK verwehrte ihm vorerst die Aufnahme aufgrund des Umstands, dass er „jüdisch versippt" und generell durch seinen Bekanntenkreis „verjudet" wäre.[19] Wahrscheinlich verdankte er es seinen guten Kontakten und seiner norddeutschen adeligen Herkunft, dass er schließlich doch im Oktober 1939 in die Reichskammer aufgenommen wurde und damit seine Berufsbefugnis erhielt.[20] Eine nicht unbedeutende Rolle spielte in diesem Kontext Leopold Blauensteiner, der als Landesleiter der Reichskammer Wien sich immer wieder für seine Kollegen einsetzte. Allerdings hatten die Worte der Wiener in Berlin, wo schließlich entschieden wurde, nur wenig Gewicht, sodass seine Bemühungen nicht immer erfolgreich waren. Boltenstern arbeitete in der Folge in einem privaten Baubüro, öffentliche Funktionen erhielt er jedoch nicht. Nach dem Krieg hat er sich vor allem mit dem Wiederaufbau der Wiener Staatsoper und dem „Ringturm" ins allgemeine Gedächtnis geschrieben.

Franz Gessners Frau wurde gleichfalls als „Mischling 1. Grades" eingestuft. Noch in den letzten Jahren der Monarchie hatte er in Zusammenarbeit

Fragebogen

für die Aufnahme in die Reichskammer der bildenden Künste.

Fachgruppe: **Baukunst,Innenraumgestaltung**
(Siehe Merkblatt Punkt 2, Tätigkeitszweige.)

1. Vor- und Zuname des Aufnahmewerbers   **Erich v.Boltenstern**

2. Berufsbezeichnung, Titel   **Architekt,Dipl.Ing.,a.o.Professor**

3. Wohnort, Straße, Hausnummer   **Wien,XIII.Schliessmanngasse Nr.15**

4. Arbeitsstätte, Ort, Straße   **-"-**

5. Fernsprecher, Ort, Nr.   **A 51-7-19**

6. Geburtsort und Land   **Wien,Oesterreich**

7. Geburtstag, Monat und Jahr   **21.Juni 1896**

8. Staatszugehörigkeit   **deutsch(Oesterr.)**

9. Religion (eventuelle frühere Religionszugehörigkeit)   **röm.katholisch**

10. Wieviel dokumentarisch nachweisbare arische Großeltern haben Sie?   **vier**

11. Sind Sie Mitglied der NSDAP.,   **/**
    wenn ja, seit wann und unter welcher Nummer?

12. Welchen weltanschaulichen, beruflichen, gesellschaftlichen Vereinigungen, **Künstlerverbänden** oder studentischen Verbindungen gehören Sie an?

    Ingenieurkammer

    Zentralvereinigung der Architekten Oesterreichs

    Deutscher u.oesterr.Alpenverein

12a) Haben Sie die Befugnis eines Architekten nach den Bestimmungen der österreichischen Gesetze? **ja**

12b) Sind Sie Mitglied der Fachsektion der Architekten der österreichischen Ingenieurkammer? **ja**

13. Sind Sie verheiratet, verwitwet oder geschieden?   **verheiratet**

14. Vor- und Zuname des Ehepartners,
    bei weiblichen auch den Mädchennamen   **Elisabeth v.Boltenstern,geb.Szupper**

15. Religion des Ehepartners (eventuell frühere Religionszugehörigkeit)   **evangelisch A.K.**

16. Wieviel dokumentarisch nachweisbare arische Großeltern hat Ihr Ehepartner?   **zwei**

17. Wieviel Kinder haben Sie?   **vier**

    deren Vornamen   **Erich, Elisabeth, Helene, Sven**

Der Sicherheitsdienst des Reichsführers=SS
Der SD= Führer des= Oberabschnittes D o n a u

II/211 PA 7622/38   Wien, am 28. Feber 1939.
                Hei./Ne.

An den
Landesleiter der Reichskammer der bildenden Künste
 Gau Wien

Prof. Leopold B l a u e n s t e i n e r

W i e n, III.,
Reisnerstrasse 40
neues Propaganderamt.

Betr.: B o l t e n s t e r n, Erich von, Assistent, Ing. Akademie
        d.bild. Künste in Wien, geb. 21.6.1896 in Wien, wohnh.:
        Wien 13., Schliessmanngasse 15.
Vorg.: Dort. Anfrage an die Staatspolizeistelle Wien.

Boltenstern war Schüler der Technischen Hochschule in Wien bei
Prof. Ferstel. An der Wiener Kunstgewerbeschule war er lange Zeit
Assistent bei dem jüdischen Architekten Prof. Strnad. Nach dessen
Tod wurde er von Holzmeister als Assistent übenommen und arbeitete
seither eng mit ihm zusammen. Boltenstern stand vollständig auf
Seite der Systemregierung und hatte fast ausschliesslich Verkehr mit
Juden. Er ist in seinem ganzen Wesen schon so verjudet, dass man
ihn selbst für einen Juden hält. Seine Frau ist entweder Voll-
oder Halbjüdin. Wegen seiner Verbundenheit mit dem Judentum wurde
er trotz seiner bedeutenden Fähigkeiten enthoben.

                        Der SD-Führer des SS-Oberabschnittes
                                    Donau

                i.V.   Unleserliche Unterschrift
                        SS= Obersturmbannführer.

Das Antwortschreiben der SS (Sicherheitsdienst des Reichsführers) an die RdbK bezüglich der Anfrage über die Person Erich Boltensterns an die Staatspolizeistelle, 28. Februar 1938

Franz Gessner
* 15.09.1879, Valašské
Klobouky (CZ)
Abschluss: Akademie
der bildenden
Künste Wien (1906)
ZV-Mitglied ab 1914

Vertreter der frühen Wiener Moderne. Als er sich nach dem „Anschluss" vergeblich um ein Einreisevisum nach Bolivien bemüht hatte, versuchte Prutscher vorerst, die „Abstammung" seiner Frau zu verschleiern. Dennoch wurde ihm im Februar 1939 die Berufsbefugnis entzogen und im Oktober wurde er seiner Lehrtätigkeit an der Hochschule für angewandte Kunst enthoben.[23] Wiederum intervenierte Blauensteiner mehrmals, allerdings vergeblich. Prutschers Anträge zur Aufnahme in die Reichskammer wurden immer wieder abgewiesen, schließlich wurde sein Name 1941 auch aus der Mitgliederliste des Künstlerhauses gestrichen. Als einziges Zugeständnis war ihm eine „Tätigkeit auf kaufmännischem Gebiet" erlaubt, denn eine solche lag außerhalb der Kompetenz der Reichskammer.[24] Trotz aller Schwierigkeiten ließen sich die meisten der Architekten nicht scheiden, sie hätten ihre Frauen in ein mehr als ungewisses Schicksal entlassen.

Generell reflektieren die erhaltenen Mitgliederakten der ZV sehr anschaulich die Situation der Zeit und den bürokratischen Umgang mit Juden oder „jüdisch versippten" Mitgliedern. Deren gesellschaftlichen Wunden und Verletzungen in der NS-Ära waren nach 1945 allerdings kaum ein Thema.

mit seinem Bruder Hubert Gessner eine Reihe bedeutender Bauten realisiert, die in der Nachfolge von Otto Wagner (ZV-Ehrenmitglied) standen. In der Zwischenkriegszeit hatte er sich vor allem auf Industrieanlagen spezialisiert. Gessner, der vorerst vergeblich versucht hatte, die teilweise jüdische Herkunft seiner Frau zu widerlegen, wurde im April 1939 die Berufsbefugnis entzogen.[21] Während der „Ariernachweis" bei den Berufsverbänden zu erbringen war – im konkreten Fall der Reichskulturkammer – erfolgte der amtliche Bescheid unter dem Rechtstitel der „Entjudung des Ziviltechnikerstandes für den Gau Wien" jedoch seitens der MA 2, einer städtischen Behörde. Mit anderen Worten: Das Zusammenspiel der neu geschaffenen NS-Institutionen und den alten Verwaltungsstrukturen funktionierte perfekt. Wieder intervenierte Blauensteiner, sodass Gessner einige Monate später seine Befugnis zurückerhielt. Dessen ungeachtet wurde Gessner weiterhin als „versippt" überwacht und hatte immer wieder mit Schwierigkeiten zu kämpfen, seine offizielle Aufnahme in die Reichkammer erfolgte schließlich erst am 5. Februar 1941.[22] Am schlechtesten erging es Otto Prutscher, der in der damaligen Diktion mit einer „Volljüdin" verheiratet war. Er, der bei Josef Hoffmann (ZV-Ehrenmitglied) studiert hatte, war mit seinem eleganten Design und seinen noblen Villen ein bedeutender

1 Die Aufnahmekriterien waren anspruchsvoll: Neben einer Empfehlung mussten die Mitglieder auch die Befugnis zum Zivilarchitekten nachweisen können. Die Auflistung dieses Artikels stützt sich auf das Vereinsverzeichnis von 1937.

2 Archiv der Technischen Universität Wien, Katalog des Studienjahres 1902/03, Eintrag Fritz Keller.

3 Wiener Stadt- und Landesarchiv, VA Amtsgericht Döbling 8A 443/39, Fritz Keller.

4 Inge Scheidl, Otto Breuer, in: http://www. architektenlexikon.at/de/63.htm, Zugriff am: 26. Juni 2018.

5 Iris Meder, Offene Welten. Die Wiener Schule des Einfamilienhausbaus 1918–1938, Stuttgart, Univ., Diss., 2004, S. 502 und S. 610.

6 Ursula Prokop, Leopold Steinitz, in: http:// www.architektenlexikon.at/de/621.htm, Zugriff am: 26. Juni 2018. Die Einstufung in „Geltungsjude" erfolgte, wenn jemand getauft war, jedoch drei oder vier jüdische Großeltern hatte.

7 Dokumentationsarchiv des österreichischen Widerstandes (DÖW), Shoa-Opferliste, http:// www.doew.at/erinnern/personendatenbanken/ shoah-opfer, Zugriff am: 26. Juni 2018.

8 Ibid.

9 Jutta Brandstetter, Alexander Neumann, http:// www.architektenlexikon.at/de/425.htm, Zugriff am: 26. Juni 2018.

10 Matthias Boeckl (Hrsg.), Visionäre und Vertriebene, Wien 1995, S. 334: Kurzbiografie Gerhard Karplus.

Opfer und Emigranten

Fragebogen

für die Aufnahme in die Reichskammer der bildenden Künste.

Fachgruppe: Baukunst, Innenraumgestaltung, Kunsthandwerk.
(Siehe Merkblatt Punkt 2, Tätigkeitszweige.)

1. Vor- und Zuname des Aufnahmewerbers   Otto Prutscher,

2. Berufsbezeichnung, Titel   Architekt, Professor an der Kunstgewerbeschule.Wien.

3. Wohnort, Straße, Hausnummer   Wien VI. Gumpendorferstrasse Nr.74.

4. Arbeitsstätte, Ort, Straße   Wien VI. Gumpendorferstrasse Nr.74.

5. Fernsprecher, Ort, Nr.   B-25-0-29

6. Geburtsort und Land   Wien.

7. Geburtstag, Monat und Jahr   ~~48~~   7.April 1880.

8. Staatszugehörigkeit   Deutsches - Reich.

9. Religion (eventuelle frühere Religionszugehörigkeit)   röm. katholisch.

10. Wieviel dokumentarisch nachweisbare arische Großeltern haben Sie?   vier.

11. Sind Sie Mitglied der NSDAP.,
    wenn ja, seit wann und unter welcher Nummer?

12. Welchen weltanschaulichen, beruflichen, gesellschaftlichen Vereinigungen, Künstlerverbänden oder studen-
    tischen Verbindungen gehören Sie an?   Genossenschaft der bildenden Künstler Wien
                                             Zentralvereinigung der Architekten Oesterreichs

12 a) Haben Sie die Befugnis eines Architekten nach den Bestimmungen der österreichischen Gesetze?   Ja.

12 b) Sind Sie Mitglied der Fachsektion der Architekten der österreichischen Ingenieurkammer?   Ja.

13. Sind Sie verheiratet, verwitwet oder geschieden?   verheiratet.

14. Vor- und Zuname des Ehepartners,   Ernestine, Helene Prutscher.
    bei weiblichen auch den Mädchennamen   Ernestine, Helene Süßmandl.
                                             röm.katholisch.mosaisch.
15. Religion des Ehepartners (eventuell frühere Religionszugehörigkeit)   getauft im Jahre 1907.

16. Wieviel dokumentarisch nachweisbare arische Großeltern hat Ihr Ehepartner?   keine.

17. Wieviel Kinder haben Sie?   zwei

    deren Vornamen   Helene und Ilse.

Fragebogen für die Aufnahme in die RdbK, Vorderseite, ausgefüllt von Otto Prutscher, 13. Juli 1938

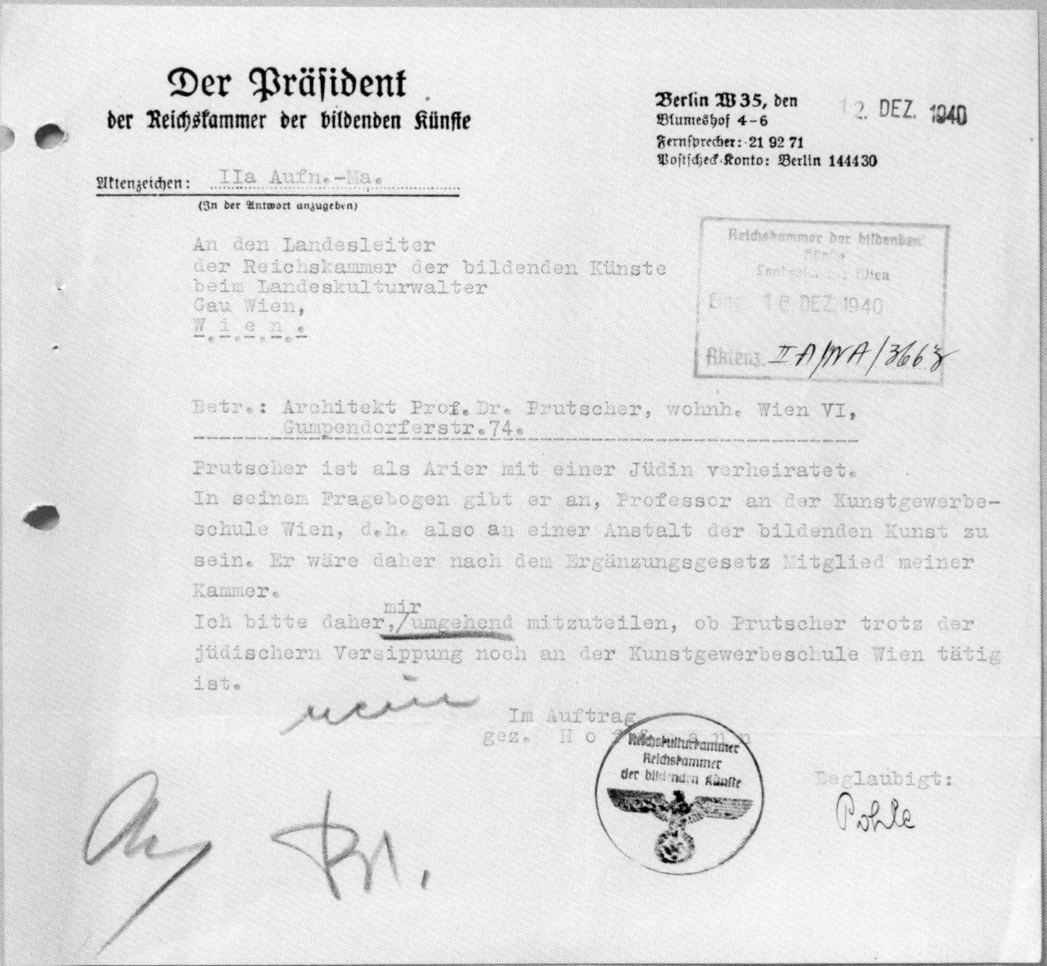

Der Präsident
der Reichskammer der bildenden Künste

Berlin W 35, den 12. DEZ. 1940
Blumeshof 4–6
Fernsprecher: 21 92 71
Postscheck-Konto: Berlin 144430

Aktenzeichen: IIa Aufn.-Ma.
(In der Antwort anzugeben)

An den Landesleiter
der Reichskammer der bildenden Künste
beim Landeskulturwalter
Gau Wien,
W i e n.

Reichskammer der bildenden Künste
Landesleitung Wien
Eing. 16. DEZ. 1940
Aktenz. IIA/WA/3668

Betr.: Architekt Prof. Dr. Prutscher, wohnh. Wien VI, Gumpendorferstr. 74.

Prutscher ist als Arier mit einer Jüdin verheiratet.
In seinem Fragebogen gibt er an, Professor an der Kunstgewerbeschule Wien, d.h. also an einer Anstalt der bildenden Kunst zu sein. Er wäre daher nach dem Ergänzungsgesetz Mitglied meiner Kammer.
Ich bitte daher, mir umgehend mitzuteilen, ob Prutscher trotz der jüdischern Versippung noch an der Kunstgewerbeschule Wien tätig ist.

nein

Im Auftrag
gez. H o f f m a n n

Reichskulturkammer
Reichskammer der bildenden Künste

Beglaubigt:
Pohle

Schriftliche Anfrage aus Berlin an die Wiener RdbK, ob Otto Prutscher noch an der Kunstgewerbeschule tätig sei, 12. Dezember 1940

11 Karl Hoffman gehörte ebenfalls der ZV an. Er
    emigrierte 1938 vorerst nach Brünn und ging
    dann nach Australien, wo sich seine Spuren
    verlieren.

12 Felix Augenfeld, Modern Austria. Personalities
    and Style, in: The Architectural Review 83,
    The Architectural Press, London, 1938, S.
    165f.; Ursula Prokop, Zum jüdischen Erbe in
    der Wiener Architektur, Wien 2016, S. 151.

13 Meder 2004, zit. Anm. 5, S. 291.

14 ZV-Mitgliedsakt Egon Riss, Schreiben von
    Eduard Sekler vom 7. Juli 1947.

15 ZV-Mitgliedsakt Egon Riss, Brief von dem
    Präsidenten der ZV vom 9. September 1947.

16 Walter Sobotka hatte 1950/1952 in Zusammenar-
    beit mit Erich Boltenstern ein Bürogebäude
    für die Veitscher Magnesitwerke am Schubert-
    ring errichtet, Ernst Lichtblau 1962/63
    eine Schule in Wien 16, Grundsteingasse mit
    Norbert Schlesinger.

17 Matthias Boeckl 1995, zit. Anm. 10, S. 337 und
    S. 344.

18 Freundliche Auskunft von Christopher Wentworth-
    Stanley an Jutta Brandstetter, 2004.

19 ZV-Mitgliedsakt Erich Boltenstern, Schreiben
    des Sicherheitsdiensts vom 28. Februar 1939.

20 ZV-Mitgliedsakt Erich Boltenstern, Bestätigung
    der Aufnahme in die Reichskammer vom
    19. Oktober 1939.

21 ZV-Mitgliedsakt Franz Gessner, Schreiben der
    Reichskammer vom 12. April 1939.

22 ZV-Mitgliedsakt Franz Gessner, Schreiben der
    Reichskammer vom 22. Dezember 1939 und
    5. Februar 1941.

23 Matthias Boeckl (Red.), Otto Prutscher.
    1880–1949. Architektur, Interieur, Design,
    Wien 1997, S. 146 (Entlassungsschreiben
    des Reichsstatthalters) und ZV-Mitgliedsakt
    Otto Prutscher, Schreiben der Reichskammer
    vom 24. Februar 1939.

24 ZV-Mitgliedsakt Otto Prutscher, Schreiben der
    Reichskammer vom 6. Juli 1942; Prutscher
    arbeitete in der Folge bei der Baugesellschaft
    Domus.

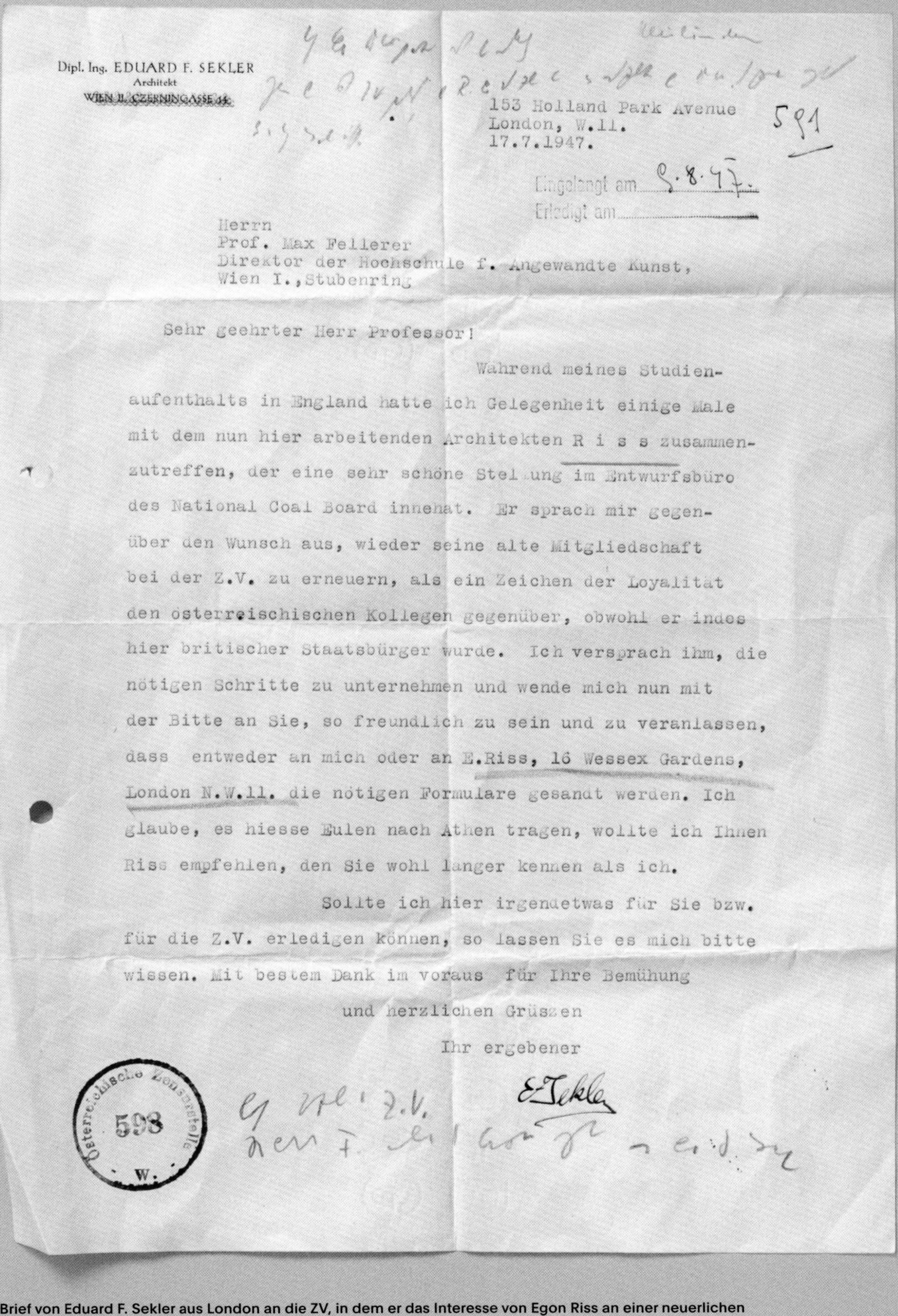

Dipl. Ing. EDUARD F. SEKLER
Architekt
WIEN II., CZERNINGASSE 44

153 Holland Park Avenue
London, W.11.
17.7.1947.

591

Eingelangt am 9.8.47.
Erledigt am _____

Herrn
Prof. Max Fellerer
Direktor der Hochschule f. Angewandte Kunst,
Wien I., Stubenring

Sehr geehrter Herr Professor!

Während meines Studien-
aufenthalts in England hatte ich Gelegenheit einige Male
mit dem nun hier arbeitenden Architekten R i s s zusammen-
zutreffen, der eine sehr schöne Stellung im Entwurfsbüro
des National Coal Board innehat. Er sprach mir gegenüber den Wunsch aus, wieder seine alte Mitgliedschaft
bei der Z.V. zu erneuern, als ein Zeichen der Loyalität
den österreichischen Kollegen gegenüber, obwohl er indes
hier britischer Staatsbürger wurde. Ich versprach ihm, die
nötigen Schritte zu unternehmen und wende mich nun mit
der Bitte an Sie, so freundlich zu sein und zu veranlassen,
dass entweder an mich oder an E.Riss, 16 Wessex Gardens,
London N.W.11. die nötigen Formulare gesandt werden. Ich
glaube, es hiesse Eulen nach Athen tragen, wollte ich Ihnen
Riss empfehlen, den Sie wohl länger kennen als ich.

Sollte ich hier irgendetwas für Sie bzw.
für die Z.V. erledigen können, so lassen Sie es mich bitte
wissen. Mit bestem Dank im voraus für Ihre Bemühung
und herzlichen Grüszen

Ihr ergebener

E. Sekler

598
W.

Brief von Eduard F. Sekler aus London an die ZV, in dem er das Interesse von Egon Riss an einer neuerlichen
ZV-Mitgliedschaft bekundet, 9. August 1947

„ZV-Frauen bauen mit!"   *Wege und Irrwege der ersten Architektinnen in der ZV (1925–1959)*

Text: Sabine Plakolm-Forsthuber

aus den Fachklassen der Kunstgewerbeschule hoch war, bedeutete die neue Verordnung für viele Frauen fortan einen erschwerten Zugang zum Architektenberuf sowie auch zur ZV.

Die Pionierinnen der ZV

Aufgrund des lückenhaften Archivbestands in der ZV und der nicht komplett rekonstruierbaren Mitgliederlisten bis 1933, also jener Jahre, in denen die ersten Architektinnen ins Berufsleben eingetreten waren, kann nicht mit Sicherheit gesagt werden, wer die erste Architektin in der ZV war. Nachweislich tauchen spätestens um 1925 die Namen der ersten, mittlerweile schon bekannten Architektinnen auf. Vermutlich war es Ella Briggs, deren Aufnahme 1925 belegt ist und die ihre Pläne für den Pestalozzi-Hof in Wien-Döbling (1925–1927) und 1926 für das Ledigenheim in der Billrothstraße selbstbewusst mit „Architekt Z. V. Ella Briggs" signierte.[4] Briggs, die 1920 einen Abschluss an der Technischen Hochschule in München erworben hatte und auf mehrjährige Praxiserfahrungen in den USA verweisen konnte, war auch Mitglied des Österreichischen Ingenieur- und Architektenvereins (1921–1930). Ab 1927/28 lebte und baute sie in Berlin, wo sie um 1928 dem Bund Deutscher Architekten (B. D. A.) beitrat. Die rassistischen Gesetze der Reichskammer der bildenden Künste (RdbK) griffen bei Briggs schon 1933; als Jüdin wurde sie im selben Jahr auch vom B.D.A. ausgeschlossen, weshalb sie 1936 nach Großbritannien emigrierte. Ab 1945 wirkte sie an dem von Otto und Marie Neurath initiierten, partizipativen Projekt zur Sanierung des infolge des Kohleabbaus sehr heruntergekommenen Stadtteils Bilston (heute Stowlawn) bei Wolverhampton mit und entwarf dafür einige Häuser. Eine ordentliche Mitgliedschaft erwarben Leonie Pilewski 1925,[5] eine Absolventin der Technischen Hochschule in Darmstadt (1922), sowie Helene Roth 1928.[6] Roth war die erste Frau, die ihr Studium an der Technischen Hochschule in Wien 1926 abgeschlossen hatte. Die beiden Jüdinnen, die zu Beginn der 1930er-Jahre im Umfeld der Sozialdemokratie aktiv am Baugeschehen und der Wohnraumkultur Wiens beteiligt waren, schieden 1933/34 im Zuge ihrer Flucht ins Ausland aus. Beide überlebten im Exil in Schweden bzw. in Palästina. Pilewski widmete sich der Malerei. Roth arbeitete von 1934 bis 1956 als Innenraumgestalterin mit dem Architekten Alfred Abraham (1900–1958) in Tel Aviv zusammen. Zurück nach Österreich kamen beide nicht mehr.

Die geringe Anzahl weiblicher Mitglieder in der Zentralvereinigung der Architekten Österreichs (ZV) vor dem „Anschluss" Österreichs 1938 war eine Folge der späten Zulassung von Frauen zum Architekturstudium an der Technischen Hochschule (ab 1919) und an der Akademie der bildenden Künste (ab 1920) in Wien. Ihre Unterrepräsentanz hing indirekt aber auch mit der seit Gründung der ZV 1907 intensiv geführten Debatte um den Berufs- und Titelschutz des „Zivilarchitekten" zusammen. 1924 wurde er mit der Abänderung der Ziviltechnikerverordnung[1] gesetzlich geregelt. Für die Erlangung der Befugnis eines Zivilarchitekten sahen die studienrechtlichen Voraussetzungen vor: „[…] die erfolgreiche Zurücklegung einer Meisterschule für Architektur oder des kunsthistorischen Seminars an der Technischen Hochschule oder der Meisterschule an der Akademie der bildenden Künste."[2] Diese Bestimmungen richteten sich zwar gegen die Baumeister- und Bautechniker, die sich auf Kosten der freischaffenden Architekten erfolgreich behauptet hatten. Den größeren Nachteil schaffte diese gesetzliche Verordnung aber für jene Frauen, die ihre Architekturausbildung bis dahin an der Kunstgewerbeschule absolviert hatten, denn eben sie wurde für die Zivilarchitektenbefugnis als unzureichend bewertet.[3] Da der weibliche Anteil der Absolventen

„ZV-Frauen bauen mit!"

Fragebogen für die Aufnahme in die Reichskammer der bilden[den]

Fachgruppe: *Architektur*

1. Bor- und Zuname: *nrvfl. Blauensteiner*   *Waltraud Vogel*
2. Berufsbezeichnung, Titel: *Dr. phil. Ing. Architektin*
(Von wem und wann ist der Titel verliehen worden)
3. Wohnort, Straße und Hausnummer: *Wien V. Pilgramgasse 24*
4. Arbeitsstätte, Ort, Straße: *Arch. Dr. Klaudy - Ing. Lippert, Wien IV. Heumarkt 7*
5. Fernsprecher, Ort, Nr.:   *B 58-5-24*
6. Geburtsort, Land: *Wigstadtl Schles.*   6a. Geb.-Tag, Monat, Jahr: *25. Sept. 1906*
7. Staatszugehörigkeit: *Deutsches Reich*   7a. Religion (auch frühere): *röm.-kath.*
8. Wieviel arische Großeltern haben Sie: *alle*
9. Bor- und Zuname des Vaters: *Franz Vogel*
9a. Bor- und Geburtsname der Mutter: *Paula Blaschke*
10. Sind Sie Mitglied der NSDAP. oder einer ihrer Gliederungen: *nein*
(Wenn ja, seit wann und unter welcher Nummer)
11. Welchen Parteien, Logen, beruflichen Bereinigungen, Künstlerverbänden gehören Sie an oder haben Sie angehört?

12. Haben Sie die Befugnis eines Architekten nach den Bestimmungen der österreichischen Gesetze? *ja*
13. Waren Sie Mitglied der Fachsektion der Architekten der österreichischen Ingenieurkammer? *nein*
14. Sind Sie ledig, verheiratet, verwitwet oder geschieden? *ledig* *verh. ab 15.I.1941*   Seit wann?
15. Bor- und Zuname des Ehepartners: *Dr. Kurt Blauensteiner*
(Bei weiblichen auch Mädchenname)
16. Religion des Ehepartners (evtl. frühere Religionszugehörigkeit): *r.-k.*
17. Wieviel arische Großeltern hat Ihr Ehepartner?
18. Wieviel Kinder haben Sie?   Wieviel davon Minderjährig?
19. Welche Tätigkeit üben Sie hauptberuflich aus? *Architektur*
20. Seit wann üben Sie einen kammerpflichtigen Beruf aus? *16.I.40.*
21. Gehören Sie bereits einer Einzelkammer der Reichskulturkammer, einer Fachgruppe der Reichskammer der bildenden Künste oder einer anderen berufsständischen Organisation an? *nein*

22. Wie üben Sie Ihre künstlerische Tätigkeit aus?
 a) selbständig
 b) in einem Arbeitsverhältnis? (seit wann und bei wem) *ja, Arch. Klaudy-Lippert 16.I.40.*
 c) als Firma? (genaue Angabe über die Rechtsform)

23. a) Welche wesentlichen Werke sind unter Ihrem Namen und nach Ihren eigenen Entwürfen ausgeführt?

b. w.

1484 39 Stub

Mit Martha Bolldorf-Reitstätter trat 1935 die erste Absolventin der Akademie der ZV als a. o. Mitglied bei. Sie war eine von ungefähr zehn Frauen, die zwischen 1920 und 1945 ein Architekturstudium an der Akademie der bildenden Künste abgeschlossen hatten. Bolldorf-Reitstätter verfügte zwar formell über das von der ZV anerkannte Diplom, nicht jedoch über die laut Statuten geforderte fünfjährige Praxis. Dafür konnte sie auf die Tätigkeit im Atelier eines „ordentlichen Mitglieds der Z. V.",[7] dem Clemens Holzmeisters, verweisen. Dieser hatte sie schon während ihres Studiums gefördert und beschäftigte sie nach erfolgreich bestandener Diplomprüfung 1934 als eine seiner „besten Stützen".[8] Von 1936 bis 1940 leitete sie für Holzmeister, der bekanntermaßen 1938 in die Türkei gegangen und dessen Atelier aufgelassen worden war, den Innenausbau des Funkhauses. 1938 beantragte sie aus beruflichen Gründen, wie sie sich 1947 rechtfertigte, die Mitgliedschaft bei der NSDAP, die sie 1941 erhielt. Als sie als „Minderbelastete" um die „Verleihung der Befugnis eines Architekten" ansuchte, unterließ sie jedoch die Erwähnung ihres freiwilligen Kriegseinsatzes von 1942 von 1943 für die Organisation Todt (OT) auf der von der deutschen Wehrmacht besetzten Krim.[9] Was Bolldorf-Reitstätter dort als „Stadtplanerin für die Städte Melitopol und Simferopol" genau gemacht hat, ist nicht bekannt;[10] schon im Herbst 1943 wurde die Halbinsel von der Roten Armee zurückerobert. 1943 soll Bolldorf-Reitstätter ein Angebot für einen Lehrstuhl an der „Reichshochschule Wien" ausgeschlagen haben.[11]

Siegfried Theiss, langjähriger Präsident und ZV-Ehrenpräsident, war durch seine Lehrtätigkeit an der Technischen Hochschule in Wien ab 1919 mit Studentinnen vertraut und befürwortete vermutlich auch deren Aufnahme in die ZV. Die ersten Absolventinnen der Technischen Hochschule in der ZV waren, nach der schon erwähnten Helene Roth, Luzia Pietsch 1928, die ab 1931 in Innsbruck arbeitete,[12] Hermine Frühwirth und Lionore Regnier, die jedoch nur als a. o. Mitglieder geführt wurden. Frühwirth wurde 1936, Regnier 1937 aufgenommen; beide waren promoviert.[13] Praxiserfahrungen sammelte Frühwirth ab 1929 bei Hans Prutscher und von 1933 bis 1938 bei Erwin Böck, mit dem sie als dessen Mitarbeiterin mehrere Wettbewerbe bestritt. Erinnert sei an den preisgekrönten Entwurf für die Reichsbrücke 1933, einen für die RAVAG 1936 sowie für den Votivkirchenvorplatz. Am 1. Oktober 1938 nahm sie, ohne der NSDAP beigetreten zu sein, eine Stelle als Technische Angestellte im Hochbaudienst der Deutschen Reichspost an.[14] Regnier, die von 1937 bis 1946 als Bauleiterin bei der Baugesellschaft Hofman & Maculan angestellt war, bewarb sich 1946 für die Befugnis eines Architekten, die sie noch im selben Jahr in eine für Hochbau umändern ließ.[15] Ab den 1950er-Jahren baute sie mit ihrem Mann Friedrich Regnier Wohn- und Bürohäuser in Wien und Salzburg.

Die ersten Ziviltechnikerinnen bis 1938

Mit der 2. Ziviltechnikerverordnung vom 2. März 1937 erfolgte eine weitere Präzisierung des Architektenberufs. Während die Architekten und Ingenieurkonsulenten bauten, planten und überwachten, waren Zivilingenieure auch für die Ausführung zuständig und verfügten daher über größere Kompetenzen und Verdienstmöglichkeiten.[16] Die erste Frau, die die Ziviltechnikerprüfung vor 1937 abgelegt hatte, war das ZV-Mitglied Luzia Pietsch im Jahre 1932.[17] Ihr folgte als Zweite Liane Zimbler, die diese Befähigung kurz vor dem „Anschluss" und ihrer Emigration 1938 in die USA erwarb.[18] Nach dem „Anschluss" wurden in der „Ostmark" die Reichsgesetze des NS-Regimes eingeführt, die unter anderem die Aufhebung der ab 1913 eingeführten Ziviltechnikerprüfung vorsahen. Auch die „Löschung" der ZV, die am 24. Juni 1938 vollzogen wurde, und die Eingliederung der Architekten in die RdbK waren der neuen Gesetzeslage geschuldet. Zwischen 1937 und 1938 suchten – außer Zimbler – immerhin noch drei Frauen um Ablegung der Ziviltechnikerprüfung an. Die Anträge von Hilda Döring-Kuras, Rosa Weiser und Gertrud Nagel wurden abgelehnt bzw. die Entscheidung hinausgezögert. 1939 hatte sich ihr Antrag erübrigt, da „durch die Ausdehnung des Reichskulturkammergesetzes auf die Ostmark auch ohne Erlangung der Befugnis des Ziviltechnikers [...] die Ausübung ihres Berufes gewahrt"[19] war.

Pflichtmitgliedschaft in der Reichskammer der bildenden Künste und Bauen im Dienste der NSDAP

Mit der Eingliederung der Architektenschaft in die Reichskammer der bildenden Künste (RdbK) wurden die jahrzehntelang erkämpften Standesinteressen der Architekten deutlich geschwächt. Unabdingbare Kriterien für die Aufnahme in die RdbK waren nicht ein bestimmter akademischer Abschluss oder eine mehrjährige berufliche Praxis, sondern der Ariernachweis sowie die politische Zuverlässigkeit. Zur Architektenschaft, die fortan einen „einheitlichen Berufsstand unter nationalsozialistischer

Führung" repräsentieren sollte, zählten nun neben den freien und angestellten Architekten auch die „überwiegend baugewerblich" Tätigen sowie die „Innenraum- und Gartengestalter".[20] Sofern Frauen den Ariernachweis erbringen konnten, traten sie wie ihre Kollegen ohne jedwede formale Beschränkung in die RdbK ein. Durch die erleichterten Aufnahmekriterien, die nicht auf eine strenge berufliche Qualifikation, sondern auf die totale Kontrolle und die Heranbildung einer völkischidealen Künstlerschaft abzielten, fanden sich nun viele Frauen, die sich für die Berufsgruppe der Architekten meldeten. Der relativ hohe Frauenanteil erklärt sich durch die Aufnahme zahlreicher Innenraumgestalterinnen und Entwerferinnen, darunter auch einige Absolventinnen der Kunstgewerbeschule.

Da der Bedarf an freischaffenden Architektinnen nach der ersten Euphorie im Zuge des „Anschlusses", spätestens aber mit dem Kriegseintritt des Deutschen Reichs, nur sehr eingeschränkt gegeben war, fanden die meisten eine Anstellung im Parteiapparat oder in den Baubüros der Kriegs- und Rüstungsindustrie; einige wurden dienstverpflichtet. Genannt seien Maria Balcarek, die nach ihrem Abschluss an der Technischen Hochschule 1941 bei Oswald Haerdtl arbeitete, ehe sie 1942 zu den Flugmotorenwerken Ostmark dienstverpflichtet wurde,[21] Erna Grigkar[22] sowie Leopoldine Schwarzinger, die beide ab 1938 der Baugruppe des Luftgaukommandos XVII zugewiesen wurden. Schwarzinger, die als technische Angestellte im Baufach erst als 30-Jährige an der Akademie von 1943/44 bis 1947 studierte (bei Alexander Popp und Erich Boltenstern), arbeitete ab 1942/1944 für den Reichsstatthalter Niederdonau (Hugo Jury); sie war primär für Kriegergedenkstätten zuständig.[23] Als Helene Koller-Buchwieser 1938 ihre Aufnahme in die RdbK beantragte, konnte sie schon auf viele Projekte verweisen (Restaurierung der Kirche St. Michael, des Karners in Pulkau etc.).[24] Aufgrund der Mitarbeit ab 1934 im Betrieb ihres Vaters, des Baumeisters Bruno Buchwieser, fand sie gleich nach ihrem Abschluss an der Technischen Hochschule 1937 als Leiterin des neu geschaffenen Bauamts im Kunsthistorischen Museum eine Anstellung. Hier wurde sie mit der Neuaufstellung der Geistlichen und Weltlichen Schatzkammer betraut. Da sie 1939 den ebendort tätigen Kunsthistoriker Lothar Kitschelt ehelichte, einen aktiven Parteigenossen, musste sie zu seinen Gunsten aus dem Museumsdienst ausscheiden. Nach Ablegung der Baumeisterprüfung 1940 war sie bis 1945 als Architektin mit Industrie- und Luftschutzbauten (Saurer Werke, Waagner-Biró) befasst. Trotz ihrer

Herbert Thurner
* 28.08.1905, Baden
Abschluss:
Kunstgewerbeschule
Wien (1926)
ZV-Mitglied ab 1945

reichen beruflichen Erfahrung wurde ihr Aufnahmeantrag von der ZV am 27. November 1945 mit der Begründung abgewiesen, dass sie nur die Befugnis als „Zivilingenieur für Hochbau" (vom 6. September 1945) besitze. Für die Aufnahme in die ZV, die 1959 erfolgte, beantragte sie daher 1946 die Umschreibung auf die Befugnis eines Architekten.[25] 1946 gelang es Koller-Buchwieser, mit einem der begehrten UNRRA-Stipendien für sechs Monate in die USA zu reisen,[26] wo sie Wohn- und Siedlungswesen studierte und Frank Lloyd Wright begegnete. Nach ihrer Rückkehr war sie eine Exponentin der sozialen Architektur (z. B. Jungarbeiterdorf Hochleiten-Gießhübel in Mödling, 1952). Angeregt von ihrem Bruder Bruno Buchwieser, einem Entwicklungshelfer, plante sie 1970 in Burkina Faso (ehemals Obervolta) ein Ausbildungszentrum für Jugendliche, eine Kirche etc. Als gläubige Christin war ihr der Bau von Kirchen ein besonderes Anliegen; erinnert sei an den spannenden Entwurf einer Kirche für die Südstadt 1951, deren quadratischer Grundriss mit einem zeltartigen Dach überspannt war.

Dass für viele der ersten Architektinnen, sofern sie nicht emigrieren mussten, der Einstieg ins Berufsleben in die Jahre der NS-Zeit fiel, konnten sie sich nicht aussuchen. Der Beitritt in die RdbK war die Bedingung, den Beruf ausüben zu können.

Elisabeth Hofbauer-Lachner
* 05.07.1913, Wien
Abschluss:
Technische Hochschule
Wien (1937)
ZV-Mitglied ab 1947

Nicht wenige aber traten der NSDAP mit dem Ziel bei, für ihr berufliches Fortkommen zu profitieren. Da viele Techniker eingezogen waren, griff man vonseiten der nationalsozialistischen Planung und Kriegsindustrie stärker auf die Kompetenz von Frauen zurück als bis dahin üblich. Genannt sei Elisabeth Hofbauer-Lachner, die ab 1937 bei diversen Wettbewerben reüssierte (z. B. Messegelände mit Karl Dirnhuber, 1938). Als Parteigenossin wurde sie ab Juni 1938 beim Luftgaukommando Wien mit dem Entwurf von Flugplatzanlagen betraut. Von 1938 bis 1946 arbeitete sie bei Hans Kamper,[27] einem engen Mitarbeiter von Wiens NS-Chefplaner Hanns Dustmann. Im Büro Kamper war sie für Stadtplanungen (Bregenz, Kufstein), öffentliche Gebäude, Theater im heutigen Slowenien für Celje (Cilli) und Marburg etc. zuständig.[28] Der Parteieintritt von Ilse Koči[29] und Edith Lassmann könnte mit ihrer Anstellung als Assistentinnen an der Technischen Hochschule zusammenhängen, die „von jeher ein Hort starker nationaler Gesinnung" galt.[30] Koči schloss ihr Studium 1942 ab und war bis 1948 Assistentin bei Max Theuer, in welcher Funktion sie Bauaufnahmen (z. B. Bürgerhäuser in Steyr) betreute. Lassmann fand von 1940 bis 1944 bei Alfred Keller an der Lehrkanzel für Gebäudelehre als „Kriegsersatzkraft" Beschäftigung und arbeitete zugleich in seinem Atelier an Industrie- und

Fabrikbauten in Brünn.[31] Ulrike Manhardt durchlief mehrere NS-Abteilungen: Ab März 1938 kooperierte sie mit dem Münchner Architekten Fritz Norkauer, der mehrere Kraft-durch-Freude-Raststätten am Chiemsee erbaute, deren Inneneinrichtung sie verantwortete. Von 1938 bis 1940 war sie für das Luftwaffenbauamt Wien II (Einrichtung eines Offizierskasinos) tätig und ab November 1940 im Büro von Kurt Klaudy und Georg Lippert. Das als „kriegswichtig" eingestufte Büro mit rund 120 Mitarbeiterinnen und Mitarbeitern, darunter auch Waltraud Blauensteiner,[32] baute Wohnsiedlungen und die größten Industrieanlagen für die NS-Rüstungs- und Kriegswirtschaft.[33] Noch im Februar 1945 nahm Manhardt eine Dienstverpflichtung in der Hochbauabteilung der Organisation Todt (Einsatzgruppe Südost) an.[34]

Anstieg der Zahl weiblicher ZV-Mitglieder nach 1945

Mit der Liquidierung der RdbK nach Kriegsende und der Überführung der Mitglieder in die Berufsvereinigung der bildenden Künstler Österreichs (BV) am 21. Juni 1945 mussten sich nun alle Architektinnen bis zur Neugründung der ZV 1959 vorerst in der BV bewerben. Viele der in der RdbK organisierten Frauen strebten ab 1945 die Aufnahme in die BV an und wurden meistens aufgenommen, sofern sie nicht politisch belastet waren. Alle diejenigen, die über keine aufrechte Befugnis verfügten, machte man darauf aufmerksam, dass die ZV die Eingliederung in die Ingenieurkammer anstrebe und man dadurch den Status quo vor dem „Anschluss" 1938 wiederherzustellen beabsichtige, wozu die Ablegung der Ziviltechnikerprüfung notwendig sei; anderen legte man die fehlende Absolvierung der Meisterschule an der Technischen Hochschule nahe.[35]
    Im Unterschied zur Präsenz von Frauen in der ZV vor 1938 ist nun eine verstärkte Anfrage von Absolventinnen der nunmehrigen Akademie für angewandte Kunst zu verzeichnen. Die Gleichstellung ihrer Meisterklassen mit den Abschlüssen an der Technischen Hochschule und der Akademie erfolgte erst 1954. Unter den Bewerberinnen der „Angewandten" waren einige Frauen, die sich – wohl auf Anraten Franz Schusters hin – bei der ZV bewarben: Genannt seien die Schusterabsolventinnen Eugenie Pippal-Kottnig (1940, bis 1946 Schusters Assistentin)[36], Erika Hotzky-Peters (1945), Maria Böhm (1948) oder Gertrude Kazda, die nach dem Abschluss an der Technischen Hochschule 1954 in der von Schuster geleiteten „Forschungsstelle für Wohnen und Bauen" in der Baudirektion im Rathaus

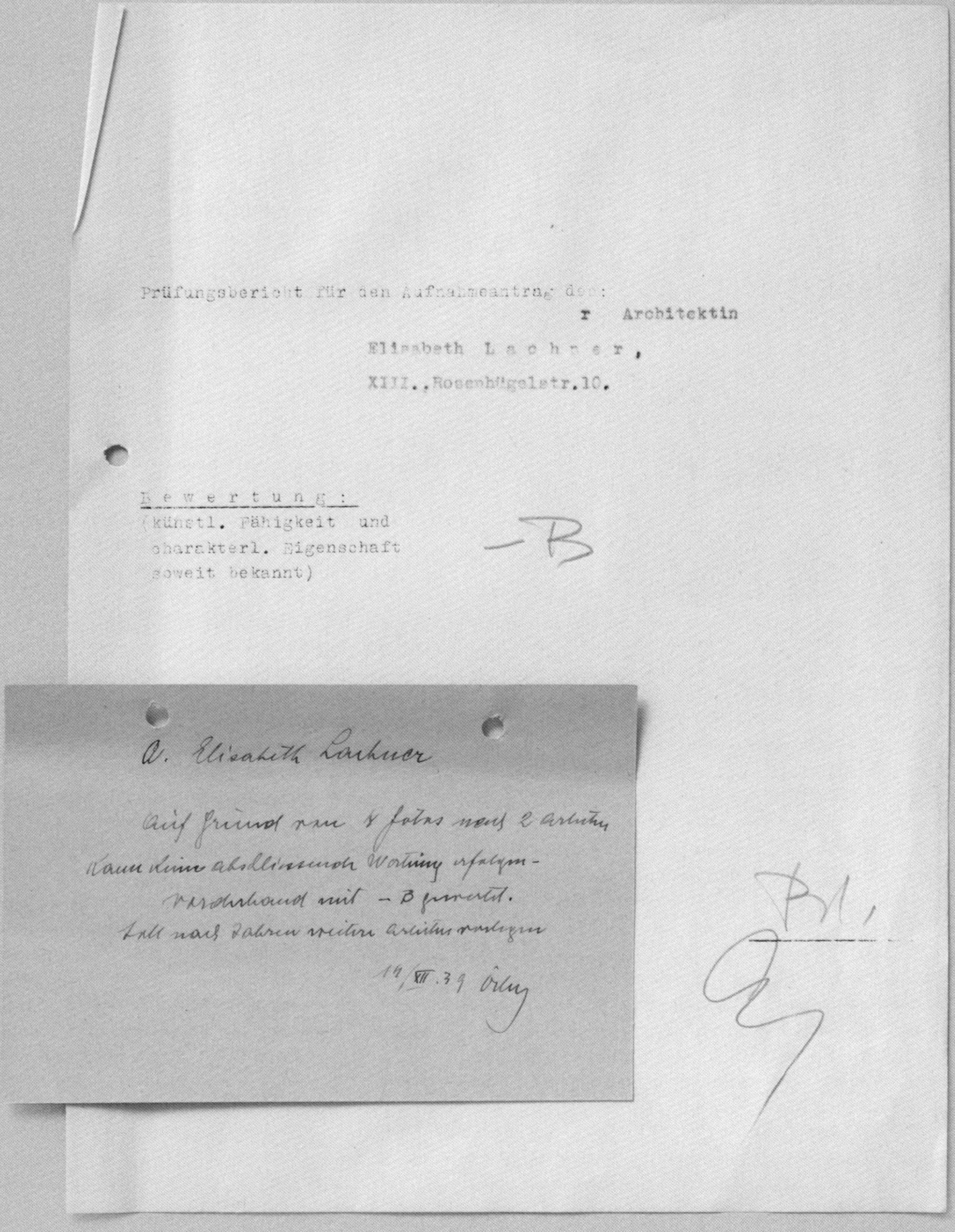

Prüfungsbericht für den Aufnahmeantrag der:
r Architektin

Elisabeth L a c h n e r ,

XIII., Rosenhügelstr.10.

B e w e r t u n g :
(künstl. Fähigkeit und
charakterl. Eigenschaft
soweit bekannt)

–B

A. Elisabeth Lachner

Auf Grund von 8 Fotos nach 2 Arbeiten
kann keine abschliessende Wertung erfolgen –
vorderhand mit –B gewertet.
Soll nach Jahren weitere Arbeiten vorlegen

14/XII.39 Örley

Künstlerische Beurteilung von Robert Örley und der Prüfungsbericht mit Bewertung der „künstl. Fähigkeit und charakterl. Eigenschaft“ für die Aufnahme von Elisabeth Hofbauer-Lachner in die RdbK, 14. Dezember 1939

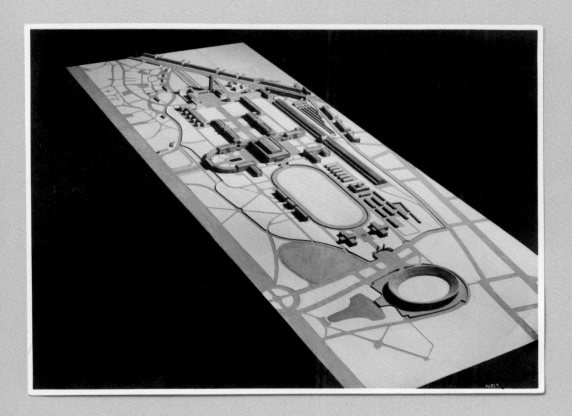

Die von Elisabeth Hofbauer-Lachner für die Aufnahme in die RdbK eingereichten Fotos ihrer Projekte: Wettbewerbsbeitrag für das Wiener Ausstellungs- und Messegelände (1938) und Entwurf für eine fünfklassige Volksschule in einer Kleinstadt (1936)

Der Präsident

der Reichskammer der bildenden Künste

Berlin W35, den
Blumeshof 4-6
Fernsprecher: 21 92 71
Postscheck-Konto: Berlin 144430

Aktenzeichen: IIa A 23985

(In der Antwort anzugeben)

20. IV. 1940

Einschreiben!

Abschrift!

Fräulein
Helene Buchwieser
Architektin

W i e n VI
Mittelgasse 16

Aufgrund Ihres Antrages vom   1.7.38   gliedere ich Sie unter der
Mitgliedsnummer   A 23985   mit Wirkung vom   1.7.1938   in die Reichskammer der bildenden Künste ein,weil Sie den Beruf als Architekt im Sinne der
§§ 4 und 5 der ersten Verordnung zur Durchführung des Reichskulturkammergesetzes
vom 1.11.1933 (RGBl.I, S.797) ausüben.
Als Anlage erhalten Sie das Mitgliedsbuch,für dessen Ausfertigung eine Gebühr
von RM 1.-- zu zahlen ist.Das Buch ist Eigentum meiner Kammer und ist umgehend
an mich zurückzusenden,falls eine kammerpflichtige Tätigkeit nicht mehr ausgeübt wird.
Nach § 24 aaO. sind Sie verpflichtet,Beiträge an meine Kammer zu entrichten.
Zahlungen sind auf mein Postscheckkonto Berlin 144430 oder Girokonto bei der
Berliner Stadtbank Girokasse 2 Konto-Nr.160 oder Konto bei der Deutschen Bank,
Depositenkasse K 2,Berlin W.35,Lützowstr.33-36 unter Angabe des obigen Akten-
zeichens zu leisten.
Die beiliegenden Fragebogen sind ausgefüllt und unterschrieben innerhalb
von 8 Tagen an mich zurückzusenden,um die Höhe des Beitrages festsetzen zu
können,anderenfalls erfolgt zwangsweise Festsetzung nach geschätztem Einkommen.
Ich weise darauf hin,daß alle Eingaben an mich über den für Sie zuständigen
Landesleiter der Reichskammer der bildenden Künste
beim Landeskulturwalter,Gau Wien, Wien, Reisnerstr. 40
unter Angabe der Mitgliedsnummer zu leiten sind.
Ferner sind Sie als Mitglied meiner Kammer verpflichtet,die Bestimmungen
meiner ersten Anordnung über den Beruf des Architekten vom 28.7.1936 und
meiner siebenten Anordnung über den Schutz des Berufes und die Berufsausübung der Architekten vom 15.7.1935 in der Fassung v. 7.5.1937 (Gebühren-
ordnung der Architekten) sowie meiner sonstigen Anordnungen zu befolgen.

Form 84 12.39

Bescheid über die Eingliederung in die RdbK und Bekanntgabe der Mitgliedsnummer, Vorderseite, ausgestellt an Helene Buchwieser, 3. Mai 1940

Josef Schilhab
* 12.01.1908, Schwechat
Abschluss:
Akademie der bildenden
Künste Wien (1932)
ZV-Mitglied ab 1935

tätig war.[37] Auf eine ungewöhnliche Biografie konnte Maria Tölzer, die als Lehrerin für Zeichnen und Kunstgewerbe bis 1941 im Komensky-Verein unterrichtete, verweisen. Rückblickend auf ihre spätere Ausbildung bei Schuster von 1942 bis 1946 betonte sie, dass bei den von ihm gestellten Aufgaben „die sozialen Probleme Vorrang" hatten und deren Analyse dem Entwurf vorausgehen musste.[38] Einer ihrer gelungensten Bauten ist der für die Per-Albin-Hansson-Siedlung West (1947–1951) entworfene Kindergarten von 1951, ein U-förmiger, hell belichteter Flachbau mit großzügigen Außenanlagen. Neben zahlreichen Ausstellungsbeteiligungen wie „Die Frau und ihre Wohnung" 1950 oder für „Soziale Wohnkultur" 1952 etc. realisierte sie mit ihrem Mann Peter Tölzer auch einige Wohnbauten.

Politisch belastete Männer und Frauen nahm man vorbehaltlich des „politischen Überprüfungsausschusses" der Entnazifizierungsstellen, insbesondere nach dem Verbotsgesetz von 1947, nur provisorisch in der ZV auf. So wurde Edith Lassmann 1945 vorerst abgelehnt, da sie aufgrund ihrer Mitgliedschaft von 1935 beim Bund deutscher Mädel (BDM) als „Illegale" eingestuft wurde. In einer „Eidesstattlichen Erklärung" (18. Oktober 1945) rechtfertigte sie sich, dass sie von diesem im Juni 1938 sogar als „zu wenig soldatisch" ausgeschlossen worden sei; kurz darauf trat sie der NS-Frauenschaft bei und sei von dieser „zur NSDAP angemeldet" worden. Sie habe daraus keine „wie immer gearteten Vorteile gezogen". Ganz interesselos dürfte die Mitgliedschaft jedoch nicht gewesen sein, da Lassmann festhielt, dass „diese ganz auf Frauenfragen und hauswirtschaftliche Probleme abgestellte und ziemlich unpolitische Organisation" von ihr „damals [als] ein nicht ganz unerwünschter Gegensatz" zu ihrem „etwas männlichen Studium" betrachtet wurde, was wiederum indirekt ein Licht auf das noch sehr traditionelle und rollenkonforme Hochschulstudium wirft.[39] 1947 wurde sie in die ZV aufgenommen und blieb Mitglied bis nach 1980. Aufgrund der unglaublichen Breite ihres Œuvres zählt sie wohl zu den spannendsten Architektinnen der Nachkriegszeit. Neben diversen Kraftwerksbauten wie zum Beispiel das Kraftwerkshaus Limberg/Kaprun (1950–1955) oder Lünersee/Illkraftwerke (1955), Wohn- und Schulbauten plante sie auch speziell für berufstätige Frauen. Beim geladenen Wettbewerb für „Die Stadt des Kindes" (1969), an dem bereits ihre Tochter Barbara Kraus mitarbeitete, errang sie den zweiten Preis.[40] Ilse Koči, die 1948 den Architekten Jan Koči ehelichte und mit ihm zusammen in Pressburg Wohn- und Verwaltungsbauten plante und im Denkmalamt tätig war, entging dem Entnazifizierungsverfahren. Zum Zeitpunkt ihrer Aufnahme in die ZV 1957 war dieses kein Thema mehr.

Obwohl nach 1945 viele der in der RdbK organisierten Frauen nun auch die Mitgliedschaft in der ZV anstrebten, blieben einige nur kurz dabei. Die Gründe für die Austritte waren nicht selten private Lebensumstände (Familiengründungen), berufliche Veränderungen (z. B. Waltraud Blauensteiner, die als ausgebildete Kunsthistorikerin und Architektin 1948 in das Bundesdenkmalamt wechselte)[41] oder finanzielle Belastungen, da manche auch Mitglied im Österreichische Ingenieur- und Architekten-Verein (ÖIAV) und ab 1957 bei der Kammer waren. Als 1957 mit dem Ziviltechnikergesetz und der Organisierung der freischaffenden Architekten in der Ingenieurkammer die ZV von den Aufgaben der Standesvertretung entbunden wurde,[42] betrachteten gar nicht wenige die Mitgliedschaft bei der ZV als überflüssig. So zum Beispiel begründete Ulrike Manhardt ihren Austritt 1949, dass sie auf Anraten der ZV eine Befugnis erworben habe und in die Ingenieurkammer eingetreten sei: „Nachdem die ZV vor einer Eingliederung in die Ingenieurkammer steht, demnach dzt. eine Parallelinstitution in Liquidation darstellt, fühle ich mich nicht mehr verpflichtet auch hier einen Mitgliedsbeitrag zu zahlen."[43] Ähnlich

Fragebogen

für die Aufnahme in die „Berufsvereinigung der bildenden Künstler Österreichs"
(Kammer der bildenden Künstler)

(Bitte deutlich schreiben)

6145/460

1. Vor- und Zuname des Aufnahmewerbers **ANNA PRAUN**

2. Berufsbezeichnung (bzw. künstlerische Tätigkeit), Titel **DIPL. ING. ARCHITEKT**

3. Wohnort, Straße und Hausnummer **WIEN 8. LANGEGASSE 74 (o. ZEIT KINDBERG STEIERMARK)**

4. Arbeitsstätte, Ort, Straße

5. Fernsprecher, Ort, Nr.

6. Geburtsort und -Land **ST. PETERSBURG. RUSSLAND** 6.a) Geb.-Tag, Monat, Jahr **29. V. 1906**

7. Staatszugehörigkeit **ÖSTERREICHISCHE** 7.a) Religion **GRIECH. ORTHODOX**

8. Sind Sie Mitglied der NSDAP, wenn ja, seit wann und unter welcher Nr.? **NEIN**

9. Welchen weltanschaulichen, beruflichen, gesellschaftlichen Vereinigungen, Logen, Künstlerverbänden oder studentischen Verbindungen gehören Sie an oder haben Sie angehört?

   MITGLIED DER ÖSTERREICHISCHEN KULTURVEREINIGUNG. WIEN
   " " SEZESSION · GRAZ.

10. Haben Sie die Befugnis eines Architekten nach den Bestimmungen der österreichischen Gesetze?

11. Sind Sie Mitglied der Fachsektion der Architekten der österreichischen Ingenieurkammer?

12. Sind Sie ledig, verheiratet, verwitwet oder geschieden? **VERHEIRATET**

13. Vor- und Zuname des Ehepartners **DIPL. ING. RICHARD PRAUN**
    (bei weiblichen auch Mädchenname)

14. Wieviel Kinder haben Sie? **EIN** wieviel davon minderjährig? **EIN**

15. Welche Tätigkeit üben Sie hauptberuflich aus? **ARCHITEKTUR**

16. Seit wann sind Sie als bildender Künstler tätig? **seit 1939**

17. Gehören Sie bereits einer anderen berufsständigen Organisation an? **Nein**

18. Wie üben Sie Ihre künstlerische Tätigkeit aus? a) selbständig b) in einem Arbeitsverhältnis (seit wann und bei wem)? **SEIT 1942. IV BEI MEINEM MANN**

    c) als Firma: (genaue Angabe über die Rechtsform) **DIPL. ING. ARCHITEKT**

    RICHARD PRAUN

Fragebogen für die Aufnahme in die Berufsvereinigung der bildenden Künstler Österreichs, Vorderseite, ausgefüllt von Anna Praun, 10. April 1946

Magistratisches Bezirksamt für den XIX/XXVI Bezirk.

(Registrierungsbehörde für den XIX Bezirk)

Wien, am 16.9.1947.

Bescheinigung geb. Jurecka

Herr — Frau Dr.Ing. Lassmann Edith,

geb. am 12.2.1920 seit 1921 wohnhaft in Wien XIX Bezirk,

Escherichg. 1

hat bis zum heutigen Tage bei der obigen Meldestelle eine ~~keine~~ Meldung im Sinne der Bestimmungen für die Registrierung der Nationalsozialisten erstattet.

~~Es~~ Sie gehört nach den Eintragungen auf dem Meldeblatt voraussichtlich zum Personenkreis des § 17, ~~Absatz 2~~, Absatz 3, des Verbotsgesetzes 1947.

Bemerkt wird, daß das Registrierungsverfahren noch nicht rechtskräftig abgeschlossen ist.

Die nach der Bundesverwaltungsabgabeverordnung entfallende Abgabe von 70 Groschen wurde erlegt und unter fortlaufender Zahl 18870 des Vormerkbuches für die Verwaltungsabgaben verrechnet.

Der Bezirksamtsleiter: i. A.:

M.-Abt. 62, Vordruck **Nr. 6 b (neu).** — 30 — 747 — 46962. Astoria.

Zentralvereinigung der Architekten
in der

N/181

13. Oktober 1945.

Frau
Arch. Dr. Edith Lassmann - Jurecka

W i e n XIX
Escherichgasse 1

Ihr Aufnahmeansuchen wurde in der Verwaltungsausschussitzung vom 11.ds. ablehnend entschieden, da Sie lt. Ihren eigenen Angaben vom 16.12.1941 bereits ab Mai 1935 Mitglied des BDM waren und daher als illegal gelten. Mit dem Ausdruck vorzüglichster

Hochachtung
für die
Zentralvereinigung
der Architekten
in der

Der Schriftführer: Der Präsident:

Oben: Bescheinigung des Magistratischen Bezirksamts über die Meldung im Sinne der Registrierung der Nationalsozialisten, ausgestellt an Edith Lassmann (geb. Jurecka), 16. September 1947
Unten: Schreiben der ZV an Edith Lassmann (geb. Jurecka), dass ihr Aufnahmeansuchen aufgrund einer „illegalen" Mitgliedschaft beim BDM (Bund Deutscher Mädel) abgelehnt wurde, 13. Oktober 1945

argumentierte Eugenie Pippal-Kottnig 1950: „[…] da ich seit September Mitglied der Ingenieurkammer bin und es mir aus finanziellen Gründen nicht möglich ist beiden Berufsverbänden anzugehören, möchte ich Ihnen hiemit [sic!] meinen Austritt aus der BV bekanntgeben […]."[44]

Nach dem Krieg erwarben viele Architektinnen die Ziviltechnikerbefugnis, die Voraussetzung für die selbstständige (oder freiberufliche) Mitwirkung am großen Wohnbauprogramm der Nachkriegszeit war. Beim kommunalen Wohnbau kamen meist Architektengemeinschaften zum Zug, in denen vereinzelt auch Frauen mitwirkten, oft in Kooperation mit den Ehepartnern, selten selbstständig. Die Teilhabe der Architektinnen als Planerinnen am Wohnbau sowie ihr beruflicher Werdegang nach 1945 sind bis heute weitgehend unbekannt und unerforscht. Die im Archiv der ZV überlieferten Mitgliederakten ermöglichen einen ersten Schritt zur biografischen Aufarbeitung jener Architektinnen, die in einer sehr schwierigen, sodann kompromittierenden gesellschaftspolitischen Situation als Pionierinnen der Architektur den Weg für nachfolgende Generationen aufbereitet haben.

1   o.A., Bundesgesetzblatt, 13. Jänner 1925, 21. Verordnung vom 27. Dezember 1924, Abänderung der Ziviltechnikerverordnung, http://alex.onb.ac.at/cgi-content/alex?aid=bgb&datum=1925&page=181&size=45, Zugriff am: 15. Juni 2018.
2   Ibid.
3   Siegfried Theiss, Was wollen die Architekten, in: Wiener Ingenieurkammer (Hrsg.), Festschrift anlässlich des 75-jährigen Bestandes der Ziviltechniker, Wien 1935, S. 56.
4   Ella Briggs, geb. Baumfeld (1880–1977). o.A., Verzeichnis der Mitglieder der Zentralvereinigung der Architekten Österreichs nach dem Stande vom 1. Juni 1933, Wien 1933, S. 30, wo sie unter den „o.M. außerhalb Österreichs" aufgelistet wird (Berlin). 1935 war sie kein Mitglied mehr. Katrin Stingl, Ella Briggs (-Baumfeld). Wohnbauten in Wien (1925/26) und in Berlin (1929/30), Wien, Univ., Dipl.-Arb., 2008. Inge Scheidl, Ella Briggs, in: http://www.architektenlexikon.at/de/65.htm, Zugriff am: 2. Juni 2018.
5   o.A., Verzeichnis der Mitglieder der Zentralvereinigung der Architekten Österreichs nach dem Stande vom 1. Juni 1933, Wien 1933. S. 18 und S. 20. Leonie Pilewski, verehelichte Karlsson (1897–1992), hatte das Haus von Hugo Häring in der Wiener Werkbund-Siedlung 1932 eingerichtet und schrieb in Fachzeitschriften über das moderne Baugeschehen in der Tschechoslowakei bzw. der Sowjetunion. Vgl. Ute Maasberg und Regina Prinz (Hrsg.), Die Neuen kommen! Weibliche Avantgarde in der Architektur der zwanziger Jahre, Hamburg 2004, S. 72f. Pilewski floh am 14. März 1938 vor der Gestapo nach Stockholm. Österreichisches Staatsarchiv AT-OeStA/AdR, E-uReang AHF K Karlsson Leonie.
6   Zu Helene Roth (1904–1995) siehe Sigal Davidi, Architektinnen aus Deutschland und Österreich im Mandatsgebiet Palästina, in: Mary Pepchinski u.a. (Hrsg.), Frau Architekt. Seit mehr als 100 Jahren: Frauen in Architekturberuf, Frankfurt am Main/Berlin 2017, S. 50. Ute Georgeacopol-Winischhofer, „Sich-bewähren am Objektiven", in: Juliane Mikoletzky u.a. (Hrsg.), „Dem Zuge der Zeit entsprechend …". Zur Geschichte des Frauenstudiums in Österreich am Beispiel der Technischen Universität Wien, Wien 1997, S. 218.
7   o.A., Zentralvereinigung der Architekten Österreichs. Satzungen, Geschäftsordnung, Standesvorschriften, Wien: Selbstverlag der ZV, 1929, S. 2, § 8 und § 9.
8   Archiv der Akademie der bildenden Künste Wien, Personalakt Martha Reitstätter (verehelichte Bolldorf), Nr. 1213.
9   Österreichisches Staatsarchiv AT-OeStA/AdR, HBbBuT, BMffHuW Titel ZivTech A-G 719, Martha Bolldorf (1912–2001), Gz.39265-/1-47, Gz.30431-I/1-48.
10 Bei dem „Simferopol Massaker" im Dezember 1941 wurden 13.000 Juden, Krimtschaken und Roma ermordet. Siehe: Norbert Kunz, Die Krim unter Deutscher Herrschaft 1941–1944. Germanisierungsutopie und Besatzungsrealität, Darmstadt 2005, S. 179f.
11 Ute Georgeacopol-Winischhofer, Bolldorf-Reitstätter, Martha, in: Brigitta Keintzel und Ilse Korotin, Wissenschafterinnen in Österreich. Leben – Werk – Wirken, Wien u.a. 2002, S. 85f.
12 Pietsch Luzia, geb. Rappos (1904–?), TH-Abschluss 1928, Ziviltechnikerprüfung 1932.
13 Hermine Frühwirth (1909–1991) legte 1933 ihre 2. Staatsprüfung ab und promovierte 1935. Lionore Regnier, geb. Perin (1912–1970), schloss ihr Studium 1934 und ihre Dissertation 1936 ab. Zwischen 1935 und 1947 promovierten sieben Frauen an der TH Wien. Vgl. Georgeacopol-Winischhofer 1997, S. 185f.
14 Georgeacopol-Winischhofer 2002, S. 86–87.
15 Österreichisches Staatsarchiv AT-OeStA/AdR, HBbBuT, BMfHuW Titel ZivTech M-R 7270, 1946-1974, Gz.33.101-I/1-46, Gz.406/I-1-46.
16 o.A., Bundesgesetzblatt, 2. März 1937, 61. Verordnung, Abänderung der Ziviltechnikerverordnung, in: http://alex.onb.ac.at/cgi-content/alex?aid=bgl&datum=19370004&seite=00000297, Zugriff am: 15. Juni 2018.
17 Wiener Stadt- und Landesarchiv, MD-BD, A 21-3 Ziviltechnikerprüfung (Altbestand), Luzia Pietsch 2792/31.
18 Zu Liane Zimbler, geb. Fischer (1892–1987) siehe Sabine Plakolm-Forsthuber, Ein Leben, zwei Karrieren. Die Architektin Liane Zimbler, in: Matthias Boeckl (Hrsg.), Visionäre & Vertriebene, Berlin 1995, S. 295f.
19 OeSTA/AdR: Österreichisches Staatsarchiv/Archiv der Republik, HBbBuT BMfHuV Allg. Reihe PTech (1919–1938) Weiser Rosa (1897–1982), Gzl.688000/1937.
20 Hans Hinkel, Handbuch der Reichskulturkammer, Berlin 1937, S. 42f.
21 ZV-Mitglieds Maria Balcarek, geb. Beck (1917–?), Fragebogen der BV, 23. April 1947. ZV-Mitglied von 1947 bis 1949.
22 ZV-Mitgliedsakt Erna Grigkar, geb. Kapinus (1909–2001). Fragebogen der BV, 23. Oktober 1945, von 1936 bis 1938 im Atelier von Liane Zimbler. ZV-Mitglied von 1945 bis 1948.

23   ZV-Mitgliedsakt Leopoldine Schwarzinger (vormals Kirschner), geb. Pollak, (1913–2002) ZV-Mitglied von 1947 bis 1972.

24   ZV-Mitgliedsakt Helene Koller-Buchwieser (1912–2008). Nachlass Helene Koller-Buchwieser, in: The International Archive of Women in Architecture, Blacksburg, Virginia Tech (IAWA), Ms 95-020.

25   Österreichisches Staatsarchiv AT-OeStA/AdR, HBbBuT, BMfHuW Titel ZivTech, H-L 4928, Gz.35.391-I/1-48.

26   o.A., Drei Wienerinnen und ein Wiener von der UNRRA nach USA eingeladen, in: Neues Österreich, 28. Juni 1946, S. 3.

27   Christoph Freyer, Hans Kamper (1905–1992), in: Ingrid Holzschuh und Monika Platzer (Hrsg.), „Wien. Die Perle des Reiches". Planen für Hitler, Zürich 2015, S. 221.

28   ZV-Mitgliedsakt Elisabeth Hofbauer, geb. Lachner (1913–1977).

29   Ute Georgeacopol-Winischhofer, Koči, Ilse geb. Weschta, 1919–2010, in: Keintzel/Korotin 2002, S. 386f.

30   Juliane Mikoletzky, „Von jeher ein Hort starker nationaler Gesinnung". Die Technische Hochschule in Wien und der Nationalsozialismus, Wien 2003.

31   ZV-Mitgliedsakt Edith Lassmann, geb. Jurecka (1920–2007). Ute Georgeacopol-Winischhofer, Lassmann, Edith geb. Jurecka in: Keintzel/Korotin 2002, S. 446f.

32   ZV-Mitgliedsakt Waltraud Blauensteiner, geb. Vogel (1906–1979), 1930 Promotion in Kunstgeschichte Universität Wien, 1928–1930 Absolventin der TH Wien.

33   Inge Scheidl, Kurt Klaudy, in: http://www.architektenlexikon.at/de/299.htm, Zugriff am: 2. Juni 2018.

34   ZV-Mitgliedsakt Ulrike Manhardt, geb. Grom-Rottmayer (1913–1999).

35   ZV-Mitgliedsakt Erna Grigkar.

36   Eugenie Pippal, geb. Kottnig (1921–1998). Martina Pippal, Pippal-Kottnig, Eugenie, in: Keintzel/Korotin 2002, S. 573f.

37   ZV-Mitgliedsakt Maria Böhm, geb. Benke (1925–?). ZV-Mitgliedsakt Erika Hotzky-Peters, geb. Karrer (1919–2002). ZV-Mitgliedsakt Gertrude Kazda, geb. Luka (1928–2007).

38   Maria Tölzer, geb. Schejbal (1908–1998). Maria Tölzer, Gestalten statt nur Möblieren. Vorschläge für das Gestalten von Kleinwohnungen 1947–1960, Bd. 1, Wien 1985, in: The International Archive of Women in Architecture (IAWA), Blacksburg, Virginia Tech, Ms 2001-054.

39   ZV-Mitgliedsakt Edith Lassmann.

40   ZV-Mitgliedsakt Barbara Kraus, geb. Lassmann (geb. 1947).

41   ZV-Mitgliedsakt Waltraud Blauensteiner.

42   Vilja Popovic, Die Zentralvereinigung der ArchitektInnen Österreichs, Graz, Univ., Dipl.-Arb., 2004, S. 18.

43   ZV-Mitgliedsakt Ulrike Manhardt.

44   BV-Mitgliedsakt Eugenie Pippal-Kottnig.

ANMELDUNG

als Mitglied der Zentralvereinigung der Architekten in der Berufsvereinigung der
bildenden Künstler Österreichs
Wien I., Salvatorgasse 10,Stg.6,Tür 4 - Tel. U 23 3 18
- -

1. Vor- und Zuname des Aufnahmewerbers: *ILSE KOČI geb. WESCHTA*

2. Berufsbezeichnung, Titel: *ARCH.DIPL.-ING. DR.TECHN.*

3. Wohnort, Strasse, Hausnummer: *VI. LAIMGRUBENG. 19/3*

4. Arbeitsstätte, Ort, Strasse:

5. Telefon:

6. Geburtsort und Land: *WIEN*

7. Geburtstag, Monat, Jahr: *26.3.19*

8. Staatszugehörigkeit: *ÖSTERR.*

9. Religion: *R.-k.*

10. Sind Sie ledig,verheiratet,verwitwet oder geschieden: *VERHEIR.*

11. Haben Sie die Befugnis eines Architekten und sind Sie daher Mitglied der Ingenieurkammer für Wien, Niederösterreich und Burgenland?: *NEIN*

12. Wie üben Sie Ihre künstlerische Tätigkeit aus?: *bin erst vor 14 Tagen übersiedelt*
habe seit 1948 in der ČSR gearbeitet und zwar
   a) selbständig: *2 Jahre in einem Bauburo, 3 Jahre beim*
   b) in einem Arbeitsverhältnis: *Stadtbauamt und 4 Jahre selbstän-*
   c) bei wem: *dig und zwar Wohnbauten, Inneneinrichtungen*
Ausstellungen und Wettbewerbe in Zusammenarbeit
mit meinem Gatten Dipl. Ing. Jan Koči.

13. Welche bedeutenden Bauwerke sind unter Ihrem Namen und nach Ihren eigenen Entwürfen
ausgeführt?:
Interior Gaststätte u. Buffett "Perle" Pressburg Michalska 2
"Hotel Palace" Pressburg und
völlige Neuadaptierung. In Zusammenarbeit mit meinem Mann:
66 Wohneinheiten in Hlohovec (Waagneustadtl.) Kultur-
haus in Bučany. Stadion in Turany.

14. Bei welchen bedeutenderen Werken waren Sie hinsichtlich der Entwurfsarbeit maßgeblich
beteiligt?:
Verwaltungsgebäude in Kaschau für die staatl. Forst-
verwaltung. Klubhaus in Bad Pistyan. Einfamilienhaus
in Hlohovec (Waagneustadtl.) Hotelneubau an der Donau-
lände, Pressburg.

ARCHITEKT DIPLOM-INGENIEUR HELENE KOLLER-BUCHWIESER
BEHÖRDLICH AUTORISIERTER UND BEEIDETER ZIVILTECHNIKER

Wien 31.7.1959

An die

Zentralvereinigung d.Architekten
W i e n I.,
Salvatorgasse lo/6/4

Eingelangt am 368
Erledigt am 3 ......

     Sehr geehrter Herr Präsident!

    Vielen Dank für Ihr liebenswürdiges Schreiben
vom 3.7.1959, mit welchem Sie mich als ordentliches Mitglied der Zentralvereinigung der Architekten Österreichs
begrüssen. Ich freue mich,nun auch der Zentralvereinigung
der Architekten anzugehören.

    Beigeschlossen reiche ich das ausgefüllte
Aufnahmeformular zurück.

     Mit den besten Grüssen

    Ihre aufrichtig ergebene

    Helene Koller-Buchwieser

WIEN I, BELLARIASTRASSE 10 · TELEFON 44 53 83
BANKVERBINDUNG: CREDITANSTALT-BANKVEREIN, WIEN I, SCHOTTENG. 6, KTO. 2319 · POSTSPAR.-KTO. 24.820

Brief von Helene Koller-Buchwieser an die ZV, in dem sie sich für die Aufnahme als ordentliches Mitglied bedankt, 31. Juli 1959

Der Neubeginn

Die Neugründung der ZV innerhalb der Berufsvereinigung der bildenden Künstler und ihre Rolle bei der Entnazifizierung nach 1945

der BV gewählt wurde: Maler Rudolf Buchner (Vorstand), Maler Franz Lex (stellvertretender Vorstand und Leiter der Gruppe Maler), Maler Viktor Theodor Slama (Leiter der Gruppe Grafiker), Bildhauer Karl Stemolak (Leiter der Gruppe Bildhauer), Architekt Otto Prutscher (Leiter der Gruppe Architekten), Architekt Josef Hoffmann (Leiter der Gruppe Kunstgewerbe).[4] Wie Buchner berichtete setzten sich die Mitglieder der Generalversammlung aus den „zur Zeit in Wien erreichbaren bildenden Künstlern" zusammen.[5] Die Geschäftsstelle der BV wurde im Künstlerhaus am Karlsplatz eingerichtet und sowohl das gesamte Inventar als auch das gesamte Aktenmaterial der ehemaligen RdbK wurden von deren letzten Adresse, dem Trattnerhof 1, in die Räumlichkeiten der BV überstellt, womit ebenfalls die ehemaligen Mitgliederakten der RdbK von der BV übernommen wurden und diese sich bis heute – ausgenommen die der Architekten – in deren Archiv befinden.

Die ersten Schritte der ZV nach 1945

Nachdem sich die BV als Vertretung der bildenden Künstler konstituiert hatte, fand bereits zwei Monate später, am 19. Juli 1945, um 16 Uhr im Anatomiesaal der Akademie der bildenden Künstler, die erste Vollversammlung der Architekten statt unter dem Vorsitz von Max Fellerer und mit Teilnahme von 61 Architekten. Es war das erste Netzwerktreffen ehemaliger ZV-Mitglieder nach dem Krieg, die bestrebt waren, als berufliche Interessensgruppe an den Verhandlungen des Wiederaufbaus teilzunehmen und als solche Gespräche mit der Stadt und dem Bund zu führen. Vorerst war unklar, ob sich die ZV als Verein wie vor 1938 neu gründen oder als eigene Sektion bei der BV bleiben, in einer eigenen Kammer aufgehen oder Teil der Ingenieurkammer werden sollte: Es war eine lang geführte Diskussion, die bis in das Jahr 1959 andauerte. Obwohl die Architekten in der Architektensektion der BV vertreten waren, bemühte man sich, die alten Strukturen der 1938 aufgelösten ZV wiederaufzunehmen und wählte im Juli 1945 ein Präsidium, das sich aus Max Fellerer (Präsident), Erich Boltenstern (erster Vizepräsident), Karl Kupsky (zweiter Vizepräsident), Friedrich Schlossberg (Schriftführer) und Hanns Kunath (Kassaverwalter) zusammensetzte. Im Protokoll der ersten Versammlung nach 1945 wurde auch jene Zahl an Personen festgehalten, die ehemals Mitglied in der RdbK waren und jetzt in die BV aufgenommen wurden. So hatte die RdbK Wien in der Fachgruppe Architektur insgesamt 453 registrierte Mitglieder. Im Juli 1945 wurden von den

Knapp nach Kriegsende 1945 wurde die Berufsvereinigung der bildenden Künstler Österreichs (BV) gegründet, die sich rasch als Vertretung der Künstlergruppen der Architekten, Maler, Bildhauer, Grafiker, Kunstgewerbler und Gartengestalter[1] formierte und als temporäre Übergangslösung die Aufgaben der Interessenvertretung der bildenden Künstler Österreichs übernahm. Ein Mitglied der Zentralvereinigung der Architekten Österreichs (ZV) erinnerte sich 1950 an die Gründung: „In jenen Tagen 1945 waren […] die Verhältnisse in Wien recht chaotisch und die Satzungen der damals sofort ins Leben gerufenen Berufsvereinigung für die einzelnen Sektionen noch recht mangelhaft. Es war lediglich der Initiative einzelner Männer zu danken, dass sofort eine Vereinigung geschaffen wurde, die die Künstler Österreichs umfasste."[2] Die Aufgabe der BV bestand in erster Linie darin, die Liquidierung der ehemaligen Reichskammer der bildenden Künste (RdbK), Landesleitung Wien, durchzuführen und die bildenden Künstler in die neu gegründete Berufsvereinigung einzugliedern. Der Maler Rudolf Buchner wurde zum kommissarischen Vertreter bestellt[3], und die erste konstituierende Sitzung des sogenannten Kammerausschusses der Kammer der bildenden Künstler fand bereits am 10. Mai 1945 im Künstlerhaus statt, in der auch der Leitungsausschuss

Kammer der bildenden Künstler
Wien 1., Karlsplatz, Künstlerhaus

Anmeldebestätigung

Herr (Frau, Frl.) *Josef Heinrich Hallak*

Beruf: Maler, Graphiker, Bildhauer, Architekt, Kunstgewerbler......

Adresse: *Klosterneuburg, Johann Straußgasse 32*.............

bewirbt sich um die Aufnahme als Kammermitglied auf Grund der bestehenden

Kammerordnung und Aufnahmebedingungen.

Die Aufnahme erfolgt erst nach durchgeführter Überprüfung und Zusendung

der Aufnahmebestätigung resp. Mitgliedskarte.

Kammer der bildenden Künstler
i.A.

Wien, den *14. Mai* 1945.

**BERUFSVEREINIGUNG
DER BILDENDEN KÜNSTLER
ÖSTERREICHS**
(Kammer der bildenden Künstler)
WIEN I. KARLSPLATZ 5 (KÜNSTLERHAUS)

WIEN. 2.7.1945.

Herrn
Jos. Heinr. H a l l a k ,
Klosterneuburg. Joh.Straussg. 32.

Auf Grund der kürzlich erfolgten Weisung des Staatsamtes
für Propaganda, Unterricht und Kulturangelegenheiten dürfen
ehemalige illegale Mitglieder der NSDAP nur mit Zustimmung
des genannten Staatsamtes in die " Berufsvereinigung der
bildenden Künstler Österreichs " resp. Kammer der bildenden
Künstler aufgenommen werden.

Da Sie nach Ihren eigenen Angaben in diese Gruppe fallen,
kann eine Aufnahme vorläufig nicht erfolgen, bevor Sie
nicht ein entsprechendes Ansuchen um Überprüfung an das
Staatsamt für Propaganda, Unterricht und Kulturangelegenheiten, Wien, I., Minoritenplatz 5. gerichtet haben.

Berufsvereinigung der bildenden
Künstler Österreichs

i.A.

Oben: Anmeldebestätigung der Kammer der bildenden Künstler (Künstlerhaus, Karlsplatz), ausgestellt an Josef Hallak, 14. Mai 1945
Unten: Schreiben der BV an Heinrich Haller mit dem Hinweis, aufgrund seiner „illegalen" Parteimitgliedschaft sei eine Aufnahme als
Mitglied nicht möglich, 2. Juli 1945

Karl Kupsky
* 30.12.1906, Wien
Abschluss: Technische
Hochschule Wien
(1928, Prom. 1931)
ZV-Mitglied ab 1931

Ingenieurkammer einzugliedern, sofern diese in Zukunft als reine Konsulentenkammer ausgebaut werde. Wiederholt wurde auf die Möglichkeit verwiesen, eine eigene, völlig selbstständige Architektenkammer zu schaffen.[9] Die Bestrebungen der Architekten waren erfolgreich und bereits im Spätsommer 1945 bekam die ZV ein eigenes Sekretariat in den Räumlichkeiten der BV im Künstlerhaus zugewiesen. Die Bezeichnung der Architektensektion lautete nun „Zentralvereinigung der Architekten in der Berufsvereinigung der bildenden Künstler Österreichs".

Mit der Übersiedlung der BV im Mai 1946 in das Kloster des Franziskanerkonvents änderte sich auch die Adresse der ZV in „Franziskanerplatz 4" (1010 Wien).[10] Ein wichtiger Schritt zur Selbstständigkeit der ZV erfolgte 1948, als sie von der BV finanziell unabhängig wurde und über ein eigenes Budget verfügte. Mit dem Umzug der BV 1950 in ihre bis heute genutzten Räumlichkeiten im Schloss Schönbrunn trennte sich schließlich auch die räumliche Einheit der beiden Institutionen und die neue Adresse der ZV kann ab ungefähr 1953 in der Johannesgasse 12/4 (1010 Wien) nachgewiesen werden.[11]

ehemaligen Mitgliedern der RdbK 67 Personen in die Architektensektion der Berufsvereinigung aufgenommen, 19 zurückgestellt (unklare Fälle), 2 als „illegale", 15 als Ausländer, 9 als Ausführende, 3 wegen zu geringer Praxis und 1 wegen Vorstrafen abgewiesen. Weitere 50 Architekten, die vor 1945 nicht in der RdbK verzeichnet gewesen waren, weil noch kein Abschluss etc., meldeten sich zusätzlich in der ZV an.[6] Am 23. Oktober 1945 fand die zweite Versammlung statt, wobei es hier in erster Linie um Fragen der Standesorganisation ging, ob die Architekten in die „Kunstkammer" oder in die „Ingenieurkammer" einzugliedern seien. Viele Architekten sahen einen wirtschaftlichen Vorteil in der Vertretung durch die Ingenieurkammer, fürchteten jedoch, den künstlerischen Anspruch ihres Berufs zu verlieren. Ebenso wurde ein „Memorandum der Architekten Österreichs zu ihrer Eingliederung in den Wiederaufbau" verfasst. Darin wurde die Bildung eines Komitees festgehalten, das sich am Wiederaufbau der Stadt beteiligen wollte.[7] Laut einem Schreiben im Mitgliederakt von Hanns Kunath wurde im Juli 1946 auch ein sogenannter Ehrenrat gebildet, bestehend aus den ZV-Mitgliedern Hermann Aichinger, Karl Holey, Hanns Kunath, Otto Niedermoser und Theodor Schöll.[8]

Immer wieder gab es von einigen Architekten Bestrebungen, sich aus der BV zu lösen und in die

Das (Schnell-)Aufnahmeverfahren der BV nach 1945

Nach Gründung der BV wurde sofort ein Aufnahmeausschuss von der Vereinigung nominiert, der für die (Neu-)Aufnahme von Mitgliedern zuständig war und der die von der Nachkriegsverwaltung geforderte politische Überprüfung, insbesondere bezüglich der Zugehörigkeit zur NSDAP, durchführte. Laut Weisung des Staatsamts für Unterricht konnten „illegale" Mitglieder der NSDAP nur nach dessen Zustimmung in die BV aufgenommen werden.[12]

Neben der Überprüfung der politischen Vergangenheit wurde im Zuge des Aufnahmeverfahrens auch die künstlerische Befähigung der Architekten beurteilt, was wie schon während der NS-Zeit auf der Grundlage vorgelegter Arbeiten erfolgte. Um die Menge der Anträge bewältigen zu können, erfolgte in der BV zunächst ein erstes schnelles Selektionsverfahren, das am 30. August 1945 durchgeführt wurde und lediglich in der Beurteilung „Architekt" oder „ausführender Baumeister" erfolgte. Die Gruppe der Baumeister wurde sofort von der Mitgliedschaft in der BV ausgeschlossen. Die als „Architekt" beurteilten Antragsteller wurden „vorläufig" aufgenommen und erhielten eine BV-Mitgliedsnummer.

Der Neubeginn

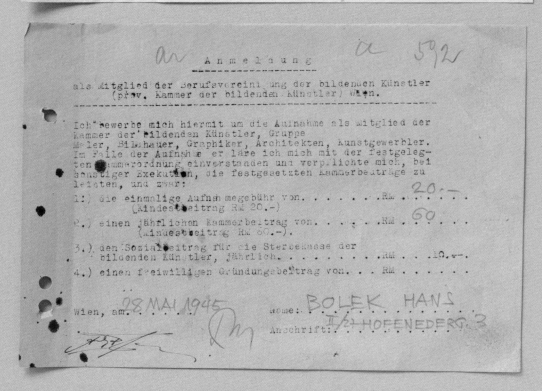

Magistratisches Bezirksamt für den 2/2⊙ **. Bezirk.**

(Registrierungsbehörde für den _____. Bezirk)

Wien, am _____ ⌐ 8. OKT. 1947

Bescheinigung f. *Zentralvereinigung d. Architekten*

Herr — Frau *Hans Bolek*

geb. am *13. II 1890* , seit *'1914* wohnhaft in Wien, **II.** . Bezirk,

Hofenederg 3

hat bis zum heutigen Tage bei der obigen Meldestelle eine — keine Meldung im Sinne der Bestimmungen für die Registrierung der Nationalsozialisten erstattet.

Er — Sie gehört nach den Eintragungen auf dem Meldeblatt voraussichtlich zum Personenkreis des § 17, Absatz 2, Absatz 3, des Verbotsgesetzes 1947.

Bemerkt wird, daß das Registrierungsverfahren noch nicht rechtskräftig abgeschlossen ist.

Die nach der Bundesverwaltungsabgabeverordnung entfallende Abgabe von 70 Groschen wurde erlegt und unter fortlaufender Nr. _____ des Vormerkbuches für die Verwaltungsabgaben verrechnet.

Der Bezirksamtsleiter:

(neu). — 30 — 747 — 46962. Astoria.

Anmeldung
----

als Mitglied der Berufsvereinigung der bildenden Künstler
(prov. Kammer der bildenden Künstler) Wien.

Ich bewerbe mich hiermit um die Aufnahme als Mitglied der
Kammer der bildenden Künstler, Gruppe
Maler, Bildhauer, Graphiker, Architekten, Kunstgewerbler.
Im Falle der Aufnahme erkläre ich mich mit der festgelegten Kammerordnung einverstanden und verpflichte mich, bei
sonstiger Exekution, die festgesetzten Kammerbeiträge zu
leisten, und zwar:

1.) die einmalige Aufnahmegebühr von . . . . . . RM 20.-
     (Mindestbeitrag RM 20.-)
2.) einen jährlichen Kammerbeitrag von . . . . . RM 60
     (Mindestbeitrag RM 60.-)
3.) den Sozialbeitrag für die Sterbekasse der
     bildenden Künstler, jährlich . . . . RM 10.-
4.) einen freiwilligen Gründungsbeitrag von . . RM . . . . .

Wien, am *28 MAI 1945*   Name: BOLEK HANS
                                Anschrift: II/2 HOFENEDERG. 3

Oben: Bescheinigung des Magistratischen Bezirksamts über die Meldung im Sinne der Registrierung der Nationalsozialisten, ausgestellt an Hans Bolek, 8. Oktober 1947

Unten: Anmeldeformular für eine Mitgliedschaft in der BV, ausgefüllt von Hans Bolek, 28. Mai 1945

Hanns Kunath
* 15.07.1902, Wien
Abschluss: Technische Hochschule Graz (1928)
ZV-Mitglied ab 1945

einzutreten.[14] Deren Zuständigkeit erstreckte sich im Detail über alle Belange der Berufsausübung. So wurde in einem Schreiben von Bruno Buzek festgehalten, dass er eine Befürwortung seitens der Architektenkammer bzw. der ZV benötige, um in seinem neuen Atelier einen Telefonanschluss zu erhalten.[15] Ferner erfolgten die Vergabe von Bezugsscheinen für Arbeitsmaterialien wie Farben, Pinsel und Papier, aber auch die Zuteilung von Arbeitsräumen wie ein Atelier über die ZV.[16] Otto Prutscher suchte im November 1946 um Zuweisung von Kohle für sein Atelier an.[17] Die ZV war zudem für die Verteilung von Lebensmittelzusatzkarten für Arbeiter zuständig.[18] Geschäftsreisen wurden außerdem über die ZV angesucht. 1952 unterstützte die ZV Ceno Kosak beim Polizeikommissariat bei der Verlängerung seiner Identitätskarte, um dessen Geschäftsreise nach Salzburg zu ermöglichen.[19] Noch 1953 bestätigte die ZV Ernst Otto Hoffmann in einem offiziellen Schreiben die Notwendigkeit seiner Studienreise nach Italien und die Bewilligung eines Geldbetrags in italienischer Währung.[20] Robert Hartinger musste noch 1952 für eine größere Zuteilung von Benzinmarken wegen Verwendung eines Autos zu beruflichen Zwecken eine Bestätigung der ZV einholen.

Im September 1945 gingen dann die „Architekten"-Akten von der BV an die ZV über, die mit einem eigenen Sekretariat ausgestattet nun die Überprüfung der Anträge der Architekten übernahm.

Die Vorteile einer ZV-Mitgliedschaft nach 1945

Eine Mitgliedschaft in der BV bzw. ZV war nach 1945 nicht verpflichtend. Da jedoch der Vereinigung seitens der Politik eine Reihe von Aufgaben zugesprochen wurde, war die Zugehörigkeit für viele Künstler (lebens-)notwendig, denn die Vereinigung übernahm die Funktion einer Verwaltungsbehörde der Wiener Künstlerschaft, die unter anderem „Lebensmittel-Zusatzkarten" bzw. Bezugsscheine für Materialien oder Brennstoffe an ihre Mitglieder ausgeben durfte. Speziell im Wiederaufbau[13] bzw. im Baugeschehen der Nachkriegszeit nahm die ZV eine einflussreiche Rolle ein. Diese äußerte sich nicht nur in den diversen Berufungen von ZV-Mitgliedern in Arbeitsausschüsse und Jurys im kommunalen sowie im bundesweiten Baugeschehen, sondern vor allem in dem Umstand, dass bei öffentlichen Architekturwettbewerben die Mitgliedschaft in der ZV Voraussetzung für die Zulassung zur Teilnahme war – der wohl wichtigste Grund für Architekten, nach 1945 in die ZV

Das Aufnahmeverfahren der ZV

Da die vor 1938 bestehende Mitgliedschaft bei der ZV mit der Einführung des Reichskammergesetzes 1938 in Österreich beendet worden war, war nach 1945 für alle Architekten eine Neuanmeldung mit den entsprechenden von der BV bereitgestellten Formularen notwendig. Es war ein Neuanfang, der helfen sollte, einerseits jene auszuschließen, die sich maßgeblich am politischen System der NS-Diktatur beteiligt hatten (Stichwort „illegal"), und um sich andererseits von jenen abzugrenzen, die keine entsprechende Architekturausbildung vorweisen konnten (Stichwort „Baumeister"). Die Situation nach 1945 und das Auswahlverfahren für eine Mitgliedschaft in der ZV ermöglichte somit eine neue Schärfung des Berufsbilds.

Nach der ersten Schnellüberprüfung durch die BV erfolgte ab Herbst 1945 eine genauere Überprüfung der Ansuchen nach den nun festgelegten Richtlinien. So musste die österreichische Staatsbürgerschaft, die Absolvierung eines Architekturstudiums an einer technischen Hochschule in Österreich mit dem Staatsprüfungszeugnis, an der Akademie der bildenden Künste in Wien oder an der Meisterklasse Architektur an der Hochschule für angewandte Kunst in Wien sowie umfassende

Der Neubeginn

Praxiszeiten nachgewiesen werden. Die mangelhafte Übermittlung entsprechender Dokumente konnte manchmal auch zu einer Aberkennung der „vorläufigen" Mitgliedschaft führen.

Die Rolle des Aufnahmeverfahrens bei der Entnazifizierung

Teil des Aufnahmeverfahrens war ferner die Überprüfung der politischen Vergangenheit der Antragsteller, womit der ZV in der sogenannten Entnazifizierung nach 1945 eine gewichtige Rolle übertragen wurde, die von ihr in einem Schreiben an ein Mitglied 1946 folgendermaßen beschrieben ist: „Wir (ZV) sind zwar nicht die geeignete Stelle, um das Naziproblem an sich zu erörtern, wir sind aber die berufene und von der uns vorgesetzten Behörde die eigens dazu bestimmte Stelle, alle Nazifragen unserer Mitglieder oder jener Herren, die sich zur Aufnahme anmelden, eingehend zu untersuchen, da das Ministerium erst auf Grund unserer Untersuchungen seine endgültigen Entscheidungen in den politischen Fragen trifft."[21] So musste beim Ansuchen die Bescheinigung der Registrierungsbehörde (Magistratisches Bezirksamt) bezüglich einer vermeintlichen NSDAP-Mitgliedschaft erbracht werden.[22] Aus den Mitgliederakten der ZV geht außerdem hervor, dass ein Entnazifizierungsausschuss eingesetzt wurde, der alle Akten zu prüfen und dem Verwaltungsausschuss vorzulegen hatte. Eine Kommission im Unterrichtsministerium sollte dann bezüglich eines Arbeitsverbots entscheiden.

Von der „Kommission zur Beurteilung freischaffender Künstler beim Bundesministerium für Unterricht" ist heute nur wenig bekannt: Sie wurde von Felix Hurdes, dem Bundesminister für Unterricht von 1945 bis 1952, eingesetzt, unter anderem wurde Oskar M. Fontana 1947 in die Kommission berufen und den Vorsitz übernahm Hans Pernter (Sektionschef der Kunstsektion im Unterrichtsministerium). Aufgrund von fehlenden Quellen – die Akten im Österreichischen Staatsarchiv wurden weitgehend skartiert (vernichtet) – sind nur einige wenige Spuren überliefert. Aus einem Schriftstück im Staatsarchiv geht der Grund für die Auflösung der Kommission hervor: „Das Verbotsgesetz 1947 sieht in seinem § 19, Abs. (1), lit.l, vor, dass minderbelastete Personen vom öffentlichen Auftreten als freischaffende Künstler oder als darstellende Künstler (Schauspieler, Sänger, Tänzer), als Dirigenten, Musiker, Regisseure, Bühnenbilder bis 30. April 1950 durch eine beim Bundesministerium für Unterricht eingesetzte Kommission ausgeschlossen

Eduard Johann Anker
* 23.04.1873, Wien
Abschluss:
Kunstgewerbeschule
Wien
ZV-Mitglied ab 1947

werden können. Diese mit 30. April 1950 befristete Sühnefolge hat mit dem Inkrafttreten des Bundesverfassungsgesetzes vom 21. April 1948 über die vorzeitige Beendigung der im Nationalsozialistengesetz vorgesehenen Sühnefolgen für minderbelastete Personen, B.G.Bl.Nr.99/1948 ihr Ende gefunden. Eine weitere Tätigkeit dieser Kommission bezüglich minderbelasteter Personen erübrigt sich daher wohl. Es wird gebeten, die entsprechenden Verfügungen treffen zu wollen."[23] Die Kommission beendete am 30. April 1950 ihre Arbeit und wurde aufgelöst.[24]

Konnte die Kommission eine „illegale" Parteimitgliedschaft, das heißt eine NSDAP-Mitgliedschaft in der Zeit zwischen dem 1. Juli 1933 und März 1938, nachweisen, fiel der Bescheid negativ aus, womit ein Berufsverbot verbunden war. Als rechtliche Grundlage der Entnazifizierung dienten den Behörden einerseits das „Verbotsgesetz" – Verfassungsgesetz über das Verbot der NSDAP vom 8. Mai 1945 StGBl. Nr. 13 – und andererseits das „Nationalsozialistengesetz" (Einteilung in belastete und minderbelastete Parteimitglieder) – Verfassungsgesetz über die Behandlung der Nationalsozialisten vom 6. Februar 1947 –, das bei der Beurteilung der Frage nach der nationalsozialistischen Gesinnung und der Mittäterschaft einen breiteren Spielraum ließ und damit den ehemaligen

Architekten.

408

Familienname: MANHARDT v. MANNSTEIN   Eingelangt am 11.T.46.
                                       Erledigt am _____

Vorname: ULRIKE

Besondere Titel, wie Dipl.Ing., Baurat, Professor etc.: DIPL. ING.

Wohnadresse: WIEN IX LIECHTENSTEINSTR. 42
             dzt. SCHLADMING. PFARRG. 23   Telefon: ✓

Atelieradresse: ✓   Telefon: ✓

Geboren:Ort WIEN   Datum: 1.I.1913

Berufsschulung: Real reformgym. - Techn. Hochschule Wien -
Meisterklasse Prof. Theiss

War tätig bei Firma 1)Bauberatungstelle d. Schornsteinsyndikates, Neuwied a/Rh.
2) Atelier Prof. NORKAUER, München; 3) Luftwaffenbauamt Wien II. 4) Architekten
DI KLAUDY - ING. LIPPERT, Wien 5.) Hochbauabt. der Organisation Todt, Wien

Selbstständig seit: Sept. 1945

Angestellt bei: _____

Uebt als Architekt ausserdem folgendes Gewerbe aus: ✓

Beschäftigt derzeit. ✓   Büroangestellte (Platz vorhanden für ✓ Pers.)
         "   "   ✓   Atelierangestellte ("   "   " ✓ Pers.)

Anmeldung

als Mitglied der Berufsvereinigung der bildenden Künstler (Kammer der bildenden Künstler) Wien.

Ich bewerbe mich hiemit um die Aufnahme als Mitglied der Berufsvereinigung der bildenden Künstler Österreichs, Gruppe: Maler, Bildhauer, Graphiker, Architekten, Kunstgewerbler. Im Falle der Aufnahme erkläre ich mich mit den festgelegten Statuten einverstanden und verpflichte mich, bei sonstiger Exekution, die festgesetzten Jahresbeiträge zu leisten, und zwar:

1. die einmalige Aufnahmegebühr (Mindestbeitrag RM 20.—) . . . . . RM

2. einen jährlichen Kammerbeitrag (Mindestbeitrag RM 60.—) . . . . . RM

3. den Sozialbeitrag für die Sterbekasse der bildenden Künstler, jährlich RM 10.—

4. einen freiwilligen Gründungsbeitrag von . . . . RM

Name   Ing. Ulrike Manhardt

Wien, am 10.I.1946   Anschrift dzt. Schladming Pfarrg. 23

Anmeldeformulare für eine Mitgliedschaft in der ZV (oben) und der BV (unten), ausgefüllt von Ulrike Manhardt, 11. Jänner 1946

Fragebogen

für die Aufnahme in die „Berufsvereinigung der bildenden Künstler Österreichs"
(Kammer der bildenden Künstler)

(Bitte deutlich schreiben)

1. Vor- und Zuname des Aufnahmewerbers — *Ernst Otto Hoffmann*

2. Berufsbezeichnung (bzw. künstlerische Tätigkeit), Titel — *Zivilarchitekt - Dipl.Arch.*

3. Wohnort, Straße und Hausnummer — *Wien XIII Gloriettg. 39,*

4. Arbeitsstätte, Ort, Straße — *4*

5. Fernsprecher, Ort, Nr.

6. Geburtsort und -Land — *Wien*   6. a) Geb.-Tag, Monat, Jahr — *30 XII 97*

7. Staatszugehörigkeit — *Österr,*   7. a) Religion — *rk,*

8. Waren Sie Mitglied der NSDAP? — *ja*   *1932 Alter Fragebogen*

Seit wann? — *angesucht 1938*   *Mitgl. gew. 1941 rückew. 1938,*

Waren Sie illegal? — *nein*   oder Anwärter?

Haben Sie irgendwelche Funktionen gehabt? — *nein*

Waren Sie Mitglied irgend einer Gliederung? — *nein*

Sind Sie während der Nazi-Zeit künstlerisch unterdrückt worden? — *nein aber auch ohne jedwede Begünstigung*

Warum?   Durch wen?

9. Welcher Sektion wollen Sie auf Grund Ihrer künstlerischen Richtung angehören? — *Architekten*

10. Welcher künstlerischen Vereinigung haben Sie bis heute angehört? — *Z.V,*

11. Haben Sie die Befugnis eines Architekten nach den Bestimmungen der österreichischen Gesetze? — *ja Zivilarch*

12. Sind Sie Mitglied der Fachsektion der Architekten der österreichischen Ingenieurkammer? — *ja*

13. Sind Sie ledig, verheiratet, verwitwet oder geschieden? — *verh.*

14. Vor- und Zuname des Ehepartners
(bei weiblichen auch Mädchennamen) — *Margarethe geb. Wytrlik (Prof.Dozr R. Zivilarch O. Wytrlik)* *Tochter d.*

15. Wieviel Kinder haben Sie? — *1*   Wieviel davon minderjährig? — *0*

16. Welche Tätigkeit üben Sie hauptberuflich aus? — *Architekt*

17. Seit wann sind Sie als bildender Künstler tätig? — *1925*

18. Gehören Sie bereits einer anderen berufsständigen Organisation an? — *nein*

Moriz Heinrich Servé
* 12.02.1881, Wien
Abschluss: Akademie
der bildenden
Künste Wien (1904)
ZV-Mitglied ab 1946

NSDAP-Mitgliedern die Aufnahme erleichterte. So löste die Erlassung des „Nationalsozialistengesetzes" auch in der ZV eine regelrechte Anmeldewelle aus und es kam ab 1947 zu einer Vielzahl an Neuanmeldungen und Aufnahmen.

Die „Ablehnungen" der ZV nach 1945

Die vielen Begünstigungen, die eine Mitgliedschaft in der ZV bzw. in der BV mit sich brachte, führte zu einem eklatanten Andrang der Planer, die sich in die ZV einschreiben wollten. Die Vielzahl an abgelehnten Personen (insgesamt 114), die durch Dokumente im ZV-Archiv überliefert ist, zeugt davon, dass die Aufnahme nach strengen Kriterien erfolgte.

Im Aufnahmeverfahren der ZV wurde vor allem auf die entsprechende Ausbildung und den Praxisnachweis geachtet. Es gab zwar den sogenannten Ausnahmeparagrafen, der angewendet werden konnte, wenn zum Beispiel eine ausreichende Praxis bzw. ausreichend selbstständig ausgeführte Arbeiten[25] nachgewiesen wurden. Doch gerade das Fehlen von Studienabschlüssen stellte einen häufigen Ausschließungsgrund dar. Die meisten Ablehnungen gründeten sich darauf, dass die Anwärter nur einen Abschluss in der

Staatsgewerbeschule plus Praxisjahre bzw. einen Abschluss als Baumeister vorweisen konnten. Für eine Mitgliedschaft in der RdbK, Fachgruppe Architektur, hatten diese Bedingungen ab 1938 für eine Aufnahme ausgereicht. Auch die „Baumeister" bzw. „ausführenden Baumeister", die vor 1945 in die Reichskammer aufgenommen worden waren, wollten nach 1945 in die Nachfolgeinstitution der ZV eintreten. Da deren Ausbildung jedoch nicht den Voraussetzungen der ZV entsprach, wurden diese abgelehnt, was bei manchem Baumeister einen großen Argwohn gegenüber der Architektenschaft hervorrief. Auf Hubert Mandl, Baumeister und Mitglied der RdbK, traf diese Regelung zu. Er wurde 1946 von der ZV mit folgender Begründung abgelehnt: „Der Verwaltungsausschuss hat sich in seiner Sitzung vom 28. v. M. mit Ihrem Aufnahmeansuchen beschäftigt, das jedoch leider ablehnend entschieden werden musste, da Ihre Vorstudien unseren Aufnahmebedingungen nicht entsprechen und die von Ihnen vorgelegten Arbeiten nicht genügen, um die Aufnahme auf Grund des Ausnahmsparagraphen durchzuführen."[26] Eine negative Entscheidung mit der Begründung, dass „die eingereichten Arbeiten unseren Aufnahmsbestimmungen nicht entsprechen", war jedoch auch bei der Vorlage einer nachweisbaren Erfahrung nicht auszuschließen. So wurde auch Karl Molnar, der von 1919 bis 1925 an der Kunstgewerbeschule Wien bei Carl Witzmann, Josef Hoffmann, Oskar Strnad studiert hatte, trotz großer Praxiserfahrung von der ZV abgelehnt.[27] Negative Bescheide konnten ebenso die Folge falscher Zuständigkeiten sein, wenn nicht die ZV, sondern eine andere Kammer die Berufsvertretung darstellte. Alfons Mayer wurde von der ZV abgelehnt, weil er Absolvent der Fakultät für Bauingenieurwesen war und er seine Standesvertretung in der Ingenieurkammer hatte.[28] Ebenso wenig wurde Helene Koller-Buchwieser 1945 aufgenommen, weil sie als Zivilingenieurin für Hochbau der Ingenieurkammer einzugliedern war und sie somit nicht in die ZV eintreten konnte.[29]

Die Aufnahme in die ZV

Nachdem alle für die Anmeldung geforderten Unterlagen und Nachweise von den Antragstellern erbracht worden waren, wurde das Aufnahmeansuchen der Verwaltungsausschusssitzung vorgelegt. Bei positiver Entscheidung wurde dem neuen Mitglied schriftlich mitgeteilt, dass die Mitgliedskarte unter Beibringung einer Fotografie im Sekretariat abzuholen sei. Mit der Ausfertigung des Mitgliedsausweises war das Aufnahmeverfahren in die ZV

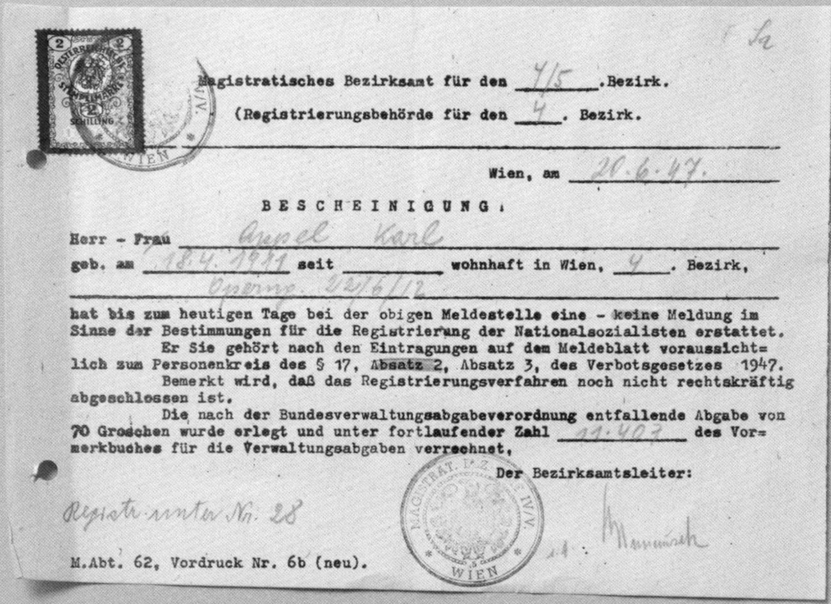

Magistratisches Bezirksamt für den __4/5__ .Bezirk.

(Registrierungsbehörde für den __4__ . Bezirk.

Wien, am __20.6.47.__

B E S C H E I N I G U N G.

Herr - Frau __Appel Karl__

geb. am __18.4.1911__ seit _____ wohnhaft in Wien, __4__ . Bezirk,
__Oporno. 22/6/12__

hat bis zum heutigen Tage bei der obigen Meldestelle eine - keine Meldung im
Sinne der Bestimmungen für die Registrierung der Nationalsozialisten erstattet.
        Er Sie gehört nach den Eintragungen auf dem Meldeblatt voraussicht=
lich zum Personenkreis des § 17, Absatz 2, Absatz 3, des Verbotsgesetzes 1947.
        Bemerkt wird, daß das Registrierungsverfahren noch nicht rechtskräftig
abgeschlossen ist.
        Die nach der Bundesverwaltungsabgabeverordnung entfallende Abgabe von
70 Groschen wurde erlegt und unter fortlaufender Zahl __11.407__ des Vor=
merkbuches für die Verwaltungsabgaben verrechnet.

                                    Der Bezirksamtsleiter:

__Registr. unter Nr. 28__

M.Abt. 62, Vordruck Nr. 6b (neu).

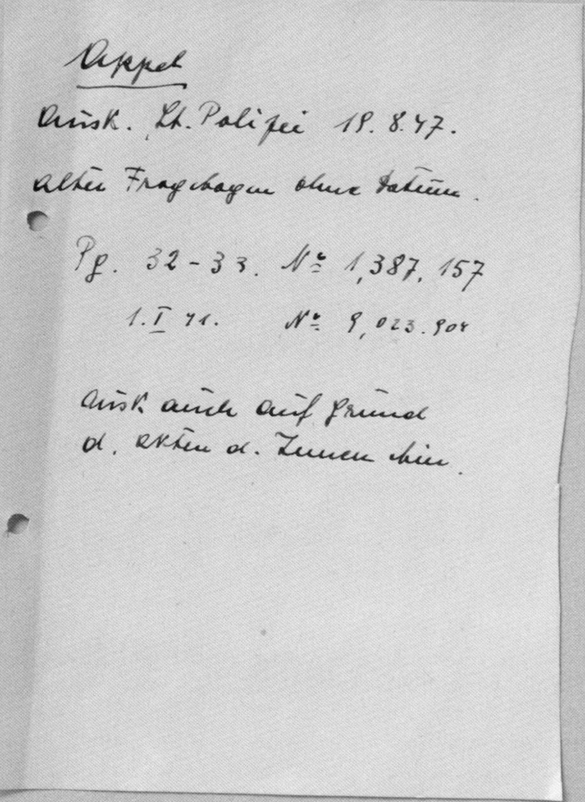

Appel

Ausk. Lt. Polizei 19.8.47.

Alter Fragebogen ohne Datum.

Pg. 32-33.   № 1,387,157

1.I 71.   № 9,023.804

Ausk. auch auf Grund
d. Akten d. Zemen hier.

Oben: Bescheinigung des Magistratischen Bezirksamts über die Meldung im Sinne der Registrierung der Nationalsozialisten,
ausgestellt an Karl Appel, 20. Juni 1946
Unten: Notiz der ZV über eine Polizeiauskunft zur Person von Karl Appel und dessen NSDAP-Parteimitgliedschaft, 19. August 1947

Registrierungsbehörde: _____ Mödling _____   Fortl. Nr.: 5823

Meldestelle: _____ 24. _____

Meldeblatt

zur Verzeichnung der Nationalsozialisten gemäß § 4 des Verbotsgesetzes 1947.

1. Familienname (auch Mädchenname): _____ Zelfel _____   Vorname: _____ Waldemar _____

2. Geburtstag und Geburtsort: _____ 25.1.1911 _____ Neutitschein _____

3. Staatsbürgerschaft: _____ Österr. _____

4. Akademische Grade und Titel: _____ dipl. Architekt _____

5. Beruf: a) ausgeübter Beruf:

    aa) bis zum 27. April 1945: _____ Architekt _____

    bb) derzeit selbständig*) unselbständig*) tätig

    als _____

    Arbeitgeber (Betrieb): _____

    b) erlernter Beruf: _____ n.d. _____

6. Mitglied eines Geschäftsführungs- oder Aufsichtsorgans einer juristischen Person als: _____

7. Wohnort (genaue Adresse): _____ Mödling Weisses Kreuzgasse 14 _____

8. Ständige Wohnung (bei vorübergehender Anwesenheit): _____

9. Frühere Wohnsitze   von: bis: in:

    seit 13. März 1938: _____ 1.3.1939 _____ Ludwigshafen a.R. _____

    _____ 1.3.1939 _____ Apr.1945 _____ Mödling Göthegasse 44 _____

10. Parteianwärter von: _____ Apr.1933 _____ bis: _____ Verbot _____ | Farbe der Mitgliedskarte: ?

11. Mitglied der NSDAP von: _____ 3.1939 _____ bis: _____ Apr.1945 _____ | (Bestätigungskarte): _____

    | Mitgl. Nr.: _____ ? _____

12. Mitglied der (des) SS   von: _____   bis: _____

    SA   „ _____   „ _____

    NS.-Soldatenringes   „ _____   „ _____

    NS.-Offiziersbundes   „ _____   „ _____

*) Nichtzutreffendes streichen.

St. Dr. Lager-Nr. 19. — Österreichische Staatsdruckerei, Verlag. (St.) 1432 47

Meldeblatt zur Verzeichnung der Nationalsozialisten gemäß § 4 des Verbotsgesetzes 1947, Vorderseite, ausgefüllt von Waldemar Zelfel, 5. Dezember 1947

abgeschlossen und die Mitgliedschaft bestätigt. Ab nun war mein Teil einer Interessensgemeinschaft, die sich vor allem durch ein gut funktionierendes berufliches Netzwerk auszeichnete.

Einige Architekten wurden in die ZV mit dem Zusatz „vorbehaltlich" aufgenommen, wobei die Gründe dafür verschieden waren. So wurden die Absolventen der Hochschule für angewandte Kunst vorerst nur „provisorisch", „vorbehaltlich der zu erwartenden gesetzlichen Eingliederung der Absolventen der Hochschule für angewandte Kunst in die Ziviltechnikerordnung"[30] aufgenommen. Vor 1947 war die Mitgliedschaft oftmals vorbehaltlich des Ergebnisses des politischen Überprüfungsausschusses ausgesprochen worden.[31]

Jene Architekten, die über zu wenige Vorstudien verfügten, wurden von der ZV prinzipiell abgelehnt. Aber auch hier kam der sogenannte Ausnahmeparagraf zur Anwendung, wenn zum Beispiel die von der Anwärterin bzw. dem Anwärter vorgelegten Arbeiten deren bzw. dessen Qualifikation bezeugten.[32] Er kam auch bei jenen Antragstellern zum Tragen, die ihr Studium nicht abgeschlossen hatten, aber in ausreichendem Umfang der ZV entsprechende Praxisarbeiten vorweisen konnten.

Friedrich Sammer
* 10.04.1901, Wien
Abschluss:
Technische Hochschule
Wien (1925)
ZV-Mitglied ab 1929

Weitere Entwicklung der ZV bis 1959

Lag die Hauptaufgabe der ZV in den ersten Jahren nach dem Krieg noch in der Überprüfung der Aufnahmeansuchen von Antragstellern, die Mitglied in der ZV werden wollten, und dem Ausstellen der Mitgliedsausweise, verlagerte sich das Betätigungsfeld immer mehr auf die ständischen Berufsinteressen, die es nun zu stärken galt. Der Wiederaufbau der Stadt war in vollem Gange und die ZV übernahm darin eine zentrale Rolle. 1949 wurden die Architekten durch die Erteilung der Befugnis vom Ministerium für Handel und Wiederaufbau automatisch Mitglied der Ingenieurkammer[33], was für viele Architekten ein Grund war, aus der ZV auszutreten, da sie es nicht für sinnvoll erachteten, zwei Institutionen anzugehören.

Das Jahr 1951 brachte eine weitere Veränderung der Kammerstruktur. Mit der Novellierung des Kammerstatuts der Ingenieurkammer für Wien, Niederösterrich und Burgenland vom 31. März 1951, BGBL. Nr. 65, wurde für die Architekten eine eigene Sektion im Kammervorstand geschaffen.[34] Nun wurden Überlegungen zur Auflösung der ZV immer konkreter. Jedoch blieb für die ZV die Frage offen, was mit den Kolleginnen und Kollegen ohne Ziviltechnikerprüfung geschehen sollte. Zwischen der ZV und der Kammer verschärfte sich die Diskussion, wo wer Mitglied sein musste bzw. konnte. Die Kammer stellte den Verein der ZV immer wieder infrage, da nun die Standesvertretung in der Kammer angesiedelt war. Am 18. Juni 1957 trat das Ziviltechnikergesetz 1957 in Kraft, womit die Themen der Standespolitik endgültig den Architektenkammern übertragen wurden. Die neue Rolle der ZV war nun eine kulturpolitische Vertretung der Architektur.[35] Da nun viele Aufgaben von der Kammer übernommen wurden, galt es, über eine Neuorientierung des Vereins nachzudenken, was schließlich in die (Neu-)Konstituierung des Vereins mündete und mit einem Bescheid der Vereinsbehörde bzw. des Bundesministeriums für Inneres am 24. Februar 1959 offiziell bestätigt wurde.

Seitdem ist die neu gegründete „Zentralvereinigung der Architekten Österreichs" eine kulturelle Vereinigung, die für Architekturqualität eintritt und bis heute besteht. Ihr Anliegen besteht darin, Diskussionen zu Architektur und Städtebau anzuregen und neue Impulse für die Weiterentwicklung des Berufsbilds der Architekten zu geben.

1 Im Mai 1945 hat es für die Gartengestalter noch keine eigene Gruppe in der BV gegeben. Diese wurde wahrscheinlich erst später gegründet. Siehe: Berufsvereinigung der bildenden Künstler Österreichs (Hrsg.), Kunst in Bewegung. 100

KOMMISSION
ZUR BEURTEILUNG DER FREISCHAFFENDEN KÜNSTLER
der darstellenden Künstler (Schauspieler, Sänger,
Tänzer), der Dirigenten, Musiker, Regisseure,
Bühnenbildner.
beim
BUNDESMINISTERIUM FÜR UNTERRICHT
Wien, I., Reitschulgasse 2

Wien, am 29. Juni 1948

Zl. 351/K/48n

Eingelangt am 5 VII
Erledigt am 579

An das

**Landesrabeitsamt Wien,
Entnazifizierungsreferat für die
amerikanische Zone**

W i e n , XVI.,
Thaliastrasse 44 .

Auf die do.Anfrage vom 23. d.M., Zl.E II-85880, wird
mitgeteilt, dass der in der do Kartei als belasteter ehemaliger
Nationalsozialist geführte Architekt Ing. Moriz S e r v e ,
geboren 12. II. 1881, wohnhaft Wien XIX., Celtesgasse 21, von
der ho. Kommission bisher nicht zugelassen wurde und auch kein
diesbezüglicher Antrag vorliegt. Der Genannte ist daher gemäss
§ 18 p des VG 47 bis 30. IV. 1950 von der öffentlichen Berufs -
ausübung ausgeschlossen. Die Ueberwachung des Ausschlusses bela -
steter Künstler obliegt dem Entnazifizierungsreferenten seines
zuständigen Arbeitsamtes. Ueberdies wird die Zentralvereinigung
der Architekten Oesterreichs von ho. verständigt.

Für den Vorsitzenden:
I. A. :
W a c h t e l e.h.

An die
Zentralvereinigung der Architekten
Oesterreichs

W i e n , I.,
Franziskanerplatz 4

z u r K e n n t n i s .

Für den Vorsitzenden :
I. A. :

Auskunftsschreiben der Kommission zur Beurteilung freischaffender Künstler an das Landesarbeitsamt Wien (Entnazifizierungsstelle) über das Berufsverbot von Moriz Servé, 5. Dezember 1947

Jahre Berufsvereinigung der bildenden Künstler Österreichs, Wien 2012, S. 18.

2 Schreiben der ZV an das Landesgericht vom 15. Dezember 1950. Siehe Mitgliedsakt Alexius Konks.

3 Wie Anm. 1, S. 17.

4 Ibid, S. 18.

5 Ibid.

6 Aus dem Protokoll zur Generalversammlung am 19. Juli 1945.

7 Siehe Beilage zum Protokoll der Versammlung am 23. Oktober 1945.

8 Schreiben der ZV an Hanns Kunath vom 24. Dezember 1953. Siehe Mitgliedsakt Hanns Kunath.

9 Schreiben der ZV an Clemens Holzmeister vom 10. September 1946. Siehe Mitgliedsakt Clemens Holzmeister.

10 Siehe Stempel im Mitgliedsakt Wilhelm Schöbl.

11 Siehe Stempel im Mitgliedsakt Bazalka Libuse (1953) und Briefkopf im Mitgliedsakt von Karl Simon (1954).

12 Wie Anm. 1, S. 13f.

13 In den Mitgliederakten finden sich immer wieder Bestätigungen, dass die Architekten für die „Bauvorhaben am Wiederaufbau unabkömmlich" sind bzw. mit dringenden Arbeiten für den Wiederaufbau beschäftigt sind.

14 So schreibt Kurt Klaudy von Wettbewerbsausschreibungen der Stadt Gmunden (Termin 3. November) aus dem Jahr 1948. Schreiben von Klaudy an die ZV vom 20. Oktober 1948. Siehe Mitgliedsakt Kurt Klaudy. Ebenso berichtete Franz Kiener 2016 in einem Interview mit der Autorin, dass er 1957 der ZV beigetreten sei, um an öffentlichen Wettbewerben teilnehmen zu können.

15 Schreiben von Bruno Buzek an die ZV vom 22. Februar 1948. Siehe Mitgliedsakt Bruno Buzek.

16 Notiz von der ZV vom 23. Oktober 1946 bzw. 10. November 1947. Siehe Mitgliedsakt Elisabeth Hofbauer-Lachner.

17 Schreiben von Otto Prutscher an die BV vom 28. November 1946. Siehe Mitgliedsakt Otto Prutscher.

18 Schreiben von Friedrich Euler an die BV vom 11. Mai 1946, in dem er eine „Zusatzkarte für Arbeiter" einfordert, die er nicht erhalten hat. Siehe Mitgliedsakt Friedrich Euler.

19 Schreiben von der ZV an das Polizeikommissariat vom 18. August 1952. Siehe Mitgliedsakt Ceno Kosak.

20 Schreiben von der ZV vom 15. Mai 1953. Siehe Mitgliedsakt Ernst Otto Hoffmann.

21 Gedächtnisprotokoll von der ZV vom 18. Februar 1946. Siehe Mitgliedsakt Michael Muchar.

22 Bescheinigung vom 11. September 1947. Muster siehe Mitgliedsakt Rudolf Bazalka.

23 Zitate aus dem Akt AdR, BMfUnterricht, Sign. 36.602-II-4a/1948/24 Gesetze.

24 Veronika Zangl, „Ich empfinde diese Massnahme persönlich als ungerecht". Heinz Kindermanns Entlastungsstrategien 1945–1954, in: Birgit Peter und Martina Payr (Hrsg.), „Wissenschaft nach der Mode?". Die Gründung des Zentralinstituts für Theaterwissenschaft an der Universität Wien 1943, Wien u. a. 2008, S. 181.

25 Schreiben von der ZV an Friedrich Grundler vom 14. Februar 1947. Siehe Mitgliedsakt Friedrich Grundler.

26 Schreiben von der ZV an Hubert Mandl vom 1. April 1946. Siehe Mitgliedsakt Hubert Mandl.

27 14. September 1946. Siehe Mitgliedsakt Karl Molnar.

28 Siehe Mitgliedsakt Alfons Mayer.

29 Schreiben von der ZV an Helene Buchwieser vom 24. November 1945. Sie wurde dann in den 1950er-Jahren Mitglied der ZV. Siehe Mitgliedsakt Helene Koller-Buchwieser.

30 Schreiben von der BV vom 10. Oktober 1945. Siehe dazu Mitgliedsakt Rudolf Bazalka.

31 Schreiben von der ZV an Elisabeth Lachner (später verheiratete Hofbauer) vom 20. Oktober 1945. Siehe Mitgliedsakt Elisabeth Hofbauer-Lachner.

32 Schreiben von der ZV an Ludwig Schultze vom 6. August 1946. Siehe Mitgliedsakt Ludwig Schultze.

33 Siehe Mitgliedsakt Emil Stejnar.

34 Siehe Protokolle der Vollversammlung im Juli 1951.

35 Iris Meder, Ein Jahrhundert Baukultur, in: ZV (Hrsg.), 100 Jahre ZV. 40 Jahre Bauherrenpreis, Wien 2007, S. 13f.

Zentralvereinigung der Architekten
in der

780

15. Juni 1946.

Herrn
Arch. Robert Hartinger

W i e n XVIII.
Hofstattg. 15

Sehr geehrter Herr Kollege !

Der Verwaltungsausschuss hat sich in seiner Sitzung vom 13.ds.
mit Ihrem Aufnahmeansuchen beschäftigt und dieses aufrecht erledigt,
jedoch vorbehaltlich dem Ergebnis des politischen Ueberprüfungsausschusses. Wir begrüssen Sie somit als Mitglied der Zentralvereinigung
der Architekten in der Berufsvereinigung der bildenden Künstler
Oesterreichs und bitten Sie, Ihre provisorische Mitgliedskarte in
unserem Sekretariat (Montag,Mittwoch,Freitag 9-12 Uhr) beheben
zu wollen.
Die Aufnahmsgebühr beträgt S. 2o.- , der Mitgliedsbeitrag pro Jahr
S. 6o.- die Sterbekasse S. 2o.- und der von Ihnen angegebene Beitrag
zum Unterstützungsfond S. 2o.- Wir bitten einstweilen um Begleichung
von S. 8o.- d.s. Aufnahmsgebühr, Sterbekasse,Unterstützungsfond und
der halbe Mitgliedsbeitrag für 1946. Der restliche Beitrag ist viertel-
jährlich fällig.

Mit kollegialen Grüssen

für die

Der Schriftführer: Der Präsident:

Schreiben der ZV an Robert Hartinger über seine provisorische Aufnahme als ZV-Mitglied „vorbehaltlich dem Ergebnis des politischen Ueberprüfungsausschusses", 15. Juni 1946

**BERUFSVEREINIGUNG
DER BILDENDEN KÜNSTLER
ÖSTERREICHS**

I, FRANZISKANERPLATZ 4

MITGLIEDSKARTE

**ZENTRALVEREINIGUNG DER
ARCHITEKTEN ÖSTERREICHS**

Landesverband für Wien, Niederösterreich
und Burgenland

WIEN I, SALVATORGASSE 10/6/4

MITGLIEDSKARTE

ZV-Mitgliedskarten von Maria Balcarek (1947) und Franz Kiener (1959), Vorder- und Innenseite

Lichtbild

Zentr...

Unterschrift des Inhabers

Mitglieds Nr.   A 273

Herrn/Frau/Frl.   Frau

Vorname   Maria

Zuname   Balcarek

geb. 10.5.17 in Wien

Beruf   Architektin

Aufnahmetag   5. Mai 1947

Gruppe   Architektur

Ort   Wien   Datum 8.5.47

Landesverband   Wien

Stempel

Der Präsident:

Unterschrift des Inhabers

Mitglieds Nr.   290

Herrn/Frau/Frl.

Vorname   Franz

Zuname   Kiener

geb. 9.4.26 in Friedburg
O.Ö.

Beruf   Architekt

Aufnahmetag 8.I.1957

Wien, am   18. März 1959.

Präsident:

ZENTRALVEREINIGUNG
DER ARCHITEKTEN
WIEN I, SALVATORGASSE
STIEGE 6

Kultureller Wiederaufbau nach 1945

Zwischen Kontinuität und Internationalisierung

Text: Monika Platzer

zeigt ein differenzierteres Bild und dokumentiert den Aufbruch der Berufsvereinigung in Richtung Internationalisierung.[2]

Nach der Neukonstituierung der ZV 1945 als Architektensektion in der Berufsvereinigung der Bildenden Künstler Österreichs (BV), kam ihr als einzige Standesvertretung ihrer Berufsgruppe[3] eine wichtige kulturpolitische Funktion zu. Nicht nur von der österreichischen Regierung, sondern auch von den Alliierten aller Besatzungsmächte wurde die ZV als repräsentative Vertretung der österreichischen Architektenschaft angesehen und als Kooperationspartner herangezogen. So war die ZV Ansprechpartner und Promotor für die österreichische Baukultur mit einer starken Innen- und Außenwirkung. Mit ihrem vielschichtigen Vermittlungsprogramm bestimmte die ZV entscheidend die Diskurse nach 1945 und prägte das fachliche sowie baukünstlerische Terrain ihrer Mitglieder.

Neuausrichtung im Spannungsfeld der Besatzungspolitik der Alliierten

Vor dem Hintergrund des politischen Wettstreits unter den Besatzungsmächten während des Kalten Kriegs kam es wiederholt zu kulturellen Selbstdarstellungen der Alliierten, wobei gerade die Vermittlung der Leistungen sowjetischer Kultur und Wissenschaft von Anbeginn auf der strategischen Agenda der Sowjetpolitik stand. Der Auftakt zum bilateralen Kulturaustausch zwischen Österreich und der Sowjetunion fand bereits vom 26. bis 29. September 1946 unter hochkarätiger kultureller Beteiligung aus dem In- und Ausland im Wiener Musikvereinssaal statt.[4] Hierher wurde unter anderem der sowjetische Architekt Wassili Kussakow in seiner Funktion als stellvertretender Vorsitzender des Architekturkomitees beim Ministerrat der UdSSR als Delegierter zum ersten Kongress der Gesellschaft zur Pflege der kulturellen und wirtschaftlichen Beziehungen zur Sowjetunion entsendet. In dieser Funktion hielt er im Audimax der Universität in Wien einen von der ZV mitorganisierten Vortrag zum Thema „Der Wiederaufbau und die Neugestaltung der Sowjetunion", welcher kurz darauf in der Zeitschrift *Der Aufbau* publiziert wurde.[5] Neben den offiziellen Vertretern der sowjetischen Besatzungsmacht waren auch Vertreter der heimischen Architekturszene eingeladen, um über sowjetische Beispiele zu referieren und diese den österreichischen Kolleginnen und Kollegen näherzubringen. Im Archiv der ZV sind mehrere Dias eines Vortrags von Ernst Plojhar, ab 1953 Sekretär der Architektursektion der Österreichisch-Sowjetische

Bis heute charakterisiert die österreichische Eigenerzählung den Wiederaufbau als Phase der Isolation und des Stillstands, in der man „weit unter dem Punkt Null beginnen musste, da man neben dem materiellen auch viel geistigen Schutt wegzuräumen hatte"[1]. Es besteht ein allgemeiner Konsens darüber, dass der Aufbruch Österreichs in Richtung einer internationalen Architekturentwicklung erst ab Mitte der 1960er-Jahre mit dem Eintritt der jungen „Visionäre" gelang. Das erste Jahrzehnt nach dem Krieg wird als Wiederaufbau von Repräsentationsbauten und von zerstörter Bausubstanz subsumiert. Eine fast identische Sichtweise prägt die Rezeptionsgeschichte der Zentralvereinigung der Architekten Österreichs (ZV), denn erst mit der Übernahme und Neukonzeption der Zeitschrift *Bau* durch das Redaktionsteam Günther Feuerstein, Hans Hollein, Gustav Peichl, Walter Pichler und Oswald Oberhuber glückte die internationale Wahrnehmung der österreichischen Architekturszene. Wurde die „Provinz Österreich" tatsächlich erst mit der Generation der Holzmeister-Schüler und den 1968er-Utopisten aus seiner geistigen Isolation herausgeführt bzw. gab es nicht bereits Vorarbeiten in Bezug auf eine Internationalisierung? Ein genauerer Blick auf das wenig bekannte Ausstellungs- und Vortragsprogramm der ZV in den späten 1940er-Jahren und in den 1950er-Jahren

Acht Glasdias eines Vortrags von Ernst Plojhar zum Thema „Russische Architektur", o. J.

Friedrich Euler
* 22.07.1898, Wien
Abschluss:
Kunstgewerbeschule
Wien (1922)
ZV-Mitglied ab 1946

Gesellschaft, erhalten.[6] Dabei handelt es sich vermutlich um Plojhars Überlegungen zum Thema „Neue Wege im sowjetischen Bauwesen", dessen textliche Ausführungen im kommunalen Medium *Der Aufbau* überliefert sind. In seinen Ausführungen folgte Plojhar der sowjetischen Doktrin, Architektur habe im Dienst der Propagierung eines sozialistischen Lebensentwurfs zu stehen. Neben den formalen Aspekten legte Plojhar sein Hauptaugenmerk auf die Ökonomisierung der Bauindustrie und deren industrielle Vorfertigung. Trotz aller Bemühungen der sowjetischen Kulturarbeit während der Besatzungszeit, blieb der sowjetische Architekturexport ein Nischenprodukt und konnte sich nicht gegen die fortschreitende „Westernisierung" Österreichs durchsetzen.

Die amerikanische Moderne erhielt ihren ersten großen Auftritt in der Wiener Secession, wo die ursprünglich für Paris konzipierte Wanderausstellung „Moderne Kunst aus USA" aus den Sammlungen des Museum of Modern Art vom 5. Mai bis 2. Juni 1956 Station machte.[7] Der Architekturteil, war zwar mit 15 Projekten die kleinste Sektion innerhalb der Präsentation, die großformatigen Fotografien und Modelle waren jedoch prominent im Mittelsaal der Secession platziert. Gemeinsam mit der Secession erscheint die ZV mit dem United States Information Service als Veranstalter im

Katalog.[8] Friedrich Euler, der das Amt des Vizepräsidenten der ZV innehatte, war für die Ausstellungsgestaltung zuständig. Darüber hinaus gab es ein ambitioniertes Rahmenprogramm. Martin Kermacy, ein Fulbright-Stipendiat und Professor für Architektur an der Universität in Austin, Texas, USA, hielt einen Vortrag über „Tradition in der modernen amerikanischen Architektur" und Roland Rainer sprach über „Österreich und die moderne amerikanische Architektur". Zu einer weiteren Zusammenarbeit der ZV und dem US Information Service kam es anlässlich des von den Amerikanern durchorgansierten Aufenthalts von Konrad Wachsmann in Österreich. Gemeinsam mit dem Österreichischen Werkbund trat man als Veranstalter seines Vortrags im Österreichischen Museum für angewandte Kunst über „Erziehung, Planung, Industrialisierung"[9] auf.

Ein Jahr später wurde die vom Leiter des Innsbrucker Institut français Maurice Besset zusammengestellte Le Corbusier-Ausstellung in der Wiener Galerie Würthle vom 26. März bis 13. April 1957 gezeigt[10], die bereits davor im Februar im Grazer Künstlerhaus Station gemacht hatte. In Wien fungierte die ZV als Kooperationspartner der Wanderausstellung und verlieh dem Architekten Le Corbusier kurz vor der Ausstellungseröffnung die ZV-Ehrenmitgliedschaft. Im Gegensatz zu Le Corbusier, der bei der etablierten Architektenschaft mit seiner „absoluten Architektur" auf eine gewisse Skepsis bzw. Ablehnung stieß, war die Bewunderung für den Finnen Alvar Aalto (ZV-Ehrenmitglied) gerade zu euphorisch. Kurz zuvor hatte dieser beim ersten international geladenen Wettbewerb der Zweiten Republik für die Stadthalle ex aequo mit Roland Rainer den ersten Preis belegt.[11]

Im November folgt dann die anlässlich des Jubiläums der ZV Österreich veranstaltete Ausstellung „50 Jahre Architektur" vom 16. November bis 18. Dezember 1957, die im Österreichischen Museum für angewandte Kunst gezeigt wurde und einmal mehr das Bestreben der ZV verdeutlicht, um einerseits an die baukulturelle Größe Österreichs zu erinnern und andererseits eine Nähe und Kontinuität zur internationalen Architekturwelt herzustellen. In einem Brief der ZV an den ehemaligen Stadtrat Hans Mandl für Kultur und Volksbildung heißt es: „Diese Ausstellung soll die Leistungen der großen Vertreter österreichischer Architektur aufzeigen und zwar Leistungen von im Ausland lebenden Österreichern, Leistungen von bedeutenden verstorbenen österreichischen Architekten und auch Leistungen bedeutender ausländischer Architekten, die Ehrenmitglieder

Plakat der Ausstellung „Le Corbusier", Institut français Innsbruck, 1957

institut français innsbruck

...rbusier

ausstellung

der Zentralvereinigung sind. Durch diese Gegenüberstellung soll die Wechselwirkung zwischen
der Architektur Österreichs und der Architektur der
übrigen Welt dokumentiert werden."[12]

Exkurs: Skandinavien

Die Vorbildwirkung der skandinavischen Länder
für Österreich ist aus der Literatur hinreichend
bekannt. Somit war es kein Zufall, dass der Stadtbaudirektor von Stockholm Sven Markelius von
Stockholm Sven Markelius (ZV-Ehrenmitglied) den
den Vorsitz der Fachjury für den Stadthallen-Wett-
bewerb übernahm. Auch Erich Boltenstern wurde in
die Fachjury berufen, der ab 1956 Präsident der ZV
war und während seines Studiums in der Zwischenkriegszeit bereits den Norden Europas besucht
hatte.[13] Über den von der ZV initiieren Vortrag Alvar
Aaltos „Probleme der modernen Architektur"[14]
und der am Tag darauf folgenden Diskussion in
der Galerie Würthle überschlugen sich die positiven Berichterstattungen in den Feuilletons. Über-
einstimmend wird auf Aaltos Forderungen nach
einer auf den Menschen bezogene Bauweise verwiesen. Die dienende Funktion der Technik wird
betont und die Architektenschaft in die Pflicht
genommen, die von staatlicher Seite oft geforderte
Normierung und Standardisierung stets kritisch
zu hinterfragen. Aalto hob die bedeutende Rolle
des Architekten im Kampf um die Humanisierung
der Umwelt hervor. Fast obligatorisch war der
Empfang der ZV-Vortragenden bei hochrangigen
Politikern wie in Aaltos Fall beim Bürgermeister
Franz Jonas oder 1956 anlässlich des Vortrags[15]
von Richard Neutra (ZV-Ehrenmitglied) beim Unterrichtsminister Heinrich Drimmel.

*Abstecken des Territoriums und ein Messen mit
der Welt*

Der hohe Stellenwert des Berufstands bei den politischen Funktionären sowie die breitenwirksame
mediale Rezension in der Tagespresse bezeugen
die Symbolkraft des Wiederaufbaus der vom Krieg
zerstörten Städte. Die Bautätigkeit und die neuen
urbanen Leitbilder versinnbildlichen wie kaum eine
andere Sparte den Aufbau einer neuen österreichischen Identität und Legitimität. Die erste nach dem
Krieg von der ZV 1949 und 1950 in Wien initiierte
Ausstellung „Einfamilienhäuser – Siedlungshäuser.
Pläne, Modelle, Baukosten" widmete sich einem
aktuellen Thema.[16] Mit der Bauaufgabe „Einfamilienhäuser – Siedlungshäuser" hob sich die ZV

Josef Heinz Rollig
* 22.05.1893, Pilsen (CZ)
Abschluss:
Akademie der bildenden
Künste Wien (1921)
ZV-Mitglied ab 1925

bewusst von der großmaßstäblichen Aufgabenstel-
lung der beamteten Architekten ab und erhoffte
sich dadurch eine Stärkung der freien Architektenschaft. Das Ziel war die Förderung des privaten Baugeschehens und der Wunsch eines Berufstands,
sich aktiv an der Gestaltung des städtischen und
ländlichen Umlands zu beteiligen. Begleitend zur
Ausstellung waren in einer Sondernummer der
Zeitschrift *Der Bau* 24 Entwürfe für Einfamilienhäuser samt Baubeschreibung und Kostenaufstel-
lung abgedruckt.[17]

Man wollte den an den Stadträndern während und nach dem Krieg entstandenen wilden
Siedlungen sowie den An-, Zu- und Umbauten
von Kleingarten- und Wochenendhäusern etwas
Zeitgemäßes entgegensetzen, bei dem es neben
den formalen Kriterien gleichzeitig auch um eine
optimale Nutzung von Grund- und Wohnfläche
ging. Das Hauptaugenmerk lag auf einer klaren
Formgebung und dem landschaftsgebundenen
Bauen. Keine Wohnmanifeste sollten entstehen,
sondern Orte der Kontemplation. „Das Wohnhaus ist Selbstzweck und hat durch sein Dasein
die Menschen zu beglücken und in jedem Teile
zu deren Vergnügen beizutragen."[18] Das Thema
„Einfamilienhaus" und „Wohnen" sollte die ZV auch
später noch mit Ausstellungsformaten weiterver-
folgen, wie unter anderem die Ausstellung von 1956

Zentralvereinigung der Architekten
Wien I, Salvatorgasse 10/6/4

Einladung

Architekt
Professor Alvar Aalto
(Helsinki)

spricht über
PROBLEME DER MODERNEN ARCHITEKTUR

29. April 1955, 19 Uhr
Brahms-Saal / Musikvereinsgebäude

Diese Einladung gilt als Eintrittskarte für zwei Personen

Einladungskarte zum ZV-Vortrag von Alvar Aalto am 29. April 1955;
Foto vom Empfang beim Wiener Bürgermeister Franz Jonas mit Alvar Aalto und dem ZV-Vorstand, 1955

Foto vom Empfang beim Bürgermeister Franz Jonas mit Richard Neutra, seiner Frau und dem ZV-Vorstand, 1956;
Einladungskarte zum ZV-Vortrag von Richard Neutra am 27. September 1956

„Wie wohnt die Welt" eindrücklich zeigte.[19] Die Ausstellung im Österreichischen Museum für angewandte Kunst war mit rund 100 Schautafeln und einigen modernen Einrichtungsgegenständen bestückt. Hochhäuser, Mehrfamilien-, Einfamilienhäuser und Wochenendhäuser aus allen Erdteilen trafen auf österreichische Wohnbeispiele und vor den Augen der Betrachter visualisierte sich ein Querschnitt der unterschiedlichsten Wohnformen.[20] Im Aufeinandertreffen von Heimischem und Internationalem zeigte sich das Selbstbewusstsein der örtlichen Architektenschaft, die sich bereits ein Jahr nach dem Staatsvertrag, 1956, mit der Weltgemeinschaft maß.

Die Zielsetzung hinter allen Ausstellungen und Publikationen war, so viele Menschen und Körperschaften wie möglich von der Notwendigkeit der Hinzuziehung einer Architektin bzw. eines Architekten zu überzeugen. Im größeren Zusammenhang ging es um die standespolitischen Bemühungen, den Berufstand der freischaffenden Architekten als ebenbürtige Kulturträger im Hinblick auf die staatliche Baubürokratie abzusichern – eine Zielsetzung, die die ZV von Anfang an im Blickfeld hatte. Nach 1945 ging die Architektenschaft von einem großen Arbeitsvolumen unter anderem für die dringliche Wohnraumschaffung und städtebaulichen Aufgaben aus. Die erhöhte Bautätigkeit trug zu einem großen Teil die öffentliche Hand, wobei es der ZV immer um eine gleichberechtige Partnerschaft zwischen den freien und kommunalen Architekten ging. In der Presseaussendung zur ersten umfassenden Leistungsschau über das gegenwärtige Bauen, welche 1954 in der Wiener Secession stattfand, war die Motivation der ZV klar umrissen: Mit der Ausstellung sollte der Öffentlichkeit und den Entscheidungsträgern das umfassende Leistungsspektrum – vom Kunsthandwerk bis zum Städtebau – der freischaffenden Architekten vor Augen geführt werden.[21] Die Ausstellung „Architektur in Österreich 1945–1954"[22] fand unter der Leitung von Franz Schuster statt. Die Standesvertretung der Architekten forderte die österreichische Architektenschaft auf, Projekte einzureichen, die in der Folge vor einer Fachjury (Franz Schuster, Stephan Simony, Siegfried Theiss) zur Auswahl gelangten. Zu Beginn war jeweils ein Juror aus einem Bundesland vorgesehen, was jedoch aufgrund der schwierigen Koordinierbarkeit fallengelassen wurde. Die Ausstellung wurde innerhalb von drei Wochen von 17.000 Besuchern gesehen. Der holländische Architekt Willem M. Dudok (ZV-Ehrenmitglied) folgte der Einladung nach Wien und hielt den Eröffnungsvortrag zum Thema „Mein Leben und Bauen".[23] Mit

Dudok fand nicht nur eine Wiederbegegnung alter Freunde statt, seine eigene im Vortrag wiederholt angesprochene Doppelfunktion als Privatarchitekt und beamteter Architekt der Gemeinde Hilversum sollte das in der Ausstellung präsentierte breite Wirkungsspektrum der Architekten sichtbar machen und im besten Fall verstärken. Im Zusammenhang mit der Ausstellung erschien ein Sonderheft der Zeitschrift Der Bau. Neben der kurzen Einleitung von Siegfried Theiss (ZV-Ehrenpräsident) finden sich vier weitere Texte von Friedrich Zotter, Franz Schuster, Theodor Schöll und Max Fellerer.[24] Der generelle Grundton der Texte gibt einen gewissen Kulturpessimismus wieder. Die Vernachlässigung der freien Architektenschaft bei der Heranziehung im Wiederaufbau wird bedauert und die gesellschaftspolitische Relevanz des Berufsstands als Kulturträger für den nationalen Wiederaufbau betont. Dem Architekten wird die versöhnende Rolle als Mittler zwischen den auflösenden Tendenzen der neuen Zeit zugeschrieben, der mittels Ordnung und formaler Humanisierung das Chaos befriedet. Den Auftakt der Projektvorstellung im Sonderheft bilden das Strandbad Gänsehäufel (1948/49) von Max Fellerer und Eugen Wörle und die Wiener Stadthalle (1955–1958) von Roland Rainer. Bis heute stehen diese beiden Bauten symptomatisch für einen Brückenschlag zwischen den Traditionen der Zwischenkriegszeit und dem Auftakt in die neue Ära der Nachkriegsmoderne. Die 43 im Sonderheft wiedergegebenen Arbeiten sind typologisch gruppiert und mit jeweils maximal vier Zeilen kommentiert, neben Gebautem fanden sich Projekte, Möbel, Ausstellungsgestaltungen, Städtebauliches, Bühnenbilder und Denkmalpflegerisches. Das umfassende Spektrum der Bauaufgaben sowie die „stilistische" Breite der Herangehensweise sind auffallend. Der Großteil der aus den Bundesländern vorgestellten Arbeiten ist aus unserem Blickfeld verschwunden und wurde nicht in die Geschichtsschreibung der Nachkriegsmoderne aufgenommen. In der zweiten Leistungsbilanz der ZV-Ausstellung „Österreichische Architektur"[25] 1961, finden sich keine traditionalistischen Beispiele mehr. Die stilistische Homogenität der vorgestellten Projekte ist augenfällig. Im begleitenden Sonderheft reihen sich die Beispiele von Rasterfassaden und kubisch aufgeständerten Baukörpern mit Flachdach, die der großzügige Einsatz von Glas miteinander verbindet, aneinander.[26]

Das Hauptaugenmerk der Neukonstituierung der ZV lag nach der Auflösung des Vereins im Jahr 1938 auf der Wiedererlangung der Verbandsselbstständigkeit. Mit Einladungen an ins Exil vertriebene Architekten hielt man sich nach 1945

Vier Fotoglasplatten: Max Fellerer, Eugen Wörle, Strandbad Gänsehäufel, 1950

Eugen Wörle
* 03.01.1909, Bregenz
Abschluss:
Akademie der bildenden
Künste Wien (1930)
ZV-Mitglied ab 1935

Österreich erhielt seine staatliche Souveränität und kehrte auf die Bühne der Welt zurück. 1958 hatte die Zweite Republik in der ersten Weltausstellung nach dem Krieg mit dem „schwebenden" Pavillon von Karl Schwanzer einen bedeutsamen Außenauftritt. Ein Jahr später gelang die Neugründung der ZV wie vor 1938 auf föderativer Basis mit Landesverbänden. Sie setzte die Öffnung nach außen verstärkt fort.

1   Friedrich Achleitner, Bemerkungen zum Thema
    „Österreichische Architektur", in: Viktor
    Hufnagl und Österreichische Gesellschaft für
    Architektur (Hrsg.), Österreichische Archi-
    tektur 1960 bis 1970 (Katalog Ausstellung,
    La-Chaux-de-Fonds, 3.–23. Mai 1969), Wien 1969,
    o.S.; Sokratis Dimitriou, Österreichs Architek-
    tur 1960 bis 1969, in: Viktor Hufnagl und
    Österreichische Gesellschaft für Architektur
    (Hrsg.), Österreichische Architektur 1960 bis
    1970 (Katalog Ausstellung, La-Chaux-de-Fonds,
    3.–23. Mai 1969), Wien 1969, o.S.
2   Vortrag von Karl Raimund Lorenz am 9. Jänner
    1950 über „Amerikanische Architektur heute"
    im Österreichische Ingenieur- und Architekten-
    verein. Siehe Karl Raimund Lorenz, Ein
    europäischer Architekt sieht Amerika, in: Der
    Aufbau, Oktober 1950, S. 449f.
3   Mit dem Ziviltechnikergesetz von 1957 übernahm
    die Architektenkammer die Aufgaben der
    Standesvertretung.
4   Ausführlicher Bericht über die Veranstaltung,
    siehe: Die Brücke, Heft 10/11, 1946, S. 1–37.
5   Wassili Kussakow, Der Wiederaufbau und die
    Neugestaltung der Sowjetunion, in: Der Aufbau,
    Dezember 1946, S. 247f.
6   Siehe Ernst Plojhar, Neue Wege im sowjetischen
    Bauwesen, in: Der Aufbau, Nr. 4, 6. Jg.,
    April 1951, S. 153f.
7   Die für Paris konzipierte Ausstellung trug den
    Titel „50 Years of American Art". Die Ausstel-
    lung wurde auch in Zürich, Barcelona, Frankfurt
    am Main, London, Belgrad und Den Haag gezeigt.
8   Museum of Modern Art, New York, und Vereini-
    gung Bildender Künstler Österreichs Secession,
    Moderne Kunst aus USA. Aus den Sammlungen
    des Museum of Modern Art, New York, Secession
    Wien, 5. Mai – 2. Juni 1956, Wien 1956.
9   Inhaltliche Spuren des am 24. April 1956 im
    Österreichischen Museum für angewandte Kunst
    gehaltenen Vortrags finden sich in der Zeit-
    schrift Bau. Siehe: Roland Rainer und Erich
    Boltenstern, Konrad Wachsmann. Planung
    und Erziehung, in: Der Bau, Heft 5/6, 11. Jg.,
    1956, S. 120f.
10 Gert Ammann und Tiroler Landesmuseum Ferdin-
    andeum (Hrsg.), Tirol – Frankreich 1946–1960.
    Spurensicherung einer Begegnung (Katalog
    Ausstellung, Tiroler Landesmuseum Ferdinandeum
    in Zusammenarbeit mit dem Institut français
    d'Innsbruck, Innsbruck, 12. September –
    6. Oktober 1991), Innsbruck 1991, S. 146.
11 Es wurden zwei erste Preise vergeben. Zum
    gemeinsam vom Gemeindeverwaltung der Bun-
    deshauptstadt Wien und der Republik Österreich
    am 1. Oktober 1952 ausgeschriebenen Wettbewerb
    waren 14 Architekten und Architektenteams
    eingeladen, davon stammten 9 aus Österreich
    und 5 aus dem Ausland: Alvar Aalto (Finnland),

vornehm zurück. Die unmittelbaren Präsidenten[27] der Nachkriegsjahre standen für Kontinuität und Konsens. Max Fellerer und Siegfried Theiss (ZV-Ehrenpräsident) absolvierten ihre Ausbildung noch während der Monarchie. Beide studierten an der Technischen Hochschule in Wien bei Karl König (ZV-Ehrenmitglied) und finalisierten ihre Ausbildung bei Otto Wagner (ZV-Ehrenmitglied) und Friedrich Ohmann (ZV-Ehrenmitglied) an der Akademie der bildenden Künste. Die Studienzeit von Erich Boltenstern[28] an der Technischen Hochschule fiel in die Anfangszeit der Ersten Republik. In der Folge wurden Fellerer, Theiss und Boltenstern selbst erfolgreiche Lehrer an Wiener Ausbildungsstätten (Akademie für angewandte Kunst, Technische Hochschule, Akademie der bildenden Künste) und prägten ihrerseits die Generation von Architekten des Wiederaufbaus. Die personelle Kontinuität nach 1945 wirkte sich auch auf die Einladungspolitik der ZV aus. Zu gewissen benachbarten Ländern wie der Schweiz und Deutschland bestand ab Gründung der ZV 1907 eine nachhaltige Beziehung. Im Weiteren übte für den identitätssuchenden Kleinstaat Österreich die moderate Bauweise der skandinavischen Länder eine Vorbildfunktion aus. Mit dem Abzug der Alliierten und dem Staatsvertrag aus dem Jahre 1955 ging die Phase des Wiederaufbaus seinem Ende zu.

11

26

ÖSTERREICH/Schlesinger-Vana

HOLLAND/Zuiderhoek

33

20

SCHWEDEN/Strehlenert-Tuompo

ÖSTERREICH/Hoffmann

Acht Arbeitskarteiblätter der ZV-Ausstellung „Wie wohnt die Welt", 1956

25

OSTERREICH/Boltenstern-Wachberger

99

USA/Johnson

79

OSTERREICH/Niedermoser

40

SCHWEIZ/Saugey

Karl Egender (Schweiz), Walter Höltje (Deutschland), Robert H. Matthew (Großbritannien) Pier Luigi Nervi (Italien).

12 Brief der ZV an den Stadtrat Hans Mandl für Kultur und Volksbildung vom 26. März 1957; Archiv der ZV (Dokumente zur Ausstellung 1957).

13 1930 erste Schwedenreise; weitere folgten 1938, 1948 und 1962. http://www.architektenlexikon. at/de/1367.htm, Zugriff am: 2. Juni 2018.

14 Der Vortrag Alvar Aaltos „Probleme der modernen Architektur" fand am 29. April 1955 im Brahms-Saal im Musikvereinsgebäude statt.

15 Der Vortrag Richard Neutras „Bauen – ein menschliches Problem" fand am 27. November 1956 im Mozart-Saal im Konzerthaus statt.

16 „Einfamilienhäuser – Siedlungshäuser. Pläne, Modelle, Baukosten", Galerie Agathon, Opernring 19, 4. März – 4. April 1949; „Einfamilienhäuser – Siedlungshäuser. Pläne, Modelle, Baukosten, Bausparen", Secession, Friedrichstraße 12, 18. März – 16. April 1950.

17 „24 Einfamilienhäuser", Der Bau, Sonderheft zu 4/1949.

18 Friedrich Zotter, Vizepräsident der Zentralvereinigung der Architekten, in: ibid, S. 3.

19 1956 „Wie wohnt die Welt", 27. Oktober bis 18. November 1956; 1959 „Das Familienhaus", 14. November bis 6. Dezember 1959, beide im Österreichischen Museum für angewandte Kunst.

20 Wilhelm Mrazek, Wie wohnt die Welt – Wie wohnt man in Österreich, in: Alte und Moderne Kunst, Heft 4, 1956, S. 35–39.

21 Presseaussendung 1954 und Mitteilung an die Mitglieder vom 15. Oktober 1953, ZV Archiv.

22 Laufzeit vom 17. September – 10. Oktober 1954.

23 Im ZV-Archiv hat sich das Typoskript seiner Rede erhalten.

24 Friedrich Zotter, Der Architekt und die Gesellschaft, S. 3; Franz Schuster, Der Architekt, der berufene Gestalter unserer Umwelt, S. 11; Theodor Schöll, Der Architekt als Anwalt, S. 19; Max Fellerer, Die Formensprache der modernen Architektur, S. 27; alle in: Architektur in Österreich 1945–1954, Sonderheft, Der Bau, September 1954.

25 Im Österreichischen Museum für angewandte Kunst vom 20. Oktober bis 12. November 1961.

26 Österreichisches Museum für angewandte Kunst, Österreichische Architektur. Eine Ausstellung der Zentralvereinigung der Architekten Österreichs im Österreichischen Museum für angewandte Kunst, Wien 1961, Sonderheft des Bau, Oktober 1961, Wien 1961.

27 Max Fellerer (1945–1951), Siegfried Theiß (1951–1955).

28 Erich Boltenstern (1956–1961).

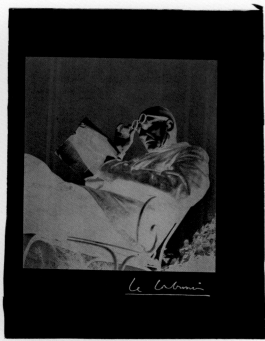

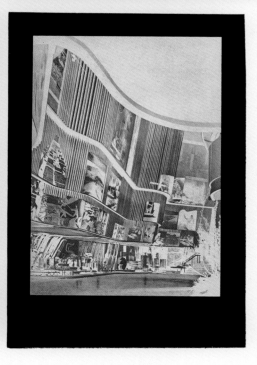

Vier Fotoglasplatten: Willem M. Dudok, Rathaus Hilversum, 1932 / Porträt Le Corbusier / Josef Hoffmann, Palais Stoclet, Brüssel 1911 / Alvar Aalto, Finnish Pavilion, New York, 1939

Drei Fotoglasplatten: Le Corbusier, Unité d'Habitation, Marseille, 1952 / Otto Wagner, Villa Wagner II, Wien, 1912/13 / Peter Behrens, Alexander Popp, Tabakfabrik, Linz, 1935

Drei Fotoglasplatten: Gerhard Garstenauer, Halle, o. A. / Percy Faber, Haus der Magnesitwerke, Wien, 1954 /
Ferdinand Schuster, Stadionbad, Kapfenberg, 1951

„Die Welt netter einrichten"   *Das Baugeschehen in Österreich nach 1945 im Spiegel der ZV-Zeitschrift* Der Bau

Chefredaktion von Hans Adolf Vetter (dem Sohn des Mitbegründers des Österreichischen Werkbunds Adolf Vetter), leitende Redakteurin war die Wiener Kunsthistorikerin Erika Kriechbaum. Im Austrofaschismus wurde das Medium der ZV zusätzlich zum Organ des rechtslastigen Neuen Werkbunds Österreich.[2] Bezeichnenderweise sollte in den frühen 1950er-Jahren gerade die Zeitschrift *profil* – sowohl in redaktioneller als auch in personeller Hinsicht – Anknüpfungspunkte für die publizistischen Aktivitäten der ZV bieten.

Die zunächst mit dem Wiener Stadtbauamt getroffene Vereinbarung, die Vereinsmitteilungen der ZV (redigiert von Architekt Friedrich Schlossberg) regelmäßig in der 1946 gegründeten Zeitschrift *Der Aufbau* erscheinen zu lassen, ist als Übergangslösung zu verstehen, die das Bedürfnis der ZV nach einem eigenen „Organ" eher nährte als stillte. Die Begrenztheit der Veröffentlichungen im einflussreichen Fachmedium des Wiener Stadtbauamts kommt in den Sitzungsprotokollen der ZV wiederholt zur Sprache. So nahm der Verwaltungsausschuss etwa zu der Frage, ob in *Der Aufbau* über Streitfälle berichtet werden solle, eine ablehnende Haltung ein, da man keine „Schmutzwäsche der Architektenschaft in der Öffentlichkeit" waschen wolle.[3]

1949 trat die ZV mit der ab 1946 in Graz herausgegeben Zeitschrift *Der Bau. Monatszeitung für jedermann* in Kontakt, die auf Initiative des ehemaligen Bauzeichners Franz Pirker[4] und nach Bewilligung der britischen Behörden B. W. P. (The British Way and Purpose) als volkstümliches Monatsblatt erschienen war und sich den „Bausorgen" des einzelnen Bürgers sowie der Vermittlung des traditionsgebundenen Einfamilienhauses verschrieben hatte. Als sich im 3. Jahrgang unter dem Einfluss der Technischen Hochschule in Graz und der ZV, Landesgruppe Steiermark, der Wandel von der volkstümlichen Zeitung zum seriösen Fachblatt abzeichnete, übernahm die ZV in Wien 1949 die Aufgabe, die Grazer Redaktion zu unterstützen, Publikationsmaterial zu beschaffen und das Niveau der Zeitschrift zu heben.[5] Mit dem Sonderheft „24 Einfamilienhäuser" stieg die ZV offiziell in das Medium *Der Bau* ein, mit dem ersten Heft des Jahrgangs 1950 brach auch in grafischer und redaktioneller Hinsicht eine neue Ära an.[6]

Der damals 47-jährige Architekt und Architekturpublizist Stephan Simony (1903–1971), der in den 1930er-Jahren die ZV-Zeitschrift *profil* redigiert hatte, übernahm nun auf Vermittlung seines Mentors Clemens Holzmeister die alleinige redaktionelle und gestalterische Verantwortung für die Zeitschrift *Der Bau*.[7] Bis 1964 sollte Simony

Die im Nationalsozialismus perspektivlos gewordene Architekturpublizistik Österreichs erfuhr im Informationshunger der Nachkriegszeit einen raschen Aufschwung. Auch die nun in der Berufsvereinigung der bildenden Künstler angesiedelte Zentralvereinigung der Architekten Österreichs (ZV) versuchte, unmittelbar nach 1945 gemeinsam mit dem Österreichischen Werkbund eine neue Architekturzeitschrift nach dem Vorbild des Schweizer *Werk* zu gründen, „als eine Zeitschrift, die auch die benachbarten Künste berücksichtigt".[1] Obwohl dieses Vorhaben aufgrund der Ressourcenknappheit zunächst scheiterte, ließ die ZV in ihren publizistischen Ambitionen nicht locker, zumal die Herausgabe von periodischen Nachrichten seit jeher ein zentrales Werkzeug für den fachlichen Austausch und die Durchsetzung der Vereinsziele war. Schon von 1908 bis 1918 hatte die ZV die *Mitteilungen der Zentralvereinigung der Architekten der im Reichsrate vertretenen Königreiche und Länder* herausgegeben, ab 1924 folgte die von Arthur Roessler redigierte Zeitschrift *Österreichische Bau- und Werkkunst. Illustrierte Monatsschrift* (1927 in *Die Bau- und Werkkunst. Monatsschrift für alle Gebiete der Architektur und Angewandten Kunst, Haus und Heim* umbenannt und 1932 eingestellt). Die Nachfolgepublikation *profil* erschien von 1933 bis 1936, im ersten Jahr noch unter der

„Die Welt netter einrichten"

nun – mehr oder minder im Alleingang – Inhalt und Erscheinungsbild des Mediums prägen. Mit der Trägerschaft der ZV fokussierte sich die vormals volksnahe Zeitschrift rasch auf das Fachpublikum und die Interessen des Berufsstands. Der Aktionsradius des Mediums war von den Aktivitäten und Akteuren der ZV determiniert, zugleich spiegelte sich im *Bau* der 1950er-Jahre die unbestimmte Suche nach einer genuin österreichischen Architektur im Spannungsfeld zwischen traditionsgebundener Moderne und technologischem Fortschritt wider. An den gewählten Themen und repräsentierten Bauten zeigt sich, wie sehr die Nachkriegsarchitektur in Österreich unter dem Einfluss des nationalromantischen Konservativismus stand, wie ihn etwa der Neue Werkbund Österreich unter der Leitfigur des einstigen Staatsrats für Kunst Clemens Holzmeister vertreten hatte. In diesem Kontext mehrten sich auch die Bestrebungen der ZV, Kollegen wie Alvar Aalto (ZV-Ehrenmitglied), Willem M. Dudok (ZV-Ehrenmitglied) und Fritz Janeba einzuladen, um den gemäßigten Kurs der Wiener Nachkriegsarchitektur durch eine internationale Expertise abzusichern. Die auffallende Häufung von „Gesinnungsartikeln" und „Zeitdiagnosen" widerlegt die Annahme, dass der notgedrungene Pragmatismus des Wiederaufbaus für reflexive Debatten keinen Raum gelassen habe.

In einer Periode der Selbstvergewisserung und der Konsolidierung der „moderaten Moderne" stand im Medium der ZV „das Können der freischaffenden Architekten" im Zentrum.[8] Es ist daher nicht verwunderlich, dass standesrechtliche Fragen, die Verteidigung der Rolle der Architektur als Teil der freien Künste und die maximale Einbindung freischaffender Architekten in das enorme Bauprogramm der 1950er-Jahre das redaktionelle Programm der Zeitschrift bestimmten. Der Hegemonieanspruch einer Vereinigung, die den großen Bauherren der Stadt- und Landesregierungen auf Augenhöhe gegenübertreten wollte, erklärt die kritische Tendenz zahlreicher Beiträge. Beklagt wurden vor allem die gestalterische Bevormundung der „anonymen Mächte der Behörden", die Zwangspartnerschaften unter Architekten und die grassierende „Mansarderitis" (gewinnmaximierende Ausnutzung des Dachgeschosses) im kommunalen Wohnungsbau.[9] Die freischaffenden Architekten verteidigten in *Der Bau* die Autorschaft des Einzelnen gegenüber dem – wie der Philosoph Zygmunt Bauman es ausdrückte – „homogenisierenden Druck der Allgemeinheit" und behielten allen entscheidungsmächtigen Institutionen gegenüber ein kritisches Moment.[10] Um sich die

Fritz Janeba
* 19.12.1905, Wien
Abschluss:
Kunstgewerbeschule
Wien (1930), Akademie der
bildenden Künste (1933)
ZV-Mitglied ab 1935

Aussicht auf Aufträge nicht zu verbauen, blieben die kritischen Stimmen gegenüber dem Paternalismus der Bauverwaltung allerdings hinter bis heute nicht entschlüsselten Pseudonymen wie „Taurus" und „Thymian" verborgen.

Stephan Simony: „Die Welt netter einrichten"

Simony publizierte unter seinem eigenen Namen – dennoch blieb er in der österreichischen Architekturhagiografie ein unbeschriebenes Blatt. Am ehesten ist er im Zusammenhang mit der Per-Albin-Hansson-Siedlung West bekannt, der ersten größeren „Nachbarschafts"-Siedlung der Stadt Wien nach Ende des Zweiten Weltkriegs, an deren Planung Simony mit Eugen Wörle, Franz Schuster und Friedrich Pangratz beteiligt war. Simony – „von stets vornehmer Haltung und gewissenhaftester Sachlichkeit"[11] – war Sohn des gleichnamigen Malers, Enkel eines Musikkritikers und Neffe des Architekten Leopold Simony, bei dem Clemens Holzmeister einst studiert hatte. Nach seinem Diplom bei Josef Hoffmann (ZV-Ehrenmitglied) an der Wiener Kunstgewerbeschule studierte Simony von 1925 bis 1928 an der Akademie der bildenden Künste bei Clemens Holzmeister, in dessen Büros in Wien und Berlin er in der Folge bis 1931 arbeitete

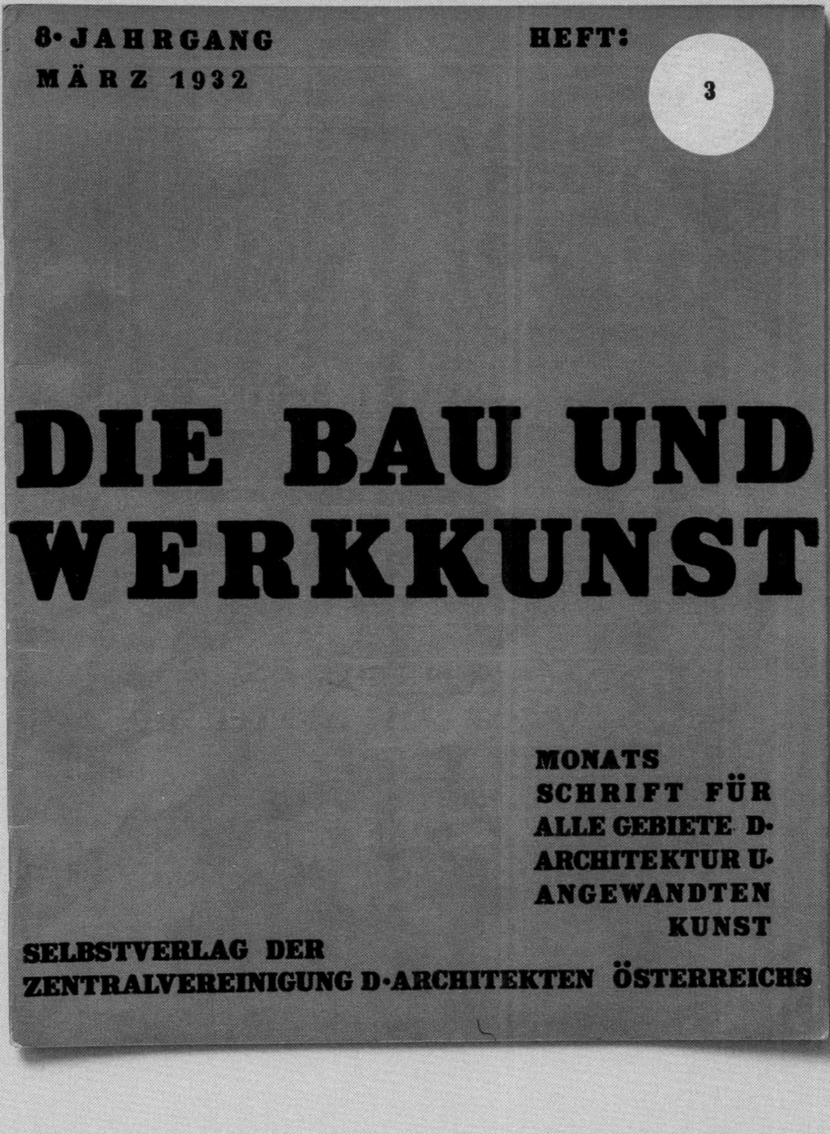

8·JAHRGANG
MÄRZ 1932

HEFT:

3

DIE BAU UND WERKKUNST

MONATS
SCHRIFT FÜR
ALLE GEBIETE D·
ARCHITEKTUR U·
ANGEWANDTEN
KUNST

SELBSTVERLAG DER
ZENTRALVEREINIGUNG D·ARCHITEKTEN ÖSTERREICHS

Cover der ZV-Zeitschrift *Die Bau und Werkkunst*, 1932

profil

JOSEPH BINDER

NEUE UND **ALTE**
KATHOLISCHE
KUNST

8

1. JAHRGANG
AUGUST 1933

ÖSTERREICHISCHE
MONATSSCHRIFT FÜR
BILDENDE KUNST
HERAUSGEGEBEN VON DER
ZENTRALVEREINIGUNG DER
ARCHITEKTEN ÖSTERREICHS

Cover der ZV-Zeitschrift *Profil,* 1933

Friedrich Pangratz
* 07.11.1910, Wien
Abschluss:
Technische Hochschule
Wien (1934)
ZV-Mitglied ab 1936

und danach als freischaffender Architekt tätig war. Ab 1932 war er Mitglied der ZV, ab 1934 redigierte er die ZV-Zeitschrift *profil*. Im Sommer 1938 wurde er von Holzmeister in die Türkei „berufen", wo er in dessen Atelier bei der Projektierung des Parlamentsgebäudes für Ankara „wertvolle Arbeit geleistet hat".[12] Während der Kriegsjahre war er Holzmeisters Assistent an der technischen Hochschule in Istanbul, dann bis 1944 Dozent für Freihandzeichnen. Von 1944 bis 1946 war Simony mit seiner Frau „zufolge der Kriegsereignisse interniert, respektive im Asyl in der Türkei".[13] Nach Kriegsende bemühte sich Holzmeister vergeblich, Simony seine alte Stelle an der technischen Hochschule in Istanbul wiederzubeschaffen. Er wendete sich an die ZV mit der Bitte, der Verband möge sich doch „für das Schicksal des Kollegen Simony interessieren und seine Heimkehr nach Wien ermöglichen".[14] Nach kurzer Kriegsgefangenschaft in Pisa kehrte Simony Anfang 1947 nach Wien zurück. Auf Empfehlung von Karl Kupsky und Hermann Aichinger erhielt er die Architektenbefugnis und war von nun an (meist in Arbeitsgemeinschaft mit dem aus Vorarlberg stammenden Architekten Josef Heinzle) freischaffend tätig. Simony wurde gleich nach seiner Rückkehr nach Wien bei einer der ersten Sitzungen der ZV in den Verwaltungsausschuss kooptiert[15], und man kann davon ausgehen, dass

ihm daran gelegen war, an seine publizistische Tätigkeit aus den 1930er-Jahren anzuknüpfen. Ab 1950 trat er nun als alleiniger Redakteur von *Der Bau* als Verfasser nahezu sämtlicher Beiträge in verschiedenen Rubriken in Erscheinung. In der Generalversammlung der ZV im Juli 1951 wurde die Entwicklung der Zeitschrift *Der Bau* unter der „aufopfernden Redaktionstätigkeit des Kollegen Simony"[16] anerkennend hervorgehoben, aus einer zuvor „unansehnlichen Zeitschrift" habe sich innerhalb eines Jahres ein ernst zu nehmendes Fachblatt entwickelt. Dieses Lob des „unermüdlich und uneigennützig" tätigen Simony sollte von da an in keinem der ZV-Protokolle der 1950er-Jahre fehlen.

Die Blattlinie der Ära Simony lässt sich mit dem Topos der „moderaten Moderne" umreißen – den großen Leitfiguren der Moderne wie Le Corbusier (ZV-Ehrenmitglied) oder Ludwig Mies van der Rohe schlug – nicht anders als in *Der Aufbau* jener Jahre – verhaltene Skepsis entgegen. Das in der Wiederholung fast überbetonte Bekenntnis zu einer gemäßigten Moderne ist in den unterschiedlichen Beiträgen des *Bau* jener Jahre fast immer mit einem Hinweis auf das Menschliche im Bauen verbunden, so auch in der Rubrik „So baut die Welt", in der Simony das Streben nach klarer Architektur in anderen Ländern pries und in der „Ordnung" und im „Gleichgewicht" die Grundlage für den Aufbau einer neuen Welt erkannte, denn: „Das Liebenswerte wird dann hinzutreten."[17]

Generell wird in den Berichten der frühen 1950er-Jahre – sei es explizit in abgedruckten Vortragstexten, sei es implizit in den kurzen Projekterläuterungen – die „humane Seite" des Bauens hervorgehoben. Sie war verbunden mit einer anzustrebenden Sachlichkeit, die sich sowohl vom Funktionieren einer bloßen Zweckarchitektur als auch von den Ästhetizismen der Bauhaus-Avantgarde unterscheiden möge. Damit wurde unter dem Mantelbegriff des „Humanen" ein Architekturverständnis prolongiert, in dem technologische Erneuerung und nationaler Traditionalismus verschwammen. Der häufig verwendete Begriff der „Sachlichkeit" wird mit humanistischen Idealen unterfüttert und wiederholt gegen Attribute wie „Nüchternheit", „Seelenlosigkeit" oder „Schematismus" abgegrenzt.

Blättert man die Hefte mit einem Fokus auf die publizierten Projekte durch, tritt das in der Textebene vermittelte Krisenbewusstsein in den Hintergrund. Es wurde anhand der repräsentierten Bautypologien suggeriert, die dringlichsten Fragen des Wiederaufbaus seien längst einer Hinwendung zu Bauaufgaben gewichen, die den wirtschaftlichen Aufschwung des Landes widerspiegelten.

„Die Welt netter einrichten"

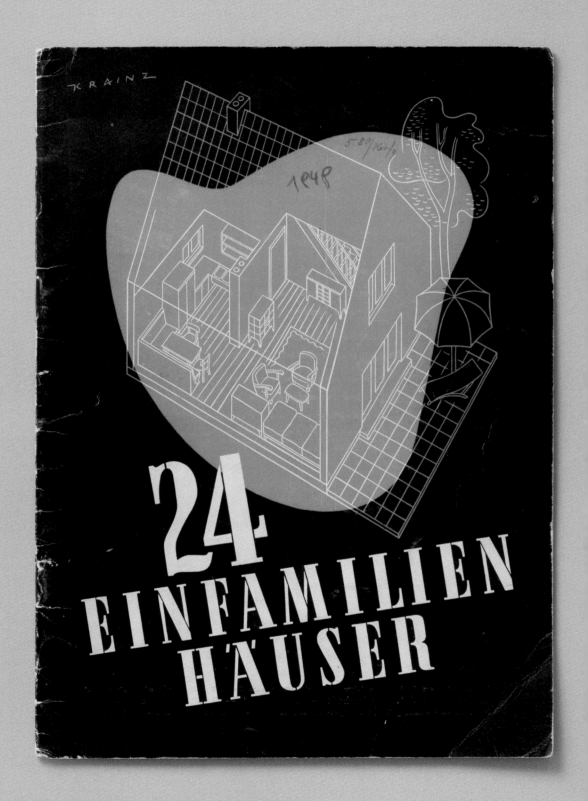

Cover der ersten ZV-Zeitschrift *Der Bau* nach 1945, Sonderheft, 1950

Alfred Soulek
* 11.07.1909, Wien
Abschluss:
Kunstgewerbeschule
Wien (1929),
Akademie der bildenden
Künste Wien (1935)
ZV-Mitglied ab 1946

Auf die Vorstellung der Bar- und Expressi-Entwürfe von Oswald Haerdtl, Rudolf Vorderegger, Anton Potyka und zahlreichen Ladenbauten von Karl Schwanzer, Wilhelm Cermak, Alfred Soulek und Felix Hasenöhrl in Heft 1/2 von 1952 folgt beispielsweise mit dem Heft 9/10 desselben Jahrgangs gleich nochmals eine Ausgabe, die in Bild, Plan und Beschreibung Hotel- und Gasthausentwürfe von Willi Stigler, Hans Fessler, Felix Torggler und Otto Mayr sowie von Oswald Haerdtl, Carl Witzmann, Zellinger-Perotti, Leopoldine Kirschner und Viktor Reiter präsentiert. Auch in diesem Zusammenhang plädierte Simony für eine zeitgenössische Haltung jenseits einer Flucht in die Vergangenheit, die er als „bedenkliche Krankheitserscheinung" bezeichnet. Kein „Gschnasfest am hellichten Tage" dürfe die Antwort von Architekturschaffenden auf die Unzufriedenheit der Menschen mit einer unschönen Welt sein, sondern sie hätten dafür zu sorgen, „dass die Welt eben ein wenig netter eingerichtet wird".[18]

Man könnte fast alle *Bau*-Ausgaben der 1950er-Jahre unter dieses Motto stellen, werden darin doch zahlreiche Bauwerke, Geschäftseinrichtungen, Wohnungen und Möbel vorgestellt, die zeigen, welche Annehmlichkeiten eine „netter eingerichtete Welt" zu bieten hatte.

Zwar wurde in *Der Bau* fortwährend ein Bekenntnis zur Moderne abgelegt, doch beugten sich die kommunalen Wohnungsbauten der Nachkriegszeit zunächst bereitwillig dem Dogma einfacher Grundformen, die in den führenden Fachmedien jener Jahre vor allem von Franz Schuster zum Inbegriff des „Ehrlichen" stilisiert worden waren. In diesem Kontext bilden nicht die Spitzenwerke der internationalen Moderne, sondern die anonyme Baukultur eine angemessene Referenz: Wie zur Bekräftigung der Möglichkeit, in der Vergangenheit etwas Lebendiges zu erblicken, ohne damit zur Flucht in eine vergangene Formenwelt aufzufordern, zeigt *Der Bau* 1955 in der Rubrik „Ja und Nein" die Fotografie eines schmucklosen Neubaus am Lido in Venedig, der sich, so Simony, „völlig geräuschlos in die Zeile schöner alter Häuser" einfügt.[19]

Kontinuität der Eliten

Wie sehr Simony zu Beginn der 1950er-Jahre an seine publizistische Erfahrung aus den 1930er-Jahren anschloss, zeigt sich im direkten Vergleich der beiden ZV-Organe *profil* und der *Der Bau*. Die Ähnlichkeiten kommen nicht nur in der äußeren Physiognomie (gleiches Format, gleiche Schrifttype, ähnliche Rubriken), sondern auch im redaktionellen Programm und der kulturkonservativen Blattlinie zum Vorschein. Zwar fehlen in *Der Bau* der 1950er-Jahre die Berichte über Ritterrüstungen, liturgische Gerätschaften und Bauernstuben, die ab 1934 im *profil* allmählich die Häuser und Einrichtungsgegenstände der Wiener Moderne verdrängt hatten, doch ist auch in *Der Bau* der reaktionäre Geist des neuen Werkbunds spürbar. Da sich die präsentierten Entwürfe trotz eines Abstands von zwei Jahrzehnten in formaler Hinsicht ähneln und großteils von denselben Architekten stammen, wurde in medialer Hinsicht – unausgesprochen und unhinterfragt – eine Brücke von den 1930er- zu den 1950er-Jahren geschlagen. Simony führte, teilweise im direkten Rückgriff auf das *profil*, eine Reihe alter bzw. neuer Rubriken ein. Die pointierten Kurzmeldungen zu Beginn der Hefte in *Der Bau* entsprechen in Themenwahl und Tonfall exakt den Kunstnachrichten im *profil*. In *Der Bau* der 1950er-Jahre lebte auch die Vorliebe Simonys für Bühnenbildgestaltungen neuerlich auf, was ihm nicht zuletzt Gelegenheit gab, die Bühnenbildentwürfe von Clemens Holzmeister ausgiebig zu würdigen. In der 1950 neu eingeführten Rubrik „Junge Architekten" wurden Arbeiten von Studierenden aus den Klassen der Professoren Oswald Haerdtl, Otto Niedermoser, Clemens Holzmeister, Erich Boltenstern und Siegfried Theiss

„Die Welt netter einrichten"

(ZV-Ehrenpräsident) vorgestellt. Die Serie wäre treffender mit „Alte Meister" übertitelt worden, steht hier doch eher die Lehrkompetenz der Meisterklassenleiter als die Qualität der Projekte von Studierenden im Fokus. In der Rubrik „xy spricht" kam im Bereich der bildenden Kunst regelmäßig der Maler, Schriftsteller und Akademieprofessor Albert Paris Gütersloh zu Wort.

Im Verlauf der 1950er-Jahre entwickelte *Der Bau* ein redaktionelles Profil, das mit großer Stabilität bis weit in die 1960er-Jahre hineingetragen wurde. Das Themenspektrum der publizierten Architektur, in dem Bühnenbildgestaltungen, Plakatkunst sowie kleine und temporäre Bauaufgaben bevorzugt behandelt wurden, war meist typologisch gebündelt, wobei Simony die einzelnen Projekte mit griffigen Zwischenüberschriften zu lockeren Narrativen zusammenfasste. Dieses Stilmittel, heterogene Beiträge durch semantisch aufgeladene Bildlegenden oder Zwischentitel zu verknüpfen, ist beispielsweise auch für Karl Paweks raffinierte Fotokonstellationen in der Zeitschrift *Magnum*[20] typisch, jedoch mit dem Unterschied, dass in *Magnum* auf visueller *und* sprachlicher Ebene Differenz und Ähnlichkeit in Schwebe bleiben, während in *Der Bau* die zufällige Abfolge der präsentierten Projekte durch Zwischentitel eine gewisse Folgerichtigkeit ausstrahlen sollte.

Im Jahrgangsquerschnitt der Heftfolgen fällt die redaktionelle Bemühung auf, zwischen dem dokumentierten Baugeschehen Wiens und den aktuellen Beispielen aus den Bundesländern ein ausgewogenes Verhältnis zu wahren. Sehr gut dokumentiert sind etwa die Neubauten und Planungen in Linz, Graz, Salzburg und Innsbruck. Simony, der – wie den Vorstandsprotokollen der ZV zu entnehmen ist – auf ein dichtes Netzwerk der ZV-Landesverbände zurückgreifen konnte, pflegte den Kontakt zu Kollegen aus den Bundesländern bzw. wurde von diesen laufend über neue Projekte informiert. Jahre später sollte sich eine Gruppe junger Architekten gerade gegen diese als lähmend empfundene redaktionelle Praxis auflehnen und den *Bau* als Zeitschrift mit revolutionärem Anspruch völlig neu positionieren.[21]

Das Können der freien Architekten

Die in *Der Bau* veröffentlichte Projektvielfalt, die in der historischen Nachbetrachtung trügerisch als Zeitspiegel erscheint, ist stark von den Mitgliedern der ZV und den subjektiven Einschätzungen des alleinigen Redakteurs geprägt. Simony begleitete mit großer Beständigkeit das Werk von Kollegen

Fritz Alexander Grünberger
* 20.09.1919, Wien
Abschluss: Höhere Technische Lehranstalt Breslau
ZV-Mitglied ab 1946

wie Fellerer und Wörle, Theiss und Jaksch, Erich Boltenstern, Otto Niedermoser, Carl Appel, Carl Auböck, Franz Schuster, Roland Rainer, Oswald Haerdtl und Karl Schwanzer, aber auch von Friedrich Euler und Herbert Thurner, Felix Hasenöhrl, Ferdinand Kitt, Anna Praun, Richard Praun, Anton Potyka, Maria und Karl Mang, Ceno Kosak, Alfred Soulek, Roland Starzen, Rudolf Vorderegger, Eugen Wachberger und Friedrich Zotter. Aus den Bundesländern tauchten in jenen Jahren vor allem die Namen von Hans Fessler, Otto Mayr, Hubert Prachensky, Willi Stigler, Gottfried Zellinger und Artur Perotti wiederkehrend auf. *Der Bau* übernahm ab 1950 die Rolle, das Schaffen der freien Architekten anhand von zivilen Bauaufgaben abseits des kommunalen Programms der Stadt Wien zu dokumentieren. Schnittmengen mit *Der Aufbau* ergaben sich nur bei den städtischen Prestigeprojekten des Wiederaufbaus wie dem Strandbad Gänsehäufel von Fellerer und Wörle, der Per-Albin-Hansson-Siedlung West von Schuster, Pangratz, Wörle und Simony, dem Kindergarten „Schweizer Spende" von Franz Schuster, dem Ringturm von Erich Boltenstern oder der Wiener Stadthalle von Roland Rainer. *Der Bau* widmete sich dem konsumfreudigen, kleinmaßstäblichen Repertoire wie Laden-bauten, Gaststätten, Hotels, Kinos, Espressi, Autosalons, Messebauten, Ausstellungsgestaltungen,

DER
BAU

HERAUSGEGEBEN

UNTER MITWIRKUNG DER

ZENTRALVEREINIGUNG

DER ARCHITEKTEN·

1950   HEFT   3/4

BADEANLAGEN

SCHULBAUTEN

EINFAMILIENHÄUSER

Cover der ZV-Zeitschrift *Der Bau* mit der Uhrturm-Treppe des Strandbads Gänsehäufel, 1950

der BAU

1 **1957**

Cover der ZV-Zeitschrift *Der Bau* mit geändertem Design, 1957

Büroeinrichtungen, Interieurs, Bühnenbilder, Einfamilienhäuser und Möbel. Die Affinität zur kleinen Architektur ergab sich aus der Tatsache, dass freie Architekten nach der ersten Phase des Wiederaufbaus abseits des kommunalen und genossenschaftlichen Wohnbaus im privatwirtschaftlichen Segment der kleinen Bauaufgaben ein reiches Betätigungsfeld fanden. Auch Mosaiken, Steinplastiken, Stoffentwürfe und Gebrauchsgrafiken sind in *Der Bau* Teil eines weit gefassten, in der Werkbund-Tradition wurzelnden und katholisch geprägten Kulturbegriffs. Dass temporäre Architekturen wie Ausstellungs- und Messegestaltungen sowie Ladenbauten und Bühnenbilder in den Heften von *Der Bau* ab 1950 einen überproportional hohen Stellenwert genossen, hatte unter anderem mit den Arbeitsschwerpunkten von Simony zu tun. Als praktizierender Architekt zeigte er keine Scheu, auch eigene Projekte im Heft zu präsentieren.

Je nach Heftschwerpunkt gelang Simony eine abwechslungsreiche Tour d'horizon der moderat modernen Architektur der 1950er-Jahre, die sich zu neuer Leichtigkeit aufschwang – und nirgendwo aneckte. Die pointierten Kurzberichte im vorderen Heftteil (Berichte, Buchbesprechungen, Wettbewerbe, Ausstellungsberichte, Kommentare zur Kulturpolitik) wurden immer häufiger von aufwendig gestalteten Firmeninseraten flankiert, die den wirtschaftlichen Aufschwung des Landes bezeugten. Lustvoll und mit grafikbetonten Motiven breitete Simony den typologischen Fächer einer aufstrebenden urbanen Konsumgesellschaft aus.

Der Bau erfreut sich an den Resultaten einer aufblühenden Bauwirtschaft und deren werkbundgetreuer Verfeinerung im Alltagsdesign. In der Coverbildsprache gibt *Der Bau* der Nahperspektive auf Baudetails, Innenräume, Einrichtungsgegenstände, Wandmosaike oder Dekorstoffe den Vorzug. Die im Geschmackskodex der humanen Einfachheit kultivierten Interieurs wurden einerseits bildsprachlich dramatisiert, andererseits durch genaue technische Angaben auf der semantischen Ebene versachlicht. Den effektvoll ausgeleuchteten Architekturen (vorzugsweise von Lucca Chmel fotografierte Ladenbauten, Espressi, Wohnungseinrichtungen), die den dargestellten Räumen den Charakter von Bühnenbildern verliehen, fügte Simony präzise Materialangaben bei. Ein Legendenbeispiel aus dem Jahrgang 1953 verdeutlicht diese Detailgenauigkeit: Die Innenaufnahme des Nationalbankgebäudes in Linz von Erich Boltenstern und Eugen Wachberger erhielt nicht einfach den Vermerk „Innenansicht Halle", sondern wurde mit Zusatzinformationen angereichert: „Halle. Wand elfenbein, Boden Untersberger heller und grüner

Marmor, Möbel Kirsch und Nuß mit Messinggußkörpern, Lamellenwand Nuß-Ahorn, Leder grün und rot matt."[22]

Der Redakteur Simony zog sich auf die „dramaturgische" Rolle des Fachmanns zurück, um die von ihm arrangierte Bautenauswahl durch Zwischentitel in ein narratives Kontinuum und technische Informationen in ausführliche Bildlegenden zu betten. Gerade diese technisch informierten Bildtexte verleihen der Stimme des alleinigen Referenten eine solide Sachlichkeit und bringen die fotografisch repräsentierten Objekte in der Faktizität ihres Gemachtseins zur Wirkung.

Die Flut moderner Bauten

Der Bau versuchte, die Fülle der zu erfassenden Neubauten in ihrer thematischen und regionalen Diversität in Themen- und Sonderheften publizistisch zu bewältigen. Dieses Unterfangen gestaltete sich mit zunehmendem Bauvolumen von Jahrgang zu Jahrgang schwieriger. In einer Arbeitssitzung vor dem ersten Bundestag der ZV am 27. November 1959 in Innsbruck unterbreiteten Architekten aus den Bundesländern den Vorschlag, ob es nicht möglich wäre, die Zeitschrift *Der Bau* weiter auszubauen und zwölf Hefte erscheinen zu lassen und immer je ein Heft für je ein Bundesland zu bestimmen. Erich Boltenstern verwies auf das ehrenamtliche Engagement Stephan Simonys, der mit sechs Heften pro Jahr vollkommen ausgelastet sei. Er forderte die Kollegen aber auf, Publikationsmaterial nach Wien zu senden.[23]

Für die ökonomische Entwicklung des Mediums ist die Konzentration von *Der Bau* auf eine immer dichtere Dokumentation des aktuellen Baugeschehens in Österreich kein Nachteil. Zusätzlich zu den Inseratenseiten tauchten in den ausklingenden 1950er-Jahren in *Der Bau* vermehrt redaktionelle Produktberichte auf, die anhand eines konkreten Baubeispiels die Anwendung eines bestimmten Werkstoffs zeigen. Gleichzeitig waren zu diesem Zeitpunkt situationskritische Berichte oder architekturtheoretische Reflexionen fast zur Gänze aus den Heften verschwunden, wenn man von fallweisen Zusammenfassungen von Vorträgen von ZV-Gästen und den launigen Kommentaren Simonys absieht. Die „Flut moderner Bauten"[24] wurde in den Fachmagazinen der 1950er- und 1960er-Jahre mit großem Bilanzierungseifer dokumentiert, aber weder kontextualisiert noch in größeren Zusammenhängen reflektiert. Zunehmend stießen die Fachzeitschriften in ihrer Chronistenpflicht an Grenzen, die den Ruf nach einer

„Die Welt netter einrichten"

SO BAUT DIE WELT

Seit dem Beginn dieses Jahrhunderts ist die Gestaltung von Fabriksanlagen bewußt zu einer besonderen Aufgabe der Architekten geworden. Schon eine frühere Zeit — denken wir etwa an Ledoux — befaßte sich mit diesem Problem, doch war damals der Fabriksbau mehr Gelegenheit zur Erprobung klassizistischer Formprobleme, während es heute nicht darum geht, Industrieanlagen mit einem vorausbestimmten Formenkanon zu überziehen, sondern drei wesentlichen Forderungen gerecht zu werden: die Gliederung eines Industriekomplexes dem organischen Ablauf der Produktion anzupassen, die Arbeitsstätten so schön zu gestalten, daß die Arbeitenden mit Freude ihrer Pflicht nachgehen, das Gesicht der Fabriken so zu bilden, daß sie nicht wie eine Kaserne, ein englisches Schloß oder ein Tempel aussehen, sondern eben wie eine Fabrik. Das letzte Jahrzehnt hat manche bedeutende Schöpfung dieser Art entstehen lassen. Daß auch sie manchmal selbst an vorzüglichsten Leistungen vielleicht unbewußt bis zur Grenze des Tempelähnlichen sich fortentwickelt haben, mag eine Warnung sein, eben diese Grenze zu respektieren.

338, 339 Architekten E. Eiermann-R. Hilgers, Textilfabrik Blumberg, Südbaden. Kesselhaus und Maschinensaalbau „Werk"

340 Architekten Saarinen, Saarinen & Ass., General Motors Technical Center, Detroit. Das Dynamometergebäude mit den Exhaustoren. „The Magazine of Building"

341 Architekten Saarinen, Saarinen & Ass., General Motors Technical Center, Detroit. Werkstatt- und Bürogebäude. „The Magazine of Building"

240

profunden Architekturkritik lauter werden ließen, die Anfang der 1960er-Jahre in der Tagespresse neu erblühte.

Im historischen Rückblick erfüllte *Der Bau* eine Funktion, die nicht zu kalkulieren war: Das Medium wurde zum Erinnerungsträger einer Architektur, die nach und nach aus dem Stadtbild verschwand. Im Verschwinden begriffen (und neu zu entdecken) waren und sind auch die Namen vieler Verfasser. Auf diese Weise sind nicht nur Bauwerke, sondern auch Zeitschriften „Zeitmaschinen" (Wolfgang Mistelbauer). Unbemerkt verwandelte sich darin die veröffentlichte Architektur vom einstigen Surrogat des aktuell Rezipierten in ein mediales Dokument mit Geschichte und unabsehbarer Zukunft.

1   Protokoll der Generalversammlung der ZV am 4. November 1947, S. 5; Tätigkeitsbericht der ZV vom 2. März 1948; Archiv der ZV (Vorstandsitzungen 1945–1949). Das ab 1914 vom Schweizer Werkbund herausgegebene Periodikum Werk genoss in der Fachwelt hohes Ansehen und diente zahlreichen Zeitschriftenherausgebern nach 1945 als Vorbild.

2   Clemens Holzmeister, gut vernetzter Präsident der abgespaltenen Vereinigung, hatte beim Unterrichtsministerium erfolgreich um finanzielle Unterstützung angesucht; vgl. Wilfried Posch, Clemens Holzmeister. Architekt zwischen Kunst und Politik, Salzburg 2010, S. 253.

3   Allgemeine Richtlinien zur Beantwortung des Elaborats vom 15. Januar 1948; Archiv der ZV (Protokolle der Generalversammlungen).

4   Franz Pirker, der – selbst kriegsversehrt – in Graz als „Umschulungslehrer für Invalide im Baufach" tätig war, hatte 1946 die schmale Broschüre Volkstümliches Bauzeichnen herausgebracht, die mehrere Auflagen erreichte.

5   Generalversammlung der ZV vom 14. April 1950; Archiv der ZV (Vollversammlungen 1950–1954).

6   Generalversammlung der ZV vom 14. April 1950; Archiv der ZV (Protokolle 1950–1954). Im Impressum wird weiterhin die Grazer Adresse angeführt, zusätzlich scheint das Vereinslokal der ZV in der Johannesgasse 12/4 als Redaktionsadresse auf. Als Verleger firmiert bis Ende 1951 weiterhin das „Pirker Verlag, Graz, Verlag für technische Bücher und Schriften". Dieser verabschiedet sich „infolge einer Abberufung auf ein anderes Arbeitsgebiet" in Heft 5/6 des Jahrgangs 1951, danach verliert sich seine Spur.

7   Ab 1952 erschien die Zeitschrift im Österreichischen Fachzeitschriften-Verlag (1970 Umbenennung in Bohmann-Verlag). Im Archiv der ZV befindet sich eine vertragliche Vereinbarung zwischen ÖFZV und ZV vom 12. März 1952; Archiv der ZV (Protokolle der ZV 1952).

8   Offener Brief von der ZV an Stadtrat Thaller, in: Der Bau, Heft 1/2, 11. Jg., Wien 1956, S. 9–11, bes. S. 11.

9   R. J. B., Kritisch betrachtet …, in: Der Aufbau, Heft 5, 10. Jg., Wien 1955, S. 195.

10 Zygmunt Bauman, Leben in der Flüchtigen Moderne, Frankfurt am Main 2007, S. 212.

11 Clemens Holzmeister, Stephan Simony (1903–1971), in: Der Bau, Heft 4/5, 25. Jg., Wien 1970, S. 2.

12 Brief von Clemens Holzmeister an die ZV (Tarabya, 12. Oktober 1946), Archiv der ZV (Mitgliedsakten der ZV, Mappe Clemens Holzmeister).

13 Österreichisches Staatsarchiv AT-OeStA/AdR UWFuK BMU PA Sign 3.

14 Brief von Clemens Holzmeister an die ZV vom 25. Oktober 1946. In einem Antwortschreiben der ZV vom 18. November 1946 wird bereits von diesbezüglichen Maßnahmen berichtet; Archiv der ZV (Mitgliedsakten der ZV, Mappe Clemens Holzmeister).

15 Vgl. Protokoll der Generalversammlung der ZV am 4. November 1947 (Archiv der ZV).

16 Tätigkeitsbericht der ZV vom 4. Juli 1951 (Vollversammlungen der ZV 1951, Archiv der ZV).

17 Stephan Simony, So baut die Welt, in: Der Bau, Heft 5/6, 6. Jg., Graz/Wien 1951, S. 119.

18 Stephan Simony, Echtes und Falsches, in: Der Bau, Heft 1/2, 7. Jg., Graz/Wien 1952, S. 119.

19 Stephan Simony: Ja und Nein, in: Der Bau 10, Heft 1/2, Wien 1955, S. 33.

20 *Magnum* (1954–1966) war eine der wichtigsten deutschsprachigen Kulturzeitschriften der Nachkriegszeit, in der die Fotografie einen hohen Stellenwert genoss. Der Chefredakteur Karl Pawek (1906–1983) war Mitbegründer der austrofaschistischen Kulturzeitschrift Die Pause. Der Parteianwärter der NSDAP denunzierte kurz vor Kriegsende drei Widerstandskämpfer, die in der Folge hingerichtet wurden. Pawek wurde im Juli 1945 von einem Volksgericht zu einer dreijährigen Haftstrafe verurteilt und bis zur Amnestie 1957 mit einem Berufsverbot belegt. Unter dem Pseudonym Karl Heinrich wird er ab 1949 als Mitarbeiter und Herausgeber der Zeitschrift Austria International geführt, die man in Bezug auf die Fotoredaktion als Vorläufer zu *Magnum* bezeichnen kann; vgl. Margarethe Szeless, Die Kulturzeitschrift *Magnum*. Photographische Befunde der Moderne, Marburg 2007, S. 46.

21 Hans Hollein, Gustav Peichl, Günther Feuerstein, Walter Pichler, Sokratis Dimitriou und später Oswald Oberhuber bildeten von 1965 bis 1970 die Redaktionsgruppe der neu formierten Zeitschrift Bau. *Schrift für Architektur und Städtebau.*

22 Bildlegende, in: Der Bau, Heft 11/12, 8. Jg., Wien 1953, S. 255.

23 Protokoll einer Arbeitssitzung der ZV am 27. November 1959 in Innsbruck; Archiv der ZV (Sitzungsprotokolle 1959).

24 Benedikt Huber, Architekturkritik oder gilt auch in Österreich, in: Der Bau, Heft 2, 13. Jg., Wien 1958, S. 74f., bes. S. 74.

149, 150 Arch. Karl M...
modengeschäft in Wien...
kaufsraum und ein...
schrank. Möbel aus s...
und Ahorn...

Als erster Teil eines Umbaues wurde der Ve...
fertiggestellt. Decke und Pfeiler sind grau,...
weiß, das Linoleum am Fußboden grün und d...
grün-weiß gestreift.

ZWEI LADENBA...

Im Inneren des Lokales gibt ein großes s...
winkeltes Podium die Möglichkeit, ziemlich...
zu zeigen. Die raumabgrenzende Lambris a...
trägt eine aus Blechplatten zusammenges...
wand, die indirekt beleuchtet wird. Anschli...
eine kleine Probierkabine mit einem Parave...
aus Nußholz.

151, 152 Arch. Wilhe...
Laden für kunstgewe...
modische Wa...

114

seit Jahrzehnten bestehende Wiener Niederlassung
Amerikanischen Medizinischen Gesellschaft eröffnete
lich ihre neuen Klubräume, die in dem Seitentrakt
Kaffeehauses eingerichtet wurden, dessen beträcht-
Raumhöhe von 5.50 m der Gestaltung zugute
Die Gesellschaftsräume befinden sich rechts und
des Vor- und Büroraumes.

153 Architekten Josef Heinzle u.
Stephan Simony, Clubraum. Decke:
braun, Wand: weiß, Fußboden und
Möbelstoffe: dunkelblau, Vorhang:
blau-braun, Wandbild: Foto

154 Der Vorraum mit Rasterdecke,
darüber Leuchtröhren

155 Garderobe im Clubraum

156 Bibliothek. Vorhänge: grün-
weiß, Decke: hellblau, Wände: weiß,
Fußboden: dunkelblau, Möbel: nuß-
braun

Alle Stühle sind handelsübliche
Typenmöbel

Spurensuche nach 223 ZV-Mitgliedern

Analyse der Mitgliederverzeichnisse von 1937 und 1945 des ZV-Landesverbands Wien

Text: Katharina Roithmeier

In der Gegenüberstellung der aus den Jahren 1937 und 1945 stammenden Mitgliederverzeichnissen der Zentralvereinigung der Architekten Österreichs (ZV) wurde der Frage nachgegangen, inwiefern sich die Folgen des in der Zeit des Nationalsozialismus aufgelösten Vereins im Mitgliederstand abzeichneten und welche Wege die Architektinnen und Architekten gezwungen waren einzuschlagen, um ihr Leben angesichts der NS-Verfolgung zu retten bzw. um ihren Beruf weiterhin ausüben zu können. Dabei waren folgende Fragen vordergründig: Welche 1937 verzeichneten Mitglieder traten unmittelbar nach dem Zweiten Weltkrieg wieder in die Zentralvereinigung ein? Welche neuen Mitglieder kamen 1945 hinzu? Und wie verlief ab 1937 der Lebensweg von ehemaligen Mitgliedern, die 1945 nicht wieder eintraten? Ebenso wurde ein Mitgliederverzeichnis aus dem Jahr 1951 herangezogen, um zu klären, ob einzelne Mitglieder aus dem Jahr 1937 zu einem späteren Zeitpunkt wieder in die ZV eintraten. Als wichtigste Quelle stellte sich dabei das Mitgliederverzeichnis aus dem Jahr 1937 heraus, das neben Angaben zum Wohnsitz auch das Jahr des erstmaligen Eintritts in die Zentralvereinigung sowie Titel und Angabe zum Ziviltechnikerstatus ausweist, wodurch bereits erste Anhaltspunkte zum möglichen Lebensalter und zur universitären Ausbildung gewonnen werden konnten. Im Vergleich der beiden Mitgliederverzeichnisse aus dem Jahr 1937 und dem von 1945 stellte sich heraus, dass von den im Jahr 1937 eingetragenen 260 ordentlichen Mitgliedern (weitere 63 außerordentliche Mitglieder) insgesamt nur noch 37 ordentliche Mitglieder (weitere 9 außerordentliche Mitglieder) 1945 wieder eintraten und damit die ZV insgesamt 223 Mitglieder weniger aufwies.

Was geschah mit den im Jahr 1937 verzeichneten und 1945 nicht wieder eingetretenen 223 ordentlichen ZV-Mitgliedern?

Aufgrund der relativ großen Anzahl zu überprüfender Architekten wurde die Untersuchung auf jenen Personenkreis beschränkt, der die ordentlichen ZV-Mitglieder umfasste. Ebenso erfolgte eine Einschränkung der Quellenforschung auf bereits vorhandene, publizierte biografische Quellen bzw. auf diverse Online-Datenbanken.[1] Die aus ihnen gewonnenen Informationen lieferten Rückschlüsse auf den Grund für das Ausbleiben eines Wiedereintritts in die ZV im Jahr 1945, wobei sich eine Unterteilung in drei Gruppen herauskristallisierte, die im Folgenden anhand von Einzelbiografien (siehe Fallbeispiele) beispielhaft kurz aufgezeigt und somit stärker personalisiert werden. Prominente Mitglieder wie Peter Behrens, Oswald Haerdtl, Ernst Plischke, Alexander Popp oder die Büropartner Siegfried Theiss und Hans Jaksch werden hier bewusst nicht genannt, um weniger im kollektiven Gedächtnis präsente Architekten zu beleuchten.

Fallbeispiele der Gruppe 1:
ZV-Mitglieder im Jahr 1937, die in Österreich blieben und 1945 nicht wieder in die ZV eintraten

Bei der ersten Gruppe an ZV-Mitgliedern handelt es sich um jene Architekten, die sich während der NS-Zeit in Wien oder in der „Ostmark" aufhielten und auch nach 1945 in Österreich blieben, jedoch nicht wieder in die Zentralvereinigung eintraten. Dazu zählte unter anderem der wenig bekannte Florian Prantl (geb. Prikryl), der 1887 geboren wurde und nach dem Architekturstudium in der Zwischenkriegszeit sein eigenes Atelier erfolgreich führte.[2] Er war auch als Lehrer an der Staatsgewerbeschule in Wien tätig. Ab den 1930er-Jahren verliert sich seine Spur und es sind keine Bauten mehr von ihm nachweisbar.[3] Erst in der Datenbank des Wiener Zentralfriedhofs konnte sein Sterbejahr, 1968, recherchiert werden.[4] Prantls weitgehend unbekannte Biografie steht beispielhaft für die Vielzahl an

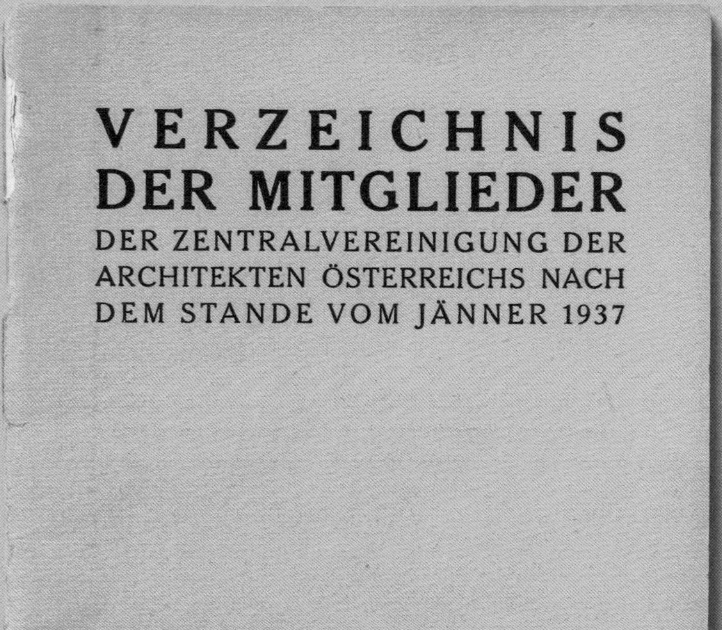

VERZEICHNIS DER MITGLIEDER

DER ZENTRALVEREINIGUNG DER
ARCHITEKTEN ÖSTERREICHS NACH
DEM STANDE VOM JÄNNER 1937

WIEN
1937
VERLAG DER ZENTRALVEREINIGUNG
DER ARCHITEKTEN ÖSTERREICHS

Cover des ZV-Mitgliederverzeichnisses aus dem Jahr 1937

Hans Pfann
* 08.10.1890, Wien
Abschluss: Technische
Hochschule Wien
(1913, Prom. 1924)
ZV-Mitglied ab 1920

ZV-Mitgliedern, die bis 1937 einen erfolgreichen Karriereweg einschlugen, der im Jahr 1938 ein jähes Ende fand, und die in der Nachkriegszeit beruflich nur noch schwer Fuß fassen konnten. Welche Umwälzungen in der Architektenlandschaft spätestens mit dem Jahr 1938 einsetzten und welche neuen Verbindungen sich dadurch zwangsläufig bildeten, zeigt auch die Biografie von Josef Heinzle. Vormals Büropartner von Stephan Simony, der „aufgrund seiner Rolle im Ständestaat in die Türkei emigriert war"[5], ging Heinzle zwischenzeitlich eine Bürogemeinschaft mit Heinz Siller ein, der bis 1938 ebenfalls Mitglied der ZV gewesen war und dessen vormaliger Büropartner Paul Fischel wiederum wegen seiner jüdischen Herkunft in die Emigration getrieben worden war. Mit der Rückkehr Simonys 1945 nach Österreich erfuhr die Bürogemeinschaft mit Heinzle eine Fortsetzung. Dass auch jüdische Architekten während der NS-Herrschaft im Land ausharrten, zeigt die Biografie von Arnold Goldberger, der trotz Entzug der Architektenbefugnis im Jahr 1940 in Wien blieb, wobei bis heute ungeklärt ist, wie ihm dies gelang.[6]

Ebenso gab es selbstverständlich Architekten, die nachweislich beruflich von Aufträgen des NS-Regimes profitierten wie etwa Josef Becvar und Viktor Ruczka. Im Jahr 1933 gegründet, florierte ihre Bürogemeinschaft durch Aufträge wie den Umbau des damaligen Bürgertheaters[7] in Wien 3 oder die Einrichtung des Verkehrswerbebüros des Deutschen Reichs in der Kärntner Straße in Wien 1.[8] Auch in der Nachkriegszeit konnten beide erfolgreich ihre Karrieren fortsetzen. Der ursprünglich aus Murau stammende Architekt Fritz Haas wiederum, ab 1928 als Professor für Hochbau an der Technischen Hochschule Wien und vorwiegend im Kraftwerksbau tätig, wurde bereits im November 1938 zu deren Rektor bestellt. Nach Kriegsende wurde er zwangspensioniert, war jedoch ab 1947 wieder als freischaffender Architekt tätig.

Fallbeispiele der Gruppe 2:
ZV-Mitglieder im Jahr 1937, die in die Emigration getrieben wurden

So positiv sich die Entwicklungen ab dem Jahr 1938 für manche Architekten auswirkten, so zwangen sie gleichzeitig zahlreiche Kollegen aufgrund religiöser oder politischer Gründe in die Emigration, in der sie sich unterschiedlich gut zurechtfanden. So emigrierte der jüdische Architekt Ernst Fuchs (ab 1945 unter dem Namen Ernest Leslie Fooks), nachdem er im Alter von nur 26 Jahren das Doktoratsstudium an der Technischen Hochschule Wien abgeschlossen hatte, im Jahr 1939 gemeinsam mit seiner Ehefrau über Kanada nach Australien, wo ihm eine beachtliche Karriere im universitären Bereich und als freischaffender Architekt und Stadtplaner in Melbourne gelang.[9] Weniger glücklich erwies sich das Schicksal des bei seiner Emigration im Jahr 1939 bereits 74-jährigen jüdischen Architekten Ernst Gotthilf, der gemeinsam mit dem ebenfalls jüdischen Alexander Neumann ab 1909 ein renommiertes Architekturbüro geführt hatte, das sich vor allem mit Bankgebäuden wie dem Wiener Bankvereinsgebäude in der Schottengasse 6–8, Wien 1, einen Namen gemacht hatte. Während sein Büropartner nach Australien emigrierte, flüchtete Gotthilf nach Oxford, Großbritannien, wo er verarmt starb.[10] Als unumgänglich stellte sich auch für den römisch-katholischen Sozialdemokraten Karl Langer und seine jüdische Ehefrau Gertrude Froeschel der Weg in die Emigration heraus. Bereits als Büroleiter bei Peter Behrens und ab 1935 mit einem eigenen Büro erfolgreich tätig, machten sich die beiden im Jahr 1938 über Griechenland auf den Weg nach Australien, wo sie Sydney im Jahr 1939 schließlich erreichten. Zahlreiche Bauten und Stadtplanungsprojekte zeugen von dem weitergeführten Erfolg Langers in Australien.[11]

Lediglich 8 der 37 ehemaligen Mitglieder der Zentralvereinigung der Architekten, die in die

Emigration getrieben wurden, kehrten nach Ende des Zweiten Weltkriegs wieder nach Österreich zurück. Während der bereits erwähnte Stephan Simony, der nach Istanbul-Tarabya (Türkei) ausgewandert war, und Otto Schönthal, der aufgrund der jüdischen Herkunft seiner Ehefrau nach Jugoslawien geflüchtet war[12], unmittelbar nach Kriegsende wieder nach Österreich zurückkehrten, taten dies die wenigen anderen Architekten erst ab Beginn der 1950er-Jahre und später. So kehrte der 1938 aus politischen Gründen nach Italien und 1941 weiter nach Argentinien geflüchtete Architekt Anton Liebe, der in Wien bereits ab 1932 ein eigenes Atelier geführt hatte, erst 1956 nach Wien zurück, wo er im selben Jahr wieder ein Architekturbüro eröffnete.[13]

Nur einer der Auswanderer mit jüdischen Wurzeln verlagerte nach 1945 seinen Lebensmittelpunkt wieder nach Wien. Der Architekt Theodor Mayer kehrte Anfang der 1950er-Jahre, nach sechs Jahren Aufenthalt in London, bereits 77-jährig wieder nach Wien zurück, wo er fünf Jahre später verstarb.[14] Zusätzliche sechs Architekten emigrierten, verstarben aber in den Jahren zwischen 1938 und 1945 und scheinen im Zuge der Auswertung deshalb in der letzten Gruppe jener Architekten auf, die aufgrund ihres Ablebens nicht wieder in die ZV eintraten.

Emil Stejnar
* 10.10.1897, Wien
Abschluss:
Kunstgewerbeschule
Wien (1923),
Akademie der bildenden
Künste (1938)
ZV-Mitglied ab 1947

Fallbeispiele der Gruppe 3:
ZV-Mitglieder im Jahr 1937, die von 1938 bis 1945 verstarben

Zu dieser Gruppe zählen jene Architekten, die nachweislich im Zeitraum von 1938 bis 1945 verstarben, wobei so weit als möglich zwischen vermeintlich natürlichem oder in Verbindung zum NS-Regime stehenden Tod unterschieden wird. Während der überzeugte Nationalsozialist Fritz Zeymer, der mit dem „Anschluss" Österreichs an das Deutsche Reich seinen Beitrag zur Gleichschaltung verschiedener Verbände leistete und unter anderem die Leitung der Sektion „Baukunst" in der Reichskulturkammer übernahm[15], an den Folgen eines Schlaganfalls verstarb, so ereilte einige seiner ehemaligen Kollegen ein tragisches Schicksal. So fiel Werner Theiss, Sohn des Architekten Siegfried Theiss, Mitte April 1945 an der Front in Herzogbierbaum[16], Franz Schacherl floh als Sozialist und Jude zuerst nach Frankreich und später weiter nach Angola, wo er im Alter von 48 Jahren an einem Magengeschwür infolge schlechter ärztlicher Versorgung verstarb.[17] Leopold Steinitz wurde, obwohl bereits 1899 aus der jüdischen

Glaubensgemeinschaft ausgetreten, 74-jährig gemeinsam mit seiner Ehefrau in das Konzentrationslager Theresienstadt deportiert, wo er nur drei Monate später verstarb.[18] Besonders dramatisch zeigt sich das Schicksal Otto Breuers, der nach einem zunächst gescheiterten Suizid in das Sanatorium Purkersdorf eingeliefert wurde, wo er sich schließlich erhängte.[19]

Der Anstieg des ZV-Mitgliederstands im Jahr 1951

Der Abgleich der Mitgliederverzeichnisse aus den Jahren 1937 und 1945 mit dem aus dem Jahre 1951 zeigt ein überraschendes Bild und wiederum gravierende Veränderungen im Mitgliederstand der ZV. So treten 1951 insgesamt 202 ordentliche Mitglieder auf, wobei von den insgesamt 94 neu eingetretenen Mitgliedern im Jahr 1945 nur noch 17 Mitglieder 1951 aufscheinen, das heißt, 77 Personen sind innerhalb von sechs Jahren wieder ausgetreten bzw. verstorben. Hingegen war 1951 ein hoher Zustrom an neuen Mitgliedern, insgesamt 172 Personen, festzustellen, und auch alte, bereits 1937 verzeichnete 11 Mitglieder waren nun wieder in die ZV eingetreten.

Zwei Architekten sind hervorzuheben, nämlich jene, die in allen drei Mitgliederverzeichnissen

1937	1945	1951
260 ordentliche Mitglieder	**144 ordentliche Mitglieder**	**202 ordentliche Mitglieder**

○ **260** o. Mitglieder 1937

○ **37** o. Mitglieder von 1937
◯ **13** a.o. Mitglieder von 1937
◉ **94** neue Mitglieder 1945

○ **13** o. Mitglieder von 1937
◉ **17** Mitglieder von 1945
● **172** neue Mitglieder zw. 1946 und 1951

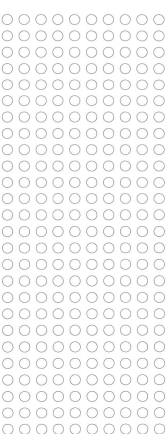
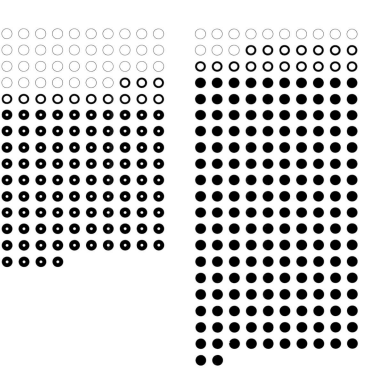

223 ordentliche Mitglieder von 1937 treten 1945 nicht wieder in die ZV ein.

Nur 2 der 37 Mitglieder, die 1945 wieder eingetreten waren, scheinen auch 1951 wieder als Mitglieder auf. 11 Personen, die 1937 Mitglieder gewesen waren, scheinen im Verzeichnis 1945 nicht, aber im Verzeichnis 1951 auf.

Was geschah mit den 223 Mitgliedern nach 1937, die 1945 nicht wieder in die ZV eintraten?
(Angaben in Zahlen und Prozent)

○	→	×	?
91 (41%)	37 (17%)	37 (17%)	58 (25%)
Verbleib in Österreich	Emigration	Tod	keine Information

```
○ ○ ○ ○ ○    → → → → →    × × × × ×    ? ? ? ? ?
○ ○ ○ ○ ○    → → → → →    × × × × ×    ? ? ? ? ?
○ ○ ○ ○ ○    → → → → →    × × × × ×    ? ? ? ? ?
○ ○ ○ ○ ○    → → → → →    × ×          ? ? ? ? ?
○ ○ ○ ○ ○    → → → → →                 ? ? ? ? ?
○ ○ ○ ○ ○    →                         ? ? ? ? ?
○ ○ ○ ○ ○                              ? ? ? ? ?
○ ○ ○ ○ ○                              ? ? ? ? ?
○ ○ ○ ○ ○                              ? ? ? ? ?
○ ○ ○ ○ ○                              ? ? ? ? ?
○ ○ ○ ○ ○                              ? ? ? ? ?
○ ○ ○ ○ ○                              ? ? ?
○ ○ ○ ○ ○
○ ○ ○ ○ ○
○ ○ ○ ○ ○
○ ○ ○ ○ ○
○ ○ ○ ○ ○
○
```

Anmerkung:

Die durchgeführte Untersuchung[20] konnte das Schicksal von insgesamt 75 Prozent aller im Jahr 1937 verzeichneten und im Jahr 1945 nicht wieder eingetretenen 223 ZV-Mitglieder nachvollziehen. Von 25 Prozent der Mitglieder konnten aufgrund fehlender Anhaltspunkte die Spuren nicht mehr nachgezeichnet werden, weswegen deren Schicksale noch im Dunkeln liegen. Das Ergebnis zeigt, dass 34 Prozent dieser 223 ZV-Mitglieder entweder emigrierten oder zu Tode kamen (50:50). 41 Prozent blieben zwar während und nach dem Zweiten Weltkrieg in Wien bzw. in Österreich, traten jedoch 1945 nicht wieder der Zentralvereinigung bei. (Grafik S. 122)

Auch die Religionszugehörigkeit in Verbindung mit dem Verbleib in den Jahren von 1938 bis 1945 wurde beleuchtet, wobei die Schicksale der mosaischen und römisch-katholischen Mitglieder intensiver untersucht wurden. So ließ sich bei 127 der 223 Mitglieder die Religionszugehörigkeit eindeutig eruieren, wobei sich bei den Mitgliedern des Jahres 1937 ein gemischtes Bild jüdischer, katholischer, evangelischer, griechisch-orthodoxer und konfessionsloser Mitglieder präsentiert. Die größte Glaubensgruppe stellt dabei jene der römisch-katholischen Architekten dar, deren Anzahl das 1,5-fache der zweitgrößten Glaubensgruppe, der jüdischen Architekten, beträgt. (Grafik S. 123 oben)

Etwa 65 Prozent aller römisch-katholischen Mitglieder blieben in Wien, wobei nachweislich ein Drittel dieser Architekten erfolgreich für das NS-Regime tätig war. Aber auch 12 Prozent dieser Glaubensgruppe wurden aufgrund von politischen Gründen, ihrem Naheverhältnis zu jüdischen Bürgern oder sonstigen Gründen in die Emigration gezwungen. 20 Prozent starben vor 1945. Ein tragisches Bild zeigt sich bei den nachweislich jüdischen Mitgliedern. So mussten etwa 54 Prozent emigrieren und knapp 25 Prozent kamen in der Zeit von 1938 bis 1945 zu Tode. Lediglich zwei jüdische Mitglieder blieben in Wien und überlebten unter unbekannten Umständen diese Zeit, traten jedoch 1945 nicht wieder in die ZV ein. (Grafik S. 123 unten)

Verteilung der Mitglieder nach Religionsbekenntnis
(Stand 1937, Angaben in Zahlen)

65	96	16	41	4	1
röm.-kath.	keine Information	evang.	mosaisch	ohne Bekenntnis	griech.-orth.

△△△△△   ? ? ? ? ?   ○○○○○   □□□□□   ⬡ ⬡⬡⬡   ◇
△△△△△   ? ? ? ? ?   ○○○○○   □□□□□
△△△△△   ? ? ? ? ?   ○○○○○   □□□□□
△△△△△   ? ? ? ? ?   ○   □□□□□
△△△△△   ? ? ? ? ?   □□□□□
△△△△△   ? ? ? ? ?   □□□□□
△△△△△   ? ? ? ? ?   □□□□□
△△△△△   ? ? ? ? ?   □□□□□
△△△△△   ? ? ? ? ?   □
△△△△△   ? ? ? ? ?
△△△△△   ? ? ? ? ?
△△△△△   ? ? ? ? ?
△△△△△   ? ? ? ? ?
         ? ? ? ? ?
         ? ? ? ? ?
         ? ? ? ? ?
         ? ? ? ? ?
         ? ? ? ? ?
         ? ? ? ? ?
         ?

Was geschah mit den römisch-katholischen und mosaischen Mitgliedern nach 1945?

65	41
röm.-kath. davon	mosaisch davon

△△△△△   △ 42 Verbleib in Österreich   □□→→→   □ 2 Verbleib in Österreich
△△△△△   ✕ 13 Tod   →→→→→   → 22 Emigration
△△△△△   → 8 Emigration   →→→→→   ✕ 10 Tod
△△△△△   ? 2 keine Information   →→→→→   ? 7 keine Information
△△△△△   →→→→✕
△△△△△   ✕✕✕✕✕
△△△△△   ✕✕✕✕?
△△△△△   ? ? ? ? ?
△△✕✕✕   ?
✕✕✕✕✕
✕✕✕✕✕
→→→→→
→→→→→
→→→? ?

aufscheinen und somit das einzige Kontinuum in einem sich ständig verändernden Mitgliederkreis bilden. Der 1926 in die ZV eingetretene Architekt Oskar Unger (1877–1972) und der 1933 eingetretene Architekt Ceno Kosak[21] (auch Koschak, 1904–1985)[22]. Beide studierten an der Akademie der bildenden Künste in Wien, Unger bei Viktor Luntz und Kosak bei Clemens Holzmeister, und starteten von deren Lehren geprägt ihre beruflichen Laufbahnen in der Zwischenkriegszeit. Kosak konnte auch trotz der Zwangspensionierung von seinem Lehrposten an der Akademie im Jahr 1938 seine Selbstständigkeit durch Projekte im Ausland fortsetzen. In der Nachkriegszeit verfolgten beide ihre Karrieren weiter, wobei der zwischenzeitlich bereits pensionierte Unger, noch weit über das 80. Lebensjahr hinaus im Bereich des sozialen Wohnbaus und Kosak als Professor und späterer Präsident der Akademie der bildenden Künste sowie des Österreichischen Werkbunds tätig waren.

Die vorliegende Untersuchung dient zur Veranschaulichung der Entwicklung des Mitgliederstands der Zentralvereinigung des Landesverbands Wien, Niederösterreich und Burgenland zwischen den Jahren 1937, 1945 und 1951 und soll aufzeigen, welche gravierenden Auswirkungen die Zeit des Nationalsozialismus auf die Architektenschaft des 20. Jahrhunderts in Österreich hatte. Die relativ hohe Zahl an Mitgliedern 1937 (260 Mitglieder) verdeutlicht die Bedeutung der ZV innerhalb der Standesvertretung. Die relativ niedrige Mitgliederzahl (144 Mitglieder) 1945 wiederum und das Faktum, dass viele „alte" Mitglieder nicht mehr eintraten, zeigen den Bedeutungsverlust der ZV innerhalb der Architektenschaft nach 1945 und die Notwendigkeit eines Neuanfangs. Es waren nun nicht die „alten" Mitglieder von 1937, die sich engagierten, sondern hauptsächlich neue Mitglieder, die mit ihren Karrieren in der NS-Zeit begonnen hatten und diese nach 1945 erfolgreich weiterführen konnten. Die überzeugten Nationalsozialisten („illegal") wurden bis 1947 durch die sogenannte Entnazifizierung vorerst aus dem Mitgliederkreis der ZV ausgeschlossen.

Das Mitgliederverzeichnis aus dem Jahr 1951 zeigt eine neue Entwicklung, hinsichtlich der Anzahl der Mitglieder (202 Mitglieder). Fast 60 neue Architekten konnten von 1945 bis 1951 für eine Mitgliedschaft gewonnen werden, was wahrscheinlich vor allem auf den Umstand zurückzuführen ist, dass ab circa 1950 eine ZV-Mitgliedschaft die Voraussetzung zur Teilnahme an einem Architekturwettbewerb war. Faktum ist, dass die ZV ab 1950 mit

einem umfangreichen Veranstaltungsprogramm wie Vorträgen, Ausstellungen und der eigenen Zeitschrift Der Bau wieder begann, eine wichtige Vermittlungsposition zwischen Architekturschaffenden, Politik und Öffentlichkeit einzunehmen und damit bis in die 1950er-Jahre zur wichtigsten Standesvertretung der Architekten zählte. Die Untersuchung der ZV-Mitgliederverzeichnisse von 1937 und 1945 konnte erste Spuren der Biografien unbekannter österreichischer Architekten des 20. Jahrhunderts aufnehmen und eine Basis für weitere Forschungsarbeiten legen.

1   Wichtige Internetquellen bietet das „Architektenlexikon Wien 1770–1945" des Architekturzentrums Wien, verschiedene Enzyklopädien, Datenbanken der Stadt Wien (Wien Bibliothek, Wiener Friedhöfe, Wiener Wohnen etc.), die Österreichische Nationalbibliothek, diverse Quellen zur Aufarbeitung der Opfer des Nationalsozialismus (Dokumentationsarchiv des Österreichischen Widerstands (DÖW), Yad Vashem etc.), der Webauftritt der Israelitischen Kultusgemeinde Wien sowie verschiedene Webauftritte zur Familien- und Ahnenforschung (Familia Austria, Ancestry etc.).

2   Siehe dazu 1921 der gemeinsame Wettbewerb des Neubaus der TH auf den Gründen des Aspangbahnhofs, Wien, gemeinsam mit Ludwig Tremmel: Ursula Prokop, Ludwig Tremmel, in: http://www.architektenlexikon.at/de/650.htm, Zugriff am: 12. August 2018.

3   Robert Winkelhofer, Der „unbekannte" Max Hegele. Biographie und ausgeführte Werke des Wiener Architekten (1873–1945) ab 1914 im Kontext des zeitgenössischen Baugeschehens, Wien, Univ., Masterarbeit, 2014, S. 70f.

4   Datenbank der Friedhöfe Wien, Gräbersuche, in: https://www.friedhoefewien.at/eportal3/, Zugriff am: 22. Juni 2018.

5   Iris Meder, Sachen, wie sie eben geworden sind, in: http://davidkultur.at/artikel/8222sachen-wie-sie-eben-geworden-sind8220, Zugriff am: 15. August 2018.

6   Inge Scheidel, Arnold Goldberger, in: http://www.architektenlexikon.at/de/175.htm, Zugriff am: 8. Juni 2018.

7   Mirjam Langer, Wiener Theater nach dem „Anschluss" 1938 im Fokus nationalsozialistischer Arisierungsmaßnahmen, dargestellt am Beispiel des Bürgertheaters, Wien, Univ., Dipl. Arb., 2009, S. 120f.

8   o.A., Verkehrswerbebüro des Deutschen Reiches in Wien, in: Das behagliche Heim — Innen-Dekoration, XLIX. Jahrgang, Darmstadt-Stuttgart 1938, S. 105f.

9   Biografische Informationen laut einer E-Mail von Paulus Ebner, Archiv der Technischen Universität Wien, am 4. Juli 2018 an Ingrid Holzschuh.

10 Inge Scheidel, Arnold Goldberger, in: http://www.architektenlexikon.at/de/179.htm, Zugriff am: 8. Juni 2018.

11 o.A., Karl Langer Architectural Plans, in: http://blogs.slq.qld.gov.au/jol/2014/09/26/karl-langer-architectural-plans/, Zugriff am: 17. Juni 2018.

12 Ursula Prokop, Otto Schönthal, in: http://www. architektenlexikon.at/de/570.htm, Zugriff am: 22. Juni 2018.

13 Dagmar Herzner-Kaiser, Anton Liebe, Edler von Kreutzner, in: http://www.architektenlexikon. at/de/358.htm, Zugriff am: 17. Juni 2018.

14 Jutta Brandstetter, Theodor Heinrich Mayer, in: http://www.architektenlexikon.at/de/391. htm, Zugriff am: 15. August 2018.

15 Ursula Prokop, Fritz Zeymer, in: http://www. architektenlexikon.at/de/717.htm, Zugriff am: 28. Juni 2018.

16 o.A., Wolfganggasse 50-52, in: https://www. wienerwohnen.at/hof/889/Wolfganggasse-50-52. html, Zugriff am: 24. Juni 2018.

17 Petra Schumann, Franz Schacherl, in: http:// www.architektenlexikon.at/de/530.htm, Zugriff am: 22. Juni 2018.

18 o.A., Steinitz, Leo(pold) (1868–1942), Architekt und Baumeister, Österreichisch biografisches Lexikon, in: http://www.biographien.ac.at/oebl/ oebl_S/Steinitz_Leo_1868_1942.xml, Zugriff am: 15. August 2018.

19 o.A., Otto Breuer, in: http://www. werkbundsiedlung-wien.at/biografien/otto-breuer, Zugriff am: 15. August 2018.

20 Die von Katharina Roithmeier 2018 durchgeführte Recherchearbeit und Aufstellung aller ZV-Mitglieder befindet sich im Archiv der Zentralvereinigung der ArchitektInnen Öster-reichs, Landesverband Wien, Nö und Bgld.

21 Ursula Prokop, Oskar Unger, in: http://www. architektenlexikon.at/de/658.htm, Zugriff am: 6. Juli 2018.

22 o.A., Theodor-Körner-Hof, in: https://www. wienerwohnen.at/hof/103/103.html, Zugriff am: 16. Juni 2018.

Diverse Karteikarten aus der ZV-Sammlung „Österr. Architektur seit 1945", die von Franz Sammer für die ZV zusammengestellt wurde

EINRAUMWOHNHAUS
WIEN
JAHR 1955
PROF. WILHELM HUBATSCH, WIEN   FOTO   HUBATSCH
                                             WIEN

NR.

JAHR 1949
FOTO
57 03 21

M KROUPA, WIEN

RISCHES MUSEUM, HOFANSICHT   JAHR 1958
V., KARLSPLATZ   FOTO   ERNST
OSWALD HAERDTL, WIEN   HARTMANN
                                         MÖDLING

NR.

NR.

NR.

Wiener Architektur seit 1945 *aus der ZV-Karteikarten-sammlung „Österr. Architektur seit 1945"*

Erich Boltenstern, Ringturm, Bürogebäude Wr. Städtische,
Wien 1, 1955

Oswald Haerdtl, Historisches Museum, Hofansicht,
Wien 4, Karlsplatz, 1958

Fred Freyler, Jugendgästehaus,
Wien 13, 1958

Ferdinand Kitt, Mitarbeit Bruno Buzek, Reisebüro der Swissair,
Wien 1, 1955

Fritz Waage, Wilhelm Kroupa, Bürohaus,
Wien 1, Rotenturmstraße, 1949

Wilhelm Hubatsch, Einraumwohnhaus,
Wien, 1955

so strahlend weiss!

Hugo Potyka, Ottokar Uhl, Wohnhaus,
Wien 6, Linke Wienzeile, 1958

Carl Appel, Wohnhochhaus,
Wien 4, Momsengasse, 1955

Sigfried Theiss, Hans Jaksch, Wohnhaus,
Wien 3, Gerlgasse, 1955

Carl Appel, Warenhaus Neumann (Steffl),
Wien 1, Kärntner Straße, 1949

Oswald Haerdtl, Druckerei Brüder Rosenbaum,
Wien 5, Margaretenstraße, 1955

Karl Schwanzer, Juwelierladen Carius & Binder,
Wien 1, Kärntner Straße, 1949

Erich Boltenstern, Staatsoper, Zuschauerraum,
Wien 1, 1955

Max Fellerer, Eugen Wörle, Nationalrat-Sitzungssaal, Parlament,
Wien 1, 1956

Walter Jaksch, Wilhelm Hubatsch, Verkaufslokal von
Mercedes-Benz, Wien, Opernring, 1957

Eugen Schüssler, Josef Schilhab, Reparaturwerkstatt von
Opel & Beyschlag, Wien, 1959

Lois Holk-Hrebicek, Buchdruckerei,
Wien, 1959

Max Fellerer, Eugen Wörle, Felix Hasenöhrl, Wohnhaus,
Wien 1, Concordiaplatz, 1959

Peter Hautmann, Klara Kiss, Messestand der Isolierplattenfabrik
Frigolit, Wien, 1959

Otto Niedermoser, Geschäfts-, Büro- und Wohnhaus,
Wien 1, Kreuzung Ring- und Kärntner Straße, 1949

Roland Starzen, Ladenlokal von Anker,
Wien, 1955

Kalendarium

Veranstaltungen der ZV
1945–1959

1947

Vortrag
Alfred Roth (CH)
„Der Wiederaufbau,
eine entscheidende
Epoche in der
Stadt- und Architek-
turentwicklung"
7. Mai 1947
Vortragssaal, Kunst-
gewerbemuseum,
Wien 1,
Stubenring 5

Vortrag
Alfred Roth (CH)
„Architektur, Malerei,
Polychromie"
8. Mai 1947
Neuer Saal, Österrei-
chischer Ingenieur-
und Architektenverein,
Wien 1,
Eschenbachgasse 9

Vortrag
Johan Jansen
(Philips Fabriken
Eindhoven, NL)
„Neue Wege der
Beleuchtungstechnik,
insbesondere die
Anwendung der
Fluoreszenzlampen"
17. September 1947
Neuer Saal, Österrei-
chischer Ingenieur-
und Architektenverein,
Wien 1,
Eschenbachgasse 9

Vortrag
Virgil Borbíró (HUN)
„Wiederaufbau in
Ungarn – Stadt-
bauliche Neuordnung
von Budapest"
18. Dezember 1947
Neuer Saal, Österrei-
chischer Ingenieur-
und Architektenverein,
Wien 1,
Eschenbachgasse 9

1949

Ausstellung
„Einfamilienhäuser.
Pläne, Modelle,
Baukosten"
4. März bis
3. April 1949
Galerie Agathon,
Wien 1,
Opernring 19

1950

Vortrag
Karl Raymund Lorenz
(Graz)
„Amerikanische
Architektur heute"
9. Jänner 1950
Großer Saal, Österrei-
chischer Ingenieur-
und Architektenverein,
Wien 1,
Eschenbachgasse 9

Ausstellung
„Einfamilienhäuser –
Siedlungshäuser.
Pläne, Modelle,
Baukosten, Bausparen"
18. März bis
16. April 1950
Secession, Wien 1,
Friedrichstraße 12

1953

Vortrag
Ernst Balser (D)
„Die Normung im
Wohnungsbau
und ihre Auswirkung"
14. April 1953
Großer Saal, Österrei-
chischer Ingenieur-
und Architektenverein,
Wien 1,
Eschenbachgasse 9

Vortrag
Friedrich Zotter (Graz)
„Der Architekt
und die Gesellschaft"
1953, o. A.

Vortrag
Clemens Holzmeister
4. Dezember 1953,
o. A.

1954

Ausstellung
„Brasilianische
Architektur"
28. Jänner bis
19. November 1954
Galerie Würthle,
Wien 1,
Weihburggasse 9

Ausstellung
„Österreichische
Architektur 1945-1954"
17. September
bis 10. Oktober 1954
Secession,
Wien 1,
Friedrichstraße 12

Vortrag
Willem M. Dudok
(NL)
„Mein Leben und
Bauen"
11. Oktober 1954, o. A.

Vortrag
Helge Zimdal (SWE)
1954, o. A.

1955

Ausstellung
„Das kanadische
Haus von morgen
Ergebnis"
eines internationalen
Wettbewerbs
Februar/März 1955,
Galerie Würthle,
Wien 1,
Weihburggasse 9

Vortrag
Alvar Aalto (FIN)
„Probleme der
modernen Architektur"
29. April 1955
Brahms-Saal, Musik-
vereinsgebäude,
Wien 1,
Musikvereinsplatz 1

1956

Ausstellung
„Moderne Kunst
aus USA"
5. Mai bis
2. Juni 1956
Secession,
Wien 1,
Friedrichstraße 12

Vortrag
Richard Neutra (USA)
„Bauen –
ein menschliches
Problem"
27. September 1956
Mozart-Saal,
Konzerthaus,
Wien 3,
Lothringerstraße 20

Vortrag
Hans Hofmann (CH)
„Gedanken
über Architektur und
Städtebau"
26. Oktober 1956
Österreichisches
Museum für
angewandte Kunst,
Wien 1,
Stubenring 5

Ausstellung
„Wie wohnt die Welt"
27. Oktober
bis 18. November 1956
Österreichisches
Museum für
angewandte Kunst,
Wien 1,
Stubenring 5

Vortrag
Konrad Wachsmann
(USA)
„Erziehung, Planung
und Industrialisierung"
24. April 1956
Österreichisches
Museum für
angewandte Kunst,
Wien 1,
Stubenring 5

Vortrag
Martin Kermacy (USA)
„Amerikanische
Architektur"
1956, o. A.

Vortrag
Herbert Heinke (ZAF)
„Als Architekt in
Südafrika"
1956, o. A.

Vortrag
Roland Rainer
„Österreich und
die moderne
amerikanische
Architektur"
1956, o. A.

1957

Ausstellung
„Le Corbusier"
26. März
bis 13. April 1957
Galerie Würthle,
Wien 1,
Weihburggasse 9

Vortrag
Ivar Tengbom (SWE)
März 1957, o. A.

Vortrag
Alfred Roth (CH)
März 1957, o. A.

Vortrag
Steen Eiler Rasmussen
(DNK)
11. November 1957,
o. A.

Vortrag
Werner Hebebrand (D)
17. November 1957,
o. A.

Ausstellung
„50 Jahre Architektur"
16. November bis
18. Dezember 1957
Österreichisches
Museum für
angewandte Kunst,
Wien 1,
Stubenring 5

Veranstaltung
„50 Jahre Zentral-
vereinigung
der Architekten (ZV)"
16. November 1957
Österreichisches
Museum für
angewandte Kunst,
Wien 1,
Stubenring 5

1958

Vortrag
Ernesto N. Rogers
(ITA)
„Moderne Architektur
nach der
Generation der
Meister"
13. Juni 1958
Österreichisches
Museum für
angewandte Kunst,
Wien 1,
Weiskirchnerstraße 3

Ausstellung
„Architektur in Mexiko"
28. Juni bis
19. Juli 1958
Galerie Würthle,
Wien 1,
Weihburggasse 9

Vortrag
Alvar Aalto (FIN)
„Der Mensch
und die Architektur"
17. November 1958
Neue Burg, Hofburg,
Wien 1,
Heldenplatz

Vortrag
Kyösti Ålander (FIN)
„Die Architektur
Finnlands"
17. November 1958
Neue Burg, Hofburg,
Wien 1,
Heldenplatz

Ausstellung
„Architektur in
Finnland"
15. November bis
14. Dezember 1958
Österreichisches
Museum für
angewandte Kunst,
Wien 1,
Stubenring 5

Vortrag
und Ausstellung
Konrad Wachsmann
Jänner 1958
Galerie Würthle,
Wien 1,
Weihburggasse 9

1959

Vortrag
Jakob Berend Bakema
(NL)
„Relation Architektur –
Städtebau"
9. April 1959
Österreichisches
Museum für
angewandte Kunst,
Wien 1,
Stubenring 5

Vortrag
Roland Rainer
(Stadtplaner von Wien)
„Stadtplanung
und Wohnungsbau"
15. Oktober 1959
Auditorium maximum,
Universität, Wien 1,
Universitätsring 1

Ausstellung
„Das Familienhaus"
14. November bis
6. Dezember 1959
Österreichisches
Museum für
angewandte Kunst,
Wien 1,
Stubenring 5

ARCHITEKTUR IN OESTERREICH 1945–1954

AUSSTELLUNG UNTER DEM EHRENSCHUTZ DES HERRN BUNDESPRÄSIDENTEN
Dr. h. c. THEODOR KÖRNER
DER HERR BUNDESPRÄSIDENT WIRD DIE AUSSTELLUNG AM 17. SEPT. 1954
UM 18 UHR IN DER SECESSION, WIEN I. FRIEDRICHSTRASSE 12, ERÖFFNEN.
WIR BITTEN UM DIE EHRE IHRER ANWESENHEIT.

DIE ZENTRALVEREINIGUNG DER ARCHITEKTEN

Einladungskarte zur Eröffnung der ZV-Ausstellung „Architektur in Oesterreich 1945–1954", 1954

ARCHITEKTUR IN ÖSTERREICH
1945 – 1954

Cover des ZV-Sonderhefts *Der Bau*, das anlässlich der ZV-Ausstellung „Architektur in Österreich 1945–1954" herausgegeben wurde, 1954

50 Jahre
Zentralvereinigung der Architekten (Z. V.)

Wien, 16. November 1957

Festsitzung

11 Uhr, Österreichisches Museum für angewandte Kunst, Wien I, Weiskirchnerstraße 3

Wolfgang Amadeus Mozart, Streichquartett KV. 458, B-Dur, Allegro vivace assai:
Wiener Konzerthaus-Quartett

Vorrede

Geschichte der Z. V.: Erich Boltenstern

Ehrung der ältesten Mitglieder der Z. V.: Otto Schönthal

Hans Jaksch

Siegfried Theiss

Franz Schubert, Streichquartett, Opus 168, B-Dur, Allegro ma non troppo: Wiener
Konzerthaus-Quartett

Es spricht: Amtsführender Stadtrat, Hofrat Hans Mandl

Es spricht und eröffnet die Ausstellung: Unterrichtsminister Dr. Heinrich Drimmel

Vorder- und Rückseite der Einladungskarte zur Festsitzung anlässlich des Jubiläums 50 Jahre ZV, 1957

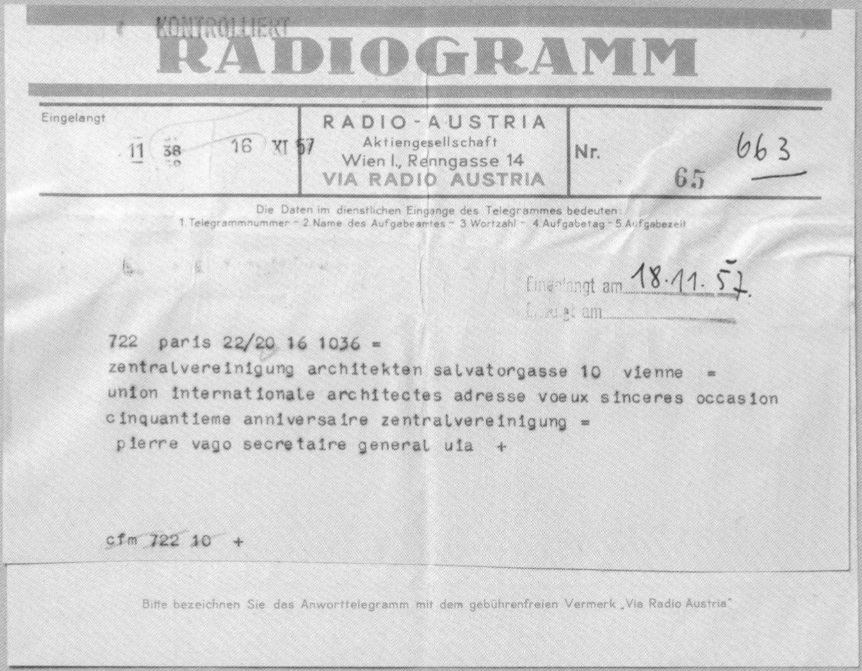

KONTROLLIERT

RADIOGRAMM

Eingelangt 11 38 16 XI 57

RADIO-AUSTRIA
Aktiengesellschaft
Wien I., Renngasse 14
VIA RADIO AUSTRIA

Nr. 663
65

Die Daten im dienstlichen Eingange des Telegrammes bedeuten:
1. Telegrammnummer – 2. Name des Aufgabeamtes – 3. Wortzahl – 4. Aufgabetag – 5. Aufgabezeit

Eingelangt am 18.11.57.
Erledigt am

722 paris 22/20 16 1036 =
zentralvereinigung architekten salvatorgasse 10 vienne =
union internationale architectes adresse voeux sinceres occasion
cinquantieme anniversaire zentralvereinigung =
pierre vago secretaire general uia +

cfm 722 10 +

Bitte bezeichnen Sie das Anworttelegramm mit dem gebührenfreien Vermerk „Via Radio Austria"

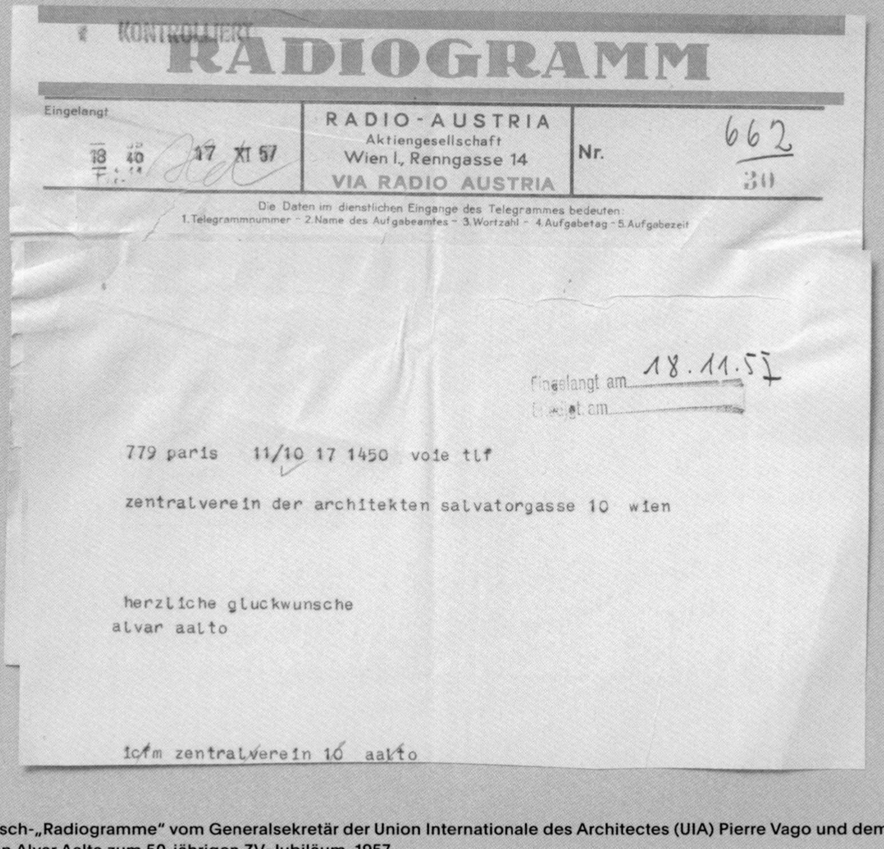

KONTROLLIERT

RADIOGRAMM

Eingelangt 18 40 17 XI 57

RADIO-AUSTRIA
Aktiengesellschaft
Wien I., Renngasse 14
VIA RADIO AUSTRIA

Nr. 662
30

Die Daten im dienstlichen Eingange des Telegrammes bedeuten:
1. Telegrammnummer – 2. Name des Aufgabeamtes – 3. Wortzahl – 4. Aufgabetag – 5. Aufgabezeit

Eingelangt am 18.11.57
Erledigt am

779 paris 11/10 17 1450 voie tlf

zentralverein der architekten salvatorgasse 10 wien

herzliche gluckwunsche
alvar aalto

icfm zentralverein 10 aalto

Glückwunsch-„Radiogramme" vom Generalsekretär der Union Internationale des Architectes (UIA) Pierre Vago und dem finnischen Architekten Alvar Aalto zum 50-jährigen ZV-Jubiläum, 1957

Programm Besuch Professor Aalto.
- - - - - - - - - - - - - - - - -

Donnerstag 28. April   17 Uhr Künstlerhaus
18 Uhr Ankunft Aalto und Frau, Flugfeld Schwechat
abgeholt von Theiss und Thurner.
Fahrt ins Hotel Sacher
19 Uhr 15 Interview durch Ravag im Hotel Sacher
2o Uhr Abendessen im Hotel Sacher:
2 Aalto   2 Haerdtl
1 Theiss   2 Kosak'
1 Euler   1 Kriechbaum
2 Thurner
2 Fellerer
1 Niedermoser
2 Holzmeister
2 Wörle
2 Simony

Freitag 29. April   9 Uhr Start vor Hotel Sacher, Rundfahrt der
Gemeinde.
2 Aalto   1 Dr. Krebs
1 Theiss   1 Thurner
1 Euler
13 Uhr Essen auf dem Kahlenberg
Nachmittag frei. Appel würde sein Auto mit
Chauffeur zur Verfügung stellen.
19 Uhr Vortrag Brahms-Saal (Begrüssungsworte
durch Theis an Aalto, der Ehrenmitglied der
Z.V. ist.)
2o Uhr 3o Abendessen Gösser Keller

Samstag 3o. April   1o Uhr Empfang beim Bürgermeister in dessen
Arbeitszimmer in Anwesenheit der Stadträte
Thaller und Mandl.
2 Aalto
1 Theiss
1 Euler
1 Thurner
11 Uhr Besichtigung der Oper. Führung Boltenstern
13 Uhr Essen im Haas-Haus im reservierten Zimmer
zur Goldschmiedgasse.
2 Aalto   1 Fellerer
1 Theiss   1 Wörle
1 Euler   1 Appel
1 Thurner
15 Uhr Rundfahrt geführt von Fellerer oder Wörle.
17 Uhr Diskussion Galerie Würthle
2o Uhr Nach Belieben Heuriger, Abendessen ?

Programm des Besuchs von Alvar Aalto anlässlich seines ZV-Vortrags „Probleme der modernen Architektur", 1955

DIE PRESSE, WIE

Datum: 30/4/55

PROFESSOR ALVAR AALTO IN WIEN.
Der berühmte finnische Architekt Professor Aalto traf mit dem Flugzeug in Wien ein. Bei dem Wettbewerb um die Wiener Stadthalle erzielte er mit Dr. Roland Rainer den ersten Preis.
Photo: Basch

Österreichische Volksstimme

Wien   Datum: 28/4/55

Finnischer Architekt spricht in Wien

Auf Einladung der Zentralvereinigung der Architekten Oesterreichs wird morgen, Freitag, der finnische Architekt Alvar Aalto im Brahmssaal des Musikvereins über „Probleme der modernen Architektur" sprechen. Professor Aalto gilt als der bedeutendste finnische Architekt.

Arbeiter Zeitung

Wien   Datum: 27/4/55

Ein berühmter Architekt besucht Wien

Architekt Professor Alvar Aalto aus Helsinki, der beim Wettbewerb für einen Entwurf der Wiener Stadthalle zugleich mit Professor Dr. Roland Rainer den ersten Preis erhalten hat, kommt auf Einladung der Zentralvereinigung der Architekten Österreichs nach Wien. Er wird am 29. d. um 19 Uhr im Brahms-Saal des Musikvereinsgebäudes über „Probleme der modernen Architektur" sprechen. Samstag, 30. d., um 10 Uhr wird der Baukünstler Bürgermeister Jonas im Rathaus einen Besuch abstatten. Professor Aalto gilt nicht nur als der größte finnische, sondern als einer der bedeutendsten lebenden Architekten überhaupt. Er wurde im Jahre 1898 als Sohn eines Ingenieurs geboren. Seit dem Ende des zweiten Weltkrieges nahm Aalto an siebzehn Wettbewerben teil, bei denen er fünfzehn erste Preise gewann. Er ist auch Professor an der Harvard-Universität und spricht sechs Sprachen, leitet drei Büros in Finnland und überwacht die Einrichtungsfirma Artek, die Möbel und Glas nach den Entwürfen seiner verstorbenen Frau Aino Aalto herstellt.

DIE PRESSE, WIE

Datum: 24/4/55

Prof. Alvar Aalto kommt nach Wien. Der weltberühmte finnische Architekt Prof. Alvar Aalto hat einer Einladung der Zentralvereinigung der Architekten Folge geleistet und wird am Freitag, den 29. April, im Brahmssaal (Musikverein) um 19 Uhr einen Vortrag über Probleme der mod...

Neues Österreich

Wien   Datum: 26/4/55

Professor Alvar Aalto kommt nach Wien. Architekt Professor Alvar Aalto aus Helsinki, der beim Wettbewerb für einen Entwurf der Wiener Stadthalle zugleich mit Professor Dr. Roland Rainer den ersten Preis erhalten hat, kommt auf Einladung der Zentralvereinigung der Architekten Österreichs nach Wien. Er wird am 29. April um 19 Uhr im Brahms-Saal des Musikvereinsgebäudes über das Thema „Probleme der modernen Architektur" sprechen.

Bild Telegraf

Wien   Datum: 25/4/55

Prof. Aalto nach Wien

Architekt Prof. Alvar Aalto aus Helsinki, der gemeinsam mit Prof. Rainer den ersten Preis für den Entwurf der Wiener Stadthalle erhalten hatte, kommt nach Wien. Prof. Aalto wird am 29. April im Musikvereinsgebäude über „Probleme der modernen Architektur" sprechen.

Pressespiegel zum ZV-Vortrag von Alvar Aalto, 1955

Programm für Besuch Prof. Hofmann,Ländertagung und Ausstellungseröffnung

Donnerstag 25. Oktober   17.35 Uhr Ankunft Hofmann in Schwechat (Herr Renner

führt Sie zum Flugzeug)

Theiss vorher verständigen wegen Fahrt nach Schwechat

Hotel Sacher

2o Uhr Abendessen im Hause Prof. Boltenstern :

Herr u.Frau Prof. Hofmannster
Herr und Frau Prof. Holzmeister
Herr und Frau Prof. Fellerer
Herr Prof. Theiss
Kriechbaum

Freitag 26. Oktober   3/4 9 Uhr holt Prof. Fellerer Hofmann und Frau im

Sacher und führt sie zum Empfang bei Stadtrat Thaller

und Stadtbaudirektor Hosnedl für 9 Uhr. Anschliessend

werden Hofmanns durch Dr. Krebs zu den Gemeindebauten

geführt.Ende Mittagessen auf dem Kahlenberg.Fellerer

kann an der Rundfahrt selbst nicht teilnehmen. Hofmann

hat nachmittag bis zur Presseeröffnung unserer Aus-

stellung frei.

Z.V. 9 Uhr Beginn unserer Ländertagung (Salvatorgasse)

13-14 Uhr Essen "Linde"

14 Uhr Fortsetzung der Ländertagung bis 16.3o Uhr.

17 Uhr Presse-Eröffnung der Ausstellung "Wie wohnt die
Weiskirchnerstrasse 3
Welt"/(mit Büffet). Führung Prof. Boltenstern und

Prof. Schuster. (Auch kurze Begrüssung).

19.Uhr Vortrag Prof. Hofmann "Gedanken über Architek-

tur und Städtebau"(Lichtbilder),Begrüssung.Weiskirch-

nerstrasse 3.

2o.3o Liesingerkeller,Führichgasse 1. *Abendessen*

Ehrenabend Theiss (Geschenk) (Rede)
Abend f. Herrn und Frau Prof. Hofmann
Abend f. die Ländervertreter

Samstag 27.Oktober   11 Uhr Eröffnung d. Ausstellung durch den Unterrichts

In Packpapier verpackte Originaldruckplatten für Plakate von diversen ZV-Ausstellungen

Richard Neutra in Wien

Mittwoch 26. September 1956

        lo.5o Ankunft Schwechat (Boltenstern,Theiss,2 Weixelgärtner,
                              Weilgart)
           Zulassung zum Flugzeug: Direktor Sasse, *Abfertigung Herr Gembler*

        11.5o ca Hotel Sacher

        1 Uhr Hotel Sacher Mittagessen: 2 Neutra
                                    2 Weixelgärtner
                                    1 Weilgart
                                    1 Boltenstern
                                    1 Theiss

        3 Uhr Hotel Sacher,Bankett-Zimmer:Pressekonferenz *Karl, Des*
                  Ravag *f gormyel*

        weiterer Nachmittag frei

        2o Uhr Hotel Sacher, Abendessen: 2 Neutra
                                2 Weixelgärtner
                                1 Weilgart
                              1 Theiss
                              ~~1 Jekson~~ *Arland*
                              2 Boltenstern
                              1-2 Lorenz
                              1 Simony
        Ernennung zum Ehrenmitglied der Z.V.

Donnerstag 27. September 1956

        lo Uhr Empfang durch die Stadträte Thaller und Mandl
                (Arbeitszimmer ~~Thaller~~) m. Boltenstern
                       d. Bürgermeisters

        lo.3o Senatsrat Böck, kurze Erklärung

        11 Uhr Rundfahrt (m.Boltenstern und Weixelgärtner) *(Roman Stadthalle)*
                               zu anschauen

        1 Uhr Mittagessen auf dem Kahlenberg *+ Weilgart*

        Nachmittag frei

        19 Uhr Vortrag, Mozartsaal,Konzerthaus *um f Kugler f Ammut*

        2o.3o Uhr Essen im Lieseingerkeller,Führichgasse 1 (Mit Z.V.)

Freitag 28. September 1956

        Engele,Festspielhaus

        Monsignore Mauer

        Lobmeyr (vorher Anruf)

        18.3o Palestrina

Samstag 29. September 1956

        lo.3o Empfang bei Unterrichtsminister Drimmel

        Abreise

Programm des Besuchs von Richard Neutra anlässlich seines ZV-Vortrags „Bauen – ein menschliches Problem", 1956

Salzburger Nachrichten
Salzburg
Datum: _____

? 8. Sep. 1956

PROF. RICHARD NEUTRA — NACH 30 JAHREN WIEDER IN WIEN
*Der weltbekannte aus Wien gebürtige Architekt kam aus USA in seine
Vaterstadt und hielt im Konzerthaussaal gestern abend einen Vortrag.
Links neben dem Gast aus Los Angeles: Architekt Prof. Erich Bolten-
stern, nach dessen Plänen der Wiederaufbau der Staatsoper durchgeführt
wurde*   Photo: Brüder Basch

A. A.   Weltpresse
Wien   Datum: 28.9.56

Professor Neutra gegen zu rasche Assanierung der Altstädte

Wien. (WP.) Der hervorragende amerikanische, aus Wien gebürtige Architekt Professor Richard Neutra warnte gestern bei
einem Besuch im Wiener Rathaus vor einer
überstürzten Assanierung der Altstädte. Gerade in der Zeit der rasend schnellen und
auch auf kürzere Zeit unabsehbaren technischen Entwicklung sei es sehr schwierig, be-
friedigende Lösungen zu finden.

Was bisher in dieser Hinsicht beispielsweise in Frankfurt, Rotterdam und Marseille
gemacht wurde, sei leider enttäuschend. In
zehn Jahren werde man den technischen
Fortschritt schon leichter überschauen können. Ein Hinausschieben der Rekonstruktion
oder Assanierung von Altstädten sei daher
zu empfehlen. Er verwies dabei auf den
weiterhin rasch zunehmenden Verkehr, auf
die zu erwartende Revolutionierung der Be-
heizungstechnik und überhaupt aller Ein-
richtungen, die mit Installationen zusammenhängen.

Neuer Kurier
Wien   Datum: 27. 9. 56

AUS DEM VEREINSLEBEN

Zentralvereinigung der Architekten. Donnerstag,
27. September, 19 Uhr, Brahms-Saal. Architekt Richard
Neutra: „Bauen — ein menschliches Problem."

Bild-Telegraf
Wien   Datum: 28. 9. 56   A

Neutra, heute in der ganzen Welt
daheim, erzählte, daß er in Manila
auf den Philippinen ebenso wie in
Mexiko-City, in Madrid wie in Peru
immer wieder an Wien erinnert worden sei. Der Einfluß der Welt-
metropole des Reiches, in dem die
Sonne nicht unterging, spüre man in
diesen Städten heute noch nach
400 Jahren. Sagte Neutra, seit einem
Vierteljahrhundert US-Staatsbürger: „Ich
bin neugierig, ob nach 400 Jahren
von Amerika auch so viel bleibt,
wenn es kein Coca-Cola und keine
Soda-Fountains mehr gibt."

Pressespiegel vom ZV-Vortrag von Richard Neutra, 1956

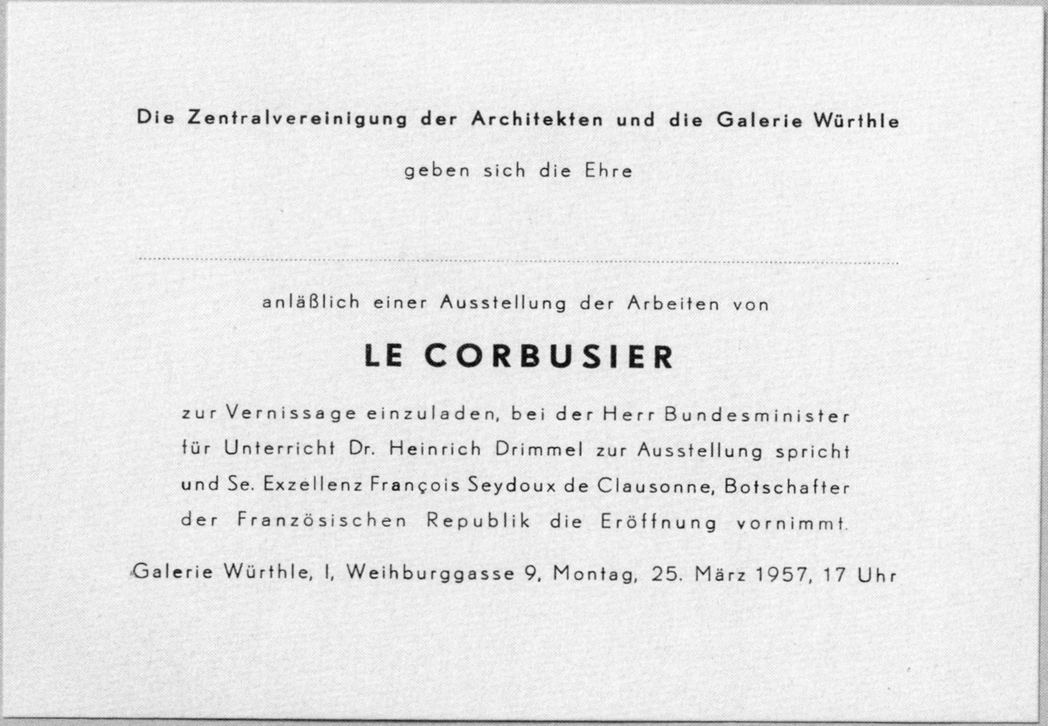

Die Zentralvereinigung der Architekten und die Galerie Würthle

geben sich die Ehre

anläßlich einer Ausstellung der Arbeiten von

LE CORBUSIER

zur Vernissage einzuladen, bei der Herr Bundesminister
für Unterricht Dr. Heinrich Drimmel zur Ausstellung spricht
und Se. Exzellenz François Seydoux de Clausonne, Botschafter
der Französischen Republik die Eröffnung vornimmt.

Galerie Würthle, I, Weihburggasse 9, Montag, 25. März 1957, 17 Uhr

Einladungskarte zur Eröffnung der ZV-Ausstellung „Le Corbusier", 1957

Observer
I. österr. behördlich konzessioniertes
Unternehmen für Zeitungsausschnitte
Wien, I., Wollzeile 11 ∴ Telefon R-23-0-43

Die Wochen-Presse

Wien   Datum :

- 6. April 1957

Wochen-Presse

DAS ÖSTERREICHISCHE NACHRICHTENMAGAZIN

12. Jahrgang / Nr. 14   Wien, 6. April 1957   Schilling 2.—

Architektur

Papst oder Antichrist

Charles Eduard Jeanneret, genannt Le Corbusier
Der kühne Wurf ist alles

Nicht einmal eine Woche nach Eröffnung der Ausstellung über den Architekten Le Corbusier war der Besucherzählbogen in der Galerie Würthle in der Wiener Weihburggasse dicht mit Strichelchen bedeckt. Und während der Leiter des französischen Kulturzentrums in Innsbruck, Monsieur Besset, im

vom „zufälligen Nebeneinander der Formen", einer aus „ästhetischen Überlegungen konstruierten, aber lebensfremden Architektur". Seit dieser Zeit gehörte es auch in Wien zum guten Ton, Fachvorträge über architektonische Probleme mit einem Seitenhieb auf Le Corbusier zu eröffnen. Es blieb zunächst dem

Vortragssaal des Wiener Völkerkundemuseums anschickte, das Werk seines Freundes Le Corbusier, des immer noch umstrittensten Architekten von internationalem Rang, in eindringlicher Brillanz darzustellen, fochten vor der Tür des überfüllten Raumes Dutzende einen verzweifelten Kampf mit dem Saaldiener aus, um noch eingelassen zu werden.

Diese Begeisterung steht in kraßem Kontrast zu dem Erlebnis Le Corbusiers, als er vor acht Jahren persönlich Wien besuchte und bei dieser Gelegenheit im Rathaus mit den Stadtvätern zusammentraf. Sie baten den illustren Gast in die Räume der Stadtplanung unter dem Dach und verharrten in erwartungsvollem Schweigen, während Le Corbusier vor den Stadtplan trat und die eingetragenen Kriegszerstörungen betrachtete. Die Teilnehmer erinnern sich noch an die weitausholende Handbewegung, mit der der französische Architekt Le Corbusier über die Karte fegte und den Ratsherren mit einem flüchtigen Blick durch die dick umränderte Hornbrille auf französisch erklärte: „Das muß hier alles weg. Am besten ist es, Sie bauen die Stadt hier völlig neu auf." Er deutete mit unverändert lebhaft wirkendem Gesichtsausdruck auf einen Flecken im Marchfeld. „Das ist ja ein Spinner", soll Stadtrat Novy damals seinen Nachbarn zugeflüstert haben, vergeblich bemüht, seine Polizeistimme zu dämpfen. Damit zerrann jäh die Hoffnungen all derer, die davon geträumt haben mochten, Le Corbusier irgendeine für den Wiederaufbau und Ausbau Wiens gewinnen zu können.

Im gleichen Jahre hatte einer der führenden Architekten Wiens, Prof. Franz Schuster, in einer grundsätzlichen Auseinandersetzung mit dem „Stil unserer Zeit" versucht, den „Weg durchs Chaos der Formen und Meinungen" zu weisen und in darin Bauten seines von der Zunft nur zögernd anerkannten Außenseiterkollegen Le Corbusier mit „ästhetischem Formalismus" abgestempelt. Er stellte in der Folge Le Corbusiers „Urform" und „Grundform" als Beispiele für die „Trugform" gegenüber und sprach

Architektennachwuchs überlassen, sich auf eigene Faust mit dem Feuergeist aus Frankreich auseinanderzusetzen.

Was in Wien geschah, unterschied sich in nichts von der Ablehnung, die Le Corbusier vielfach seit Jahren bei den akademischen Berufsgenossen in aller Welt fand, seitdem er der Schularchitektur endgültig den Krieg angesagt hatte: „Die Akademie liegt im Sterben, sie verteidigt sich nur mit altem Schnabel und abgestumpften Klauen." Das waren kühne Worte für einen 24jährigen, der eben sein erstes Buch als Bilanz seiner bisherigen Arbeit herausgebracht hatte, in dem er unter einem Autodidakten, der bis dahin unter dem angenommenen Namen Le Corbusier einige Villen gebaut und Fachwelt wie Laien durch grundsätzliche Auseinandersetzungen, kühne Gedanken zur Städteplanung und zahllose Entwürfe von außergewöhnlicher zeichnerischer Gestaltungskraft zur Stellungnahme zu zwingen gesucht hatte.

1887 wird Charles Edouard Jeanneret als Sohn eines Uhrenziseleurs in einem Westschweizer Bergnest geboren. Mit 13 Jahren brennt er ohne Zeugnis aus der Schule durch („vor allem Rechnen flößte mir in der Schule Angst und Abscheu ein, ich war ein mathematischer Stümper") und geht zu einem Graveur in die Lehre. Dann zieht er jahrelang auf der Walz. Dicke Skizzenbücher künden von Wanderungen „auf den Spuren der Antike" durch Italien, Griechenland, die Türkei.

Der 20jährige sieht in der Kartause von Ema in der Toskana und betrachtet in der weltfernen Abgeschiedenheit die Zellen rings um den Klosterhof. Hier packt ihn ein Eindruck, der seine Gedanken beherrschen wird, obwohl er erst 20 Jahre später in einer kleinen Studie über „persönliche Freiheit und den Kollektivorganismus" seinen Niederschlag findet. Er geht in Wien bei Josef Hoffmann in die Lehre, in Paris beim Architekten Auguste Perret, kommt in Kontakt mit Peter Behrens und dem Werkbund. Darüber, ob er mit 17 oder mit 23 sein erstes Haus entwirft und baut, gehen seine eigenen Angaben auseinander. Jedenfalls schreibt er, „es war vielleicht häßlich, aber frei von allem architektonischem Ballast, getreu

dem Leitsatz seines Lehrers Perrin: „Die Verzierung verbirgt immer inen Konstruktionsfehler". Vor allem Schulunterricht schaudert ihn, vor allem abgedroschenen Rezepten. Noch als 58jähriger schreibt er stolz: „Ich war ein von Akademismus geplagt, hatte den Kopf frei und die Nase im Wind."

Damals macht die Eisenbeton-Revolution, obwohl es schon wieder ein Menschenalter her ist, daß der Gärtner Monier durch Zufall daraufkommt, Eisen mit Beton zu umhüllen. Noch 1909 wird ein Professor in Paris ausgepfiffen, weil er über dieses neue Material lesen will.

Le Corbusier sieht in diesem Werkstoff ganz besonders angetan. Sechs Jahre, bevor Adolf Loos in Wien sein „Haus mit einer Mauer" zum Patent anmeldet, löst der 28jährige Jeanneret in der Konstruktionsentwurf „Haus Domino" das tragende Eisenbetonskelett völlig von der umhüllenden Schale und befreit damit den Grundriß von der Zwangsjacke der tragenden, unverrückbaren Mauern.

Drei Jahre später beginnt er zu malen. Seine Bilder bringen ihm damals keine 20 Francs; heute sind sie das 10.000fache wert. Mit 35 veröffentlicht er den viel erörterten

Entwurf der „Stadt mit 3 Millionen Einwohnern." Die Zeichnungen dazu muten auch heute noch traumhaft utopisch an. Die gigantischen Verwaltungs- und Wohnblocks inmitten riesiger Grünflächen mußten damals als einziger Ausweg aus den Häuserschluchten der Metropolis mit ihren Slums erscheinen.

Le Corbusier — unter diesem Namen läßt er sich 1924 mit seinem Vetter in Paris als Architekt nieder, erhält aber die gesetzlich erforderliche Sonderzulassung erst viel später, nach langem Bemühungen — schreibt damals: „Die Utopie von heute ist die Wirklichkeit von morgen." Trotzdem werden seine stadtplanerischen Ideen, soweit sie an vielstöckigen Hochhäusern haften, einstweilen nicht Wirklichkeit. Der Rechenstift beweist, daß Hochbauten auf die etwa zum sechsten Stockwerk billiger kommen als der Flachbau. Höhere Gebäude stellen technisch an Bau und Erhaltung so hohe Anforderungen, daß sie weit höhere Kosten verursachen als der Flachbau. Der Wiener Architekt Roland Rainer läßt das Hochhaus wegen der erleichterten inneren Organisation für Bürozwecke gelten, lehnt es aber als Wohngebäude ebenso entschieden ab wie viele skandinavische Architekten, obwohl

diese im Granitboden Schwedens ideale Fundamente finden.

Le Corbusier verkündet seine Forderungen nach
● einer zeitgemäßen und einheitlichen Ordnung in der Stadtplanung;
● einem einheitlichen menschenbezogenen Maß (der „Modulor")
● Trennung von Haus und Verkehrsstraße;
● mehr Luft, Licht, Grünflächen;
● der vom Anfang an geplanten Vereinigung von Architektur, Malerei und Bildhauerei zum „vollkommenen Kunstwerk";
● genormten maschinell erzeugten Bauelementen;
● Serienfertigung von Häusern

dichterisch inbrünstig, von seiner Sendung überzeugt, spricht gleichsam

Presseartikel zur ZV-Ausstellung „Le Corbusier", 1957

Einladungskarte zum ZV-Vortrag „Relation Architektur – Städtebau" von Jakob Berend Bakema und zwei Fotos von den Rednern, 1959

Hollands Architekt Bakema sprach im Stubenringmuseum:
Gegen die „Verelendung" der Großstädte

Nicht allein Karl Marx ist Autor einer Verelendungstheorie. Auch ein weitblickender, an soziologischen ebenso wie an urbanistischen Problemen interessierter Architekt, der Holländer Jakob Berend Bakema aus Rotterdam, spricht von „Verelendung", freilich in einem ganz anderen Sinn. Er meint jene häßliche und unorganische Bauweise, die in ganz Europa zur Zeit der Boden- und Häuserspekulation des 19. Jahrhunderts wie ein Krebsgeschwür die Städte verunstaltete.

Architekt Bakema trug im Stubenringmuseum über „Relation Architektur-Städtebau" vor. Den Erbauer einer riesigen Passagierhalle der Holland-Amerika-Linie, Gestalter von Warenhäusern und der mustergültigen Ladenstraße in Rotterdam, des holländischen Pavillons auf der Weltausstellung Brüssel, vieler Industrieanlagen, den Generalsekretär der internationalen Architektenvereinigung CIAM fasziniert die Stadt Wien. Er verneigt sich vor den Pionieren ihrer Architektur, vor Otto Wagner, Adolf Loos, anerkennt die gestalterische Kraft im Riesenbau des Heiligenstädter Hofes und bewundert eine aristokratische Villa von Josef Hoffmann.

Welche Schlüsse zieht er aus dem Lebenswerk der großen Baumeister? „Der Architekt", so sagt er, „setzt seine Gestaltungsmöglichkeit ein, um Menschen aufs neue glücklich zu machen." Warum leiden die Großstädter heute an Neurosen, was macht sie gehetzt, unzufrieden, unglücklich? Ihnen fehlt, so behauptet

der Vortragende „passiver Raum" und „passive Zeit". Wenn der Bewohner einer Wohnhausanlage täglich in das ganz gleiche Milieu einer ebensolchen Nachbarschaft blickt, fehlt ihm der „passive Raum" zwischen sich und dem Nächsten. Wenn er täglich stundenlang in Bahn, Auto oder Tram zur Arbeitsstätte fährt, mangelt ihm „passive Zeit". Passiver Raum ist das, wenn nur der Horizont zu sehen, nur das Rauschen der Wälder zu hören ist.

Wie kann der Städtebauer einer solchen kühnen Forderung nachkommen? Durch planmäßig gestufte Anlagen von Kleinhäusern in Baumhöhe, Wohnblocks in mehr-

facher Baumhöhe und einzelnen Punkthochhäusern an großen Verkehrsadern läßt sich eingesparter „passiver Raum" in die Großstadtanlagen hineinziehen. In seiner unpathetischen Art verlangt Bakema von den Menschen, sie möchten wieder „Blut statt Waschmittel" in den Adern haben. Dann appelliert er an das Gewissen maßgeblicher Politiker: „Städtebauliche Formgebung ist kein Luxus!" Er weiß, daß Politiker oft eine verhängnisvolle Neigung für das haben, was in der großen Architektur heute am wenigsten nottut, für eine prunkvolle Fassade.

Arnulf Neuwirth

Architekt J. B. Bakema in Wien. Auf Einladung der Zentralvereinigung der Architekten spricht Architekt Jakob Berend Bakema, einer der führenden Architekten Hollands, über „Relation Architektur - Städtebau" am 9. April, 18.30 Uhr, im Österreichischen Museum für angewandte Kunst, I., Weiskirchnerstraße 3.

Architektur und Raum „zum Atmen"
Ein Vortrag von Jakob Berend Bakema

Auf Einladung der Zentralvereinigung der Architekten sprach der 1914 geborene holländische Architekt J. B. Bakema, der unter anderem den holländischen Pavillon in Brüssel geschaffen hat und entscheidend am Wiederaufbau Rotterdams mitgearbeitet hat, zum Thema „Relation Architektur-Städtebau". Sein Vortrag, dem eine lebendige Pressekonferenz vorausgegangen war, griff aber über dieses Thema hinaus das der Gestaltung aller echten Lebensrelationen auf.

In der Architektur ist sowohl die Zeit als auch die Autonomie des Technischen wie auch die der baulichen Ästhetik als solcher vorüber. Es geht jetzt darum, alle diesbezüglichen Errungenschaften in die Gestaltung des menschlichen Lebensraumes einzubringen, einen Aufenthalt zu bilden, in dem das Leben sein

Zuhause und sein Gedeihen hat. Da ist kein Häusertyp vom kleinsten Wohnhaus bis zum Hochhaus für sich allein gültig, sondern erst die rechte Relation aller dieser Typen, die den Menschen in Bodennähe, in Baumhöhe und in Horizontbeziehung leben läßt. Erst eine solche in immer neuen Kombinationen mögliche Zusammenstellung verschafft dem Menschen den ausreichenden „passiven Raum", der Atem und Erholung, physische und psychische Entspannung schenkt.

An zahlreichen Bildbeispielen machte Bakema dieses gesellschaftbildende Konzept architektonischer Integration und Städteplanung deutlich, nachdem er zuvor sowohl die Organik mittelalterlicher Städtebildung und das zerstörende Prinzip des 19. Jahrhunderts als auch die architektonischen Zwischenleistungen seit 1910 belegt, analysiert und entsprechend eingeordnet hatte.

J. L.

Pressespiegel zum ZV-Vortrag von Jakob Berend Bakema, 1956

Mitgliederverzeichnis 1907–1959

Zentralvereinigung der Architekten Österreichs, Landesverband Wien, Niederösterreich und Burgenland

(Forschungsstand: August 2018)

Da ein kontinuierlich geführtes Mitgliederverzeichnis seit Gründung des Vereins im Archiv der ZV fehlt, ist es schwierig, einen genauen Überblick über den Mitgliederstand seit 1907 zu geben. Quellen dazu fanden sich einerseits im Vereinsakt (1907–1938) im Österreichischen Staatsarchiv und andererseits in den gedruckten Mitgliederverzeichnissen der 1930er-Jahre, die sich in der Sammlung der Österreichischen Nationalbibliothek befinden. Mit diesen Dokumenten konnten die Namen der ZV-Mitglieder von 1907 bis 1937 fast vollständig rekonstruiert werden. Als weitaus schwieriger stellte sich die Recherche über die Mitglieder der Zeit nach 1945 heraus, da hier nur vereinzelt Dokumente überliefert sind. So gibt eine im ZV-Archiv erhaltene Mitgliederliste vom 8. Mai 1945 einen Überblick über die ersten ZV-Mitglieder nach dem Krieg, ebenso liegt eine Liste aus dem Jahr 1951 vor. Anhand dieser Fragmente erfolgte die Erstellung einer beinahe vollständigen Mitgliederliste von 1907 bis 1959, die eine Anzahl von ca. 1000 Namen umfasst. In der Regel ist nur das Eintrittsdatum verzeichnet, das Austrittsdatum fehlt. Lediglich bei denjenigen Personen, bei denen kein Eintrittsdatum bekannt ist (o. A.) wurde das Austrittsdatum zu besseren zeitlichen Einordnung in Klammern angeführt. Die Namen der weiblichen ZV-Mitglieder sind farbig differenziert.

A

Adler, Alfred | ab 1928
Aichinger, Hermann | ab 1913
Albrecht (geb. Weiße), Maria | ab 1952
Alth, Karl | ab 1929
Altschul, Max | ab 1928
Amberger, Wilhelm | ab 1947
Amlacher, Johann | ab 1945
Anker, Eduard Johann | ab 1947
Andel, Alfred | ab 1950
Appel, Carl | ab 1936
Ardaker, Martin | ab 1907
Arthofer, Ernst | ab 1949
Arthold, Leo | ab 1928
Artmann, Emil | ab 1907
Artmann, Paul | ab 1952
Artner, Otto | ab 1937
Auböck, Carl | ab 1950
Augenfeld, Felix | ab 1924
Augustin, Othmar | ab 1954
Auinger, Ferdinand | ab 1936

B

Bach, Theodor | ab 1907
Badstieber, Karl | ab 1907
Baier, Heinrich | ab 1957
Balcarek (geb. Beck), Maria | ab 1947
Balzarek, M. | ab 1907
Bamberger, Julius | ab 1907
Barnath, Franz | ab 1947
Bartak, Kurt | ab ca. 1951
Bartik, Herbert | ab 1947
Bartosch, Alfred | ab 1929
Bastl, Alfred | ab 1957
Baudys, Josef | ab ca. 1951
Bauer, August | ab 1922
Bauer, Bruno | ab 1913
Bauer, Harald | ab 1945
Bauer, Leopold | ab 1907
Bauer, Richard | ab 1936
Bauer, Wolfgang | ab 1946
Bauernfeind, Armin | ab 1952
Baumann, Ludwig | ab 1907
Baumfeld, Rudolf | ab 1932
Baumgartner, Franz | ab 1910
Baumgarten, Wilhelm | ab 1913
Bayer, Optat | ab 1928
Bazalka (geb. Partyka), Libuse | ab 1954
Bazalka Rudolf | ab 1947
Beck, Erna | ab 1945
Becker, Ludwig | ab 1908
Becvar, Josef | ab 1933
Behrens, Peter | ab 1922
Belloni, Alexius | ab 1949
Belohlawek, A. | ab 1910

Benedikt, Heinrich | ab ca. 1951
Benke, Maria | ab ca. 1951
Beranek, Anny | ab ca. 1951
Berg, Ernst | ab 1953
Berger, Hans | ab 1927
Berger, Vitus | ab 1907
Bergmann, Julius | ab 1929
Bergmann, Paul | ab ca. 1951
Berka, Robert | ab ca. 1951
Bernd, Max | ab 1945
Berreck, Roland | ab 1959
Bichler, Hans | ab 1932
Binder Friedrich | ab 1955
Blauensteiner (geb. Vogel), Waltraud | ab 1946
Blodek, Fritz | ab 1934
Bochynek, Johann | ab 1945
Boeckl, Leopold | ab 1956
Bolek, Hans | ab 1945
Bolldorf, Leo | ab 1933
Bolldorf-Reitstätter, Martha | ab 1935
Boltenstern, Erich | ab 1929
Böck, Erwin | ab 1920
Böhm, Eduard | ab 1933
Böhm, Franz Otto | ab 1946
Böhm (geb. Benke), Maria | ab 1948
Böhm-Raffay, Friedrich | ab ca. 1951
Brandner, Karl | ab 1929
Brandstätter, Alfred | ab 1953
Brandstätter, Rudolf | ab 1952
Breitschopf, Eduard | ab 1946
Bressler, Emil | ab 1907
Brang, Peter Paul | ab 1907
Braun, Kurt | ab 1958
Bräuer, Karl | ab 1931
Brenner, Anton | ab 1945
Brenner, Herbert | ab ca. 1951
Brenner, Robert | ab ca. 1951
Bretschneider, Fritz | ab 1912
Breuer, Otto | ab 1932
Briggs, Ella | ab 1925
Bruckmayer, Karl | ab 1947
Brunar, Hugo | ab 1927
Brunner, Alois | ab 1946
Brunner, Karl Heinrich | ab 1929
Brunner, Othmar | ab ca. 1951
Brüll, Josef | ab 1925
Buchinger, Wilhelm | ab ca. 1951
Buchner, Robert | ab 1928
Bukovics, Nikolaus | ab 1917
Busch, Emil | ab 1931
Buzek, Bruno | ab 1947
Büchele, Herbert | ab 1956

C

Cabek, Karl | ab ca. 1951
Castelliz, Alfred | ab 1919
Cäsar, Martin | ab 1950
Ceplecha, Anton Johann | ab 1945
Cermak, Wilhelm | ab 1947
Cernohous, Annemarie | o. A. (bis 1973)
Chalusch, Alfred | ab 1919
Chilla, Leo | ab 1907
Christoph, Erwin | ab 1955
Chromy, Josef | ab 1953
Chromy, Rudolf | ab 1936
Czapka, Josef | ab ca. 1951
Czedik, Maria | o. A.
Czernin, Peter | ab 1954
Czihal, Johann | ab ca. 1951

D

Dammer, Robert | ab 1907
Dausch, Arthur | ab ca. 1951
Décsey, Alexander | ab ca. 1910
Dedek, Hans | ab 1945
Deininger, Julius | ab 1907
Deininger, Wunibald | ab 1907
Demetz, Josef | ab 1930
Demmer, Alexander | ab ca. 1951
Dex, Josef | ab 1931
Dick, Rudolf | ab 1945
Dinner, Alexander | ab ca. 1951
Dirnhuber, Karl | ab 1919
Dittmann, Otto | ab ca. 1951
Dobrowolny, J. | ab 1945
Dolesch, Armin | ab 1950
Dorfmeister, Karl | ab 1919
Drabek, Hans | ab 1945
Dreier, Alfred | ab 1945
Drevensek, Christine | ab ca. 1951
Drexler, Anton | ab 1907
Drobny, Franz | ab 1907
Drosda, Viktor | ab 1931
Dusl, Erich | ab 1946
Dübell, Emil | ab 1954
Dvořak, Hans | ab 1908

E

Eckel, Kurt | ab 1956
Eckenstorfer, Karl | ab 1931
Ecker, Josef | ab 1930
Eder, Karl | ab 1945
Eichberg, Walter | ab ca. 1951
Eigl, Josef | ab 1945
Eisler, Rudolf | ab 1919
Engelhart, Michel | ab 1929
Epstein, Heinrich | ab 1937
Erdös, Rudolf | ab 1909

Erhart, Otto | ab 1952
Ernst, Chr. | ab 1913
Espinosa, Adelio F. | o. A. (bis 1973)
Euler, Friedrich | ab 1946

F

Fabiani, Max | ab 1909
Fabrici, Erwin | ab 1945
Faigl, Ludwig | ab ca. 1910
Fanta, Heinrich | ab 1909
Farský, Robert | ab 1909
Fassbender, Eugen | ab 1907
Fayans, Stefan | ab ca. 1910
Feldegg, Ferdinand | ab 1907
Fellerer, Max | ab 1928
Fellner II., Ferdinand | ab 1907
Fenzl, Viktor | ab 1919
Ferjanc, Josef | ab 1948
Ferstel, Max | ab ca. 1910
Feuer, Fritz | ab 1934
Feuerstein, Günther | ab 1956
Fick, Gottfried | ab 1956
Fidrmuc, Ludwig | ab 1945
Finstermann, Gustav | ab 1945
Fischel, Hartwig | ab 1908
Fischel, Paul | ab 1921
Fischer, Josef | ab 1926
Fischer-Tomann, Peter Vicktor | o. A. (bis 1977)
Fizia, Kurt | ab 1923
Fleischer, Josef | ab 1945
Foehr, Adolf | ab 1912
Foltin, Rudolf | ab 1952
Foltz, Alfred | ab 1907
Foral, Walter | ab 1945
Frass, Rudolf | ab 1916
Fränkel, Wilhelm | ab 1915
Frey, Dagobert | ab 1911
Freyler, Fred | ab 1948
Fridinger, Egon | ab 1929
Friedl, Fritz | ab 1935
Friedl, Josef | ab 1930
Friedl, Wilhelm | ab 1936
Frisch, Helmut | ab 1957
Fritz, Stephan | ab ca. 1951
Frommer, Ernst | ab 1930
Fröde, Erich | ab ca. 1951
Fröhlich, Gustav | ab ca. 1951
Frühwirth, Hermine | ab 1936
Frühwirth, Willy | ab 1953
Fuchs, Ernst | ab 1935
Fuhrmann, Rudolf | o. A.
Führer, Rudolf Johann | ab 1923

G

Gabriel, Reinhold | ab 1951
Gadolla, Egon | ab 1952
Gangl, Johann | ab 1930
Garon, Emmerich | ab 1956
Gass (geb. Khuen), Elisabeth | ab 1952
Gassner, Hans | ab 1933
Gärber, Karl | ab 1908
Gärdtner, Albert | ab 1927
Geiger (geb. Androszowski), Erika | ab 1955
Geiringer, Siegemund | ab 1932
Geppert, Paul | ab 1913
Gerischer, Anton | ab 1920
Gerlach, Robert | ab 1933
Gerstenauer, Rudolf | ab 1945
Gessner, Franz | ab 1914
Gessner, Hubert | ab 1914
Giacomelli, Louis | ab 1907
Glas, Hans | ab 1929
Glaser, Ferdinand | ab 1919
Glaser, Hans | ab 1915
Glass, Heinz | ab 1936
Glebowski, Alois | ab 1955
Gleichentheil, Anton | ab 1921
Glück, Elisabeth | ab 1948
Goder, Rudolf | ab 1946
Goebel, Rudolf | ab 1910
Goldberger, Arnold | ab 1917
Golob, Fritz | ab ca. 1951
Gollob, Hedwig | ab 1947
Gomsi, Franz | ab 1945
Gorge, Hugo | ab 1919
Gosch, Max Roland | ab 1954
Gottesmann, Friedrich | ab 1910
Gotthilf-Miskolczy, Ernst | ab 1907
Gottlieb, Michal | ab 1946
Götzinger, Heinrich | ab 1921
Graf, Alexander | ab 1908
Graf, Franz | ab 1948
Greifenhagen, Richard | ab 1907
Grienberger, Julius | ab 1913
Grigkar (geb. Kapinus), Erna | ab 1945
Grigkar, Rudolf | ab 1936
Groiß, Johann | ab 1956
Gross, Carl | ab 1933
Gross, Fritz | ab 1931
Gross, Heinz | ab 1952
Gröbl, Anton | ab 1924
Gruber, Franz | ab 1907
Gruber, Otto | ab 1952
Gruen, Otto | ab ca. 1951
Grünberger, Fritz Alexander | ab 1946
Gruenberger, Fritz Florian | ab 1948
Grunert, Willy | ab 1948
Grüll, Fritz | ab 1930

Gschöpf, Erich | ab 1908
Gubler, Max | ab 1912
Güntner, Georg | ab 1928
Gütl, Paul | ab 1926
Györgyfalvy, Miklos | ab 1909

H

Haas, Fritz | ab 1921
Habersatter, Rupert | ab ca. 1951
Haberzettl, Harry | ab 1958
Habianitsch, Walter | ab 1947
Hable, Franz | ab 1953
Hackhofer, Jos. | ab 1907
Haerdtl, Oswald | ab 1931
Hager, Roland | ab 1934
Haitinger, Rober | ab ca. 1951
Hala, Karl | ab 1945
Hallak, Josef Heinrich | ab 1921
Hamm, Hans | ab 1934
Hammel, Rudolf | ab ca. 1910
Hannich, Josef | ab 1924
Hartinger, Robert | ab 1946
Hartl, Karl | ab 1945
Hasenöhrl, Felix | ab 1949
Hassmann, Hans | ab 1945
Hatschek, Arnold | ab 1908
Hauer, Ignaz | ab 1907
Hausberger, Hanns | ab ca. 1951
Hauschka, Karl | ab 1924
Haushofer, Andreas | ab 1954
Hawranek, Josef | ab 1930
Haybäck, Karl | ab 1907
Häusler, Philipp | ab 1930
Heffeter, Ernst | ab 1945
Hegele, Max | ab 1907
Heger, Rolf | ab 1945
Heid, Johann | ab 1955
Hein, Albert | ab 1936
Heinisch, Josef | ab 1920
Heinzle, Josef | ab 1926
Hellmayr, Alfred | ab 1934
Hellwig, Otto | ab 1920
Helmer, Hermann | ab 1907
Herdtle, Hermann | ab 1907
Herrgesell, Franz | ab 1950
Hetmanek, Alfons | ab 1920
Heymann, Herbert | ab 1945
Himmelstoß, Karl | ab ca. 1951
Hirsch, Richard | ab 1923
Hitzginger, Helmut | ab 1957
Hloucal, Hans | ab 1922
Hoch, Adolf | ab 1932
Hoch, Anton | ab 1935
Hofbauer, Josef | ab 1916
Hofbauer, Rudolf | ab 1945

Koch, Alois | ab 1907
Koch, Erwin | ab 1945
Koch, Julius | ab 1907
Koch, Wilhelm | ab 1945
Koči (geb. Weschta), Ilse | ab 1957
Kohlseisen, Sepp | o. A. (bis 1975)
Kolbe, Gerhard | o. A. (bis 1974)
Koller-Buchwieser, Helene | ab 1959
Koppler, Wilmut | ab 1933
Kornfeld, Herbert | ab ca. 1951
Kosak, Ceno | ab 1933
Kotal, Hermine | ab ca. 1951
Kotal, Karl | ab 1945
Kotas, Robert | ab 1933
Kotauczek, Max | ab 1934
Köchlin, Heinrich | ab 1909
Köhler, Kilian | ab 1913
Kölbl, Karl | ab ca. 1951
König, Gustav | ab 1914
König, Karl | ab ca. 1910
König, Paul | ab 1934
Körner, Wilhelm | ab 1933
Köstler, Anton | ab 1919
Kraft, Fritz | ab 1934
Kraft, Viktor | ab 1950
Kralik, Anton | ab ca. 1951
Kramer, Eduard | ab 1916
Krampf, Gerhard | ab ca. 1951
Kramreiter, Robert | ab 1932
Krasa, Hugo | ab 1945
Kratky, Leo | ab ca. 1951
Kratky, Robert | ab 1928
Kraupa, Alfred | ab 1915
Krause, Rudolf | ab 1915
Krauss, Franz Karl | ab 1907
Krauß, Rudolf | ab 1907
Krawina, Josef | ab 1957
Kreuzer, Hans Georg | ab 1929
Krisch, Guenter | ab 1952
Krist, Karl | ab 1920
Kronfuss, Carl | ab 1930
Kropf, Max | ab 1907
Kroupa, Wilhelm | ab 1937
Kuhn, Franz | ab 1926
Kulka, Heinrich | ab 1936
Kunath, Hanns | ab 1945
Kuntschik, Moritz Otto | ab 1907
Kunz, Heinz | ab 1934
Kupka, Franz | ab 1911
Kupsky, Karl | ab 1931
Kuschel, Erich | ab 1935
Kutscha von Lissberg, Paul | ab ca. 1951
Kutschera, Hermann | ab 1925
Kutzbach, Irene | ab ca. 1951
Kühn, Karl | ab 1915

Kühn, Max | ab 1909
Kühnel, Franz | ab 1945

L
Laad, Norbert | ab ca. 1951
Lackner, Gertrude | o. A. (bis 1978)
Langer, Ferdinand | ab 1928
Langer, Karl | ab 1926
Lamprecht, Josef | ab ca. 1951
Lassmann (geb. Jurecka), Edith | ab 1947
Lauterbach, Rolf Thomas | ab 1935
Lederer-Ponzer, Ernst | ab ca. 1951
Leitner, Josef | ab 1946
Leixner, Otmar | ab 1915
Lenhardt, Franz | ab ca. 1951
Lethmayer, Erich E. | ab 1958
Leutzendorff, Egon | ab 1919
Lichtblau, Ernst | ab 1916
Liebe, Anton | ab 1932
Liebl, Leopold | ab 1946
Liegert-Urban, Herta | o. A. (bis 1972)
Linschütz, Albert | o. A.
Lintl, Hannes | ab 1953
Lippert, Georg | ab 1954
Loibl, Albert | ab ca. 1951
Lorenz, Georg | ab 1935
Lorenz, Ilse | ab ca. 1951
Lorenz, Karl Raimund | ab 1945
Löbl, Franz | ab 1914
Lörl, Hans | ab 1935
Löwitsch, Franz | ab 1945
Ludwig, Günther | ab 1956
Luksch, Wilhelm | ab 1926

M
Macke, Klaus | o. A. (bis 1973)
Magloth, Franz | ab 1935
Mahler, Friedrich | ab 1919
Majores, Erich | ab 1950
Mang, Karl | ab ca. 1951
Manhardt von (geb. Grom-Rottmayer), Ulrike | ab 1946
Marchart, Alexander | ab 1955
Matuschek, Franz Hubert | ab 1931
Mayer, Theodor | ab 1919
Mayerhofer, Franz | o. A. (bis 1973)
Mayr, Fritz Gerhard | ab 1958
Mayr, Hans | ab 1907
Mayreder, Karl | ab 1907
Medetz, Nikolaus | ab 1946
Meise, Luis | ab 1933
Meister, Gottfried | ab ca. 1951
Melichar, Rudolf | ab 1907
Mellion, Fritz | ab 1928
Merinsky, Jaro K. | ab 1926

Merwar, Karl | ab 1936
Messner, Franz | ab 1919
Miedel, Hanns | ab 1920
Miedel, Johann | ab 1907
Miksch, Ernst | ab 1921
Mimra, Friedrich | ab ca. 1951
Misterka, Edmund | ab 1928
Mittag, Viktor | ab 1921
Mogyorósy, Arpad | ab 1907
Moiret, Peter Paul | ab 1936
Mond, Jonas | ab 1929
Monter, Maximilian J. | ab 1912
Mosettig, Franz | ab 1934
Mostböck, Friedrich | ab ca. 1951
Mögle, Fritz | ab 1945
Mörth, Franz | ab 1930
Mörth, Siegfried | ab 1929
Muchar, Walter | ab 1948
Musel, Rosl Maria | ab ca. 1951
Muttoné, Hans | o. A. (bis 1973)
Müller, Hermann | ab 1907
Müller, Jutta | ab 1953
Müller, Sepp | ab 1959
Müller, Siegmund | ab 1909
Müller, Zoltan | ab 1931
Müllner, Eugen | ab 1914
Müllner, Franz | ab ca. 1951
Münch, Rudolf | ab 1949

N
Nachich, Spiro | ab 1912
Nechansky, Arnold | ab 1936
Nehrer, Kurt | ab 1945
Nemecic, Felix | ab 1936
Nemetz, Walter | ab 1945
Neuhauser, Georg | ab 1951
Neumaier, Fritz | ab 1933
Neumann, Alexander | ab 1907
Neumann, Friedrich | ab 1930
Neumann, Gustav | ab 1907
Neumann, Hermann | ab 1928
Neumann, Oskar | ab 1909
Neumann-Spallart, Gottfried | ab 1945
Neuper, Max | ab 1930
Nibio, Emil | ab ca. 1951
Niedermoser, Otto | ab 1928
Niemann, Theophil | ab 1920
Nobis, Otto | ab 1945
Novotny, Friedrich | ab ca. 1951

O
Oberdorfer, Erich | ab 1929
Oblatt, Jacques | ab 1920
Ohmann, Friedrich | ab 1915
Oppitz, Viktor | ab 1956

Oppolzer, Franz | ab 1927
Ortner, Alois | ab 1931
Ortner, Herbert | ab 1947
Osika, Anton | ab 1947
Ostersetzer, Herbert | ab 1930
Oswald, Franz | ab 1947
Ottel, Rupprecht | ab 1959
Örley, Robert | ab 1907
Österreicher, Lothar | ab 1936

P
Paar, Adolf | ab 1924
Paar, Hans | ab 1925
Pal, Alfred | ab 1945
Pallme-König, Ernst | ab 1919
Pamlitschka, Rudolf | ab 1948
Pangratz, Friedrich | ab 1936
Patak, Othmar | ab 1936
Patsch, Hans | ab ca. 1910
Patzelt, Josef | ab 1952
Paulitschka, Rudolf | ab ca. 1951
Payer, Oskar | ab 1945
Payer, Peter | ab 1957
Peidl, Franz | ab 1935
Peintner, Max | o. A. (bis 1975)
Perco, Rudolf | ab 1915
Perin, Lionore | ab 1937
Perthen, Rudolf | ab 1921
Peschel, Hans | ab ca. 1910
Peschel, Rudolf | ab 1907
Petermaier, Hans | ab 1931
Peters (geb. Hotzy), Erika | ab 1952
Peters, Joachim | ab ca. 1951
Petter, Helmuth | ab 1948
Pfann, Hans | ab 1920
Pfeiffer, Eduard Josef | ab 1955
Pflichter, Egon | ab 1936
Pfob, Richard | ab 1927
Pichler, Bernhard | ab 1947
Pick, Wilhelm | ab 1945
Pietsch, Luzia | ab 1928
Pilewski, Leonie | ab 1925
Pindt, Friedrich | ab 1920
Pippal-Kottnig, Eugenie | ab 1945
Plessinger, Alois | ab ca. 1951
Plischke, Ernst | ab 1928
Plojhar, Ernst | ab 1954
Pock, Erwin | ab 1931
Podivin, Hans | ab 1953
Podlipny, Anselm | ab 1945
Polach, Johann | ab 1957
Pollak, Felix Angelo | ab 1923
Pommerenke, Robert | ab ca. 1951
Pongracz, Elisabeth | ab ca. 1951
Ponzen, Leopold | ab 1929

Popp, Alexander | ab 1924
Poppovits, Cesar | ab 1910
Pospischil, Rudolf | ab 1945
Postelberg, Viktor | ab 1909
Poszpisily, Rudolf | ab 1936
Poszpisily, Wilfried | ab 1935
Potyka, Anton | ab 1929
Potyka, Hugo | ab 1954
Prankl, Walter | o. A. (bis 1975)
Prantl, Florian | ab 1920
Praun, Anna | ab ca. 1951
Praun, Richard | ab 1935
Prerovsky, Fritz | ab 1925
Preyer, Josef | ab 1933
Prichzi, Max | ab 1932
Prikryl, Josef | ab 1925
Proche, Walter | ab ca. 1951
Proksch, Josef | ab 1935
Prukner, Ilse | ab 1947
Prutscher, Otto | ab 1919
Prutscher, Walter | ab ca. 1951
Puffer, Hans | ab ca. 1951
Purr, Fritz | ab 1932
Putsch, Richard | ab 1922

R
Raabenhofer, Karl | ab 1920
Radocsay, Friedrich | ab 1945
Rainer, Roland | ab 1936
Raschka, Walther | ab 1924
Redl, Matthias | ab 1931
Regnier, Lionore | ab 1937
Reichel, Wilhelm | ab 1950
Reichl, Fritz | ab 1919
Reiner, Franz | ab 1945
Reinhart, Kurt | ab 1945
Reinthaller, Thomas | ab 1953
Reischl, Walter | ab 1924
Reiser, Ignaz | ab 1929
Reiss, Otto | ab 1934
Reiter, Viktor | ab 1920
Reitsammer, Hans | ab 1945
Reitstätter, Heinrich | ab 1945
Requat, Franz | ab 1953
Reuter, Kurt | ab 1933
Režac, Johann | ab 1934
Richter, Erich | ab 1927
Richter, Hans Rudolf | ab 1929
Richter, Ludwig | ab 1908
Richter, Otto | ab 1907
Ried, Heinrich | ab 1916
Riedl, Ferdinand | ab 1948
Riedl, Hans | ab 1950
Rindler, Julius | ab 1925
Riss, Egon | ab 1927

Rodler, Alfred | ab 1920
Rollig, Heinz | ab 1925
Rollwagen, Friedrich | ab ca. 1951
Ronay, Desider | ab 1936
Rosa, Franz | ab 1936
Rosenauer, Michael | ab 1917
Rosenbaum, Fritz | ab 1931
Roth, Helene | ab 1928
Rothauer, Sepp | ab 1945
Roubitschek, Max | ab 1929
Rozinek, Rudolf | ab 1935
Rössler, Karl | ab 1945
Ruczka, Viktor | ab 1933
Rumler, Wilhelm | ab 1926
Rumpelmayer, Fritz | ab ca. 1910
Rupprecht, Georg | ab 1918
Russo, Kurt | ab 1947

S
Sammer, Friedrich | ab 1929
Sandoná, Mario | ab ca. 1910
Sass, Rotraut | ab ca. 1951
Sčasný, Hans | ab 1956
Sehnal, Eug. | ab ca. 1910
Seidl, Karl | ab 1907
Seitl, Hans | ab 1919
Sekler, Eduard F. | ab 1945
Servé, Moriz H. | ab 1946
Seybold, Valentin | ab 1912
Siedek, Richard | ab 1929
Siedek, Viktor | ab 1907
Sieger, Ferdinand | ab 1931
Siegl, Julius | ab ca. 1951
Siller, Heinz | ab 1921
Simlinger, Franz | ab 1957
Simon, Johann Ludwig | ab 1915
Simon, Karl | ab 1945
Simony, Leopold | ab 1907
Simony, Stephan | ab 1932
Singer, Kurt | ab 1935
Sitte, Siegfried | ab 1909
Skach, Anton | ab 1946
Skedl, Hans | ab 1924
Skopalik, Franz | ab 1913
Sladek (geb. Hoheisel), Ilse | ab 1957
Sluka, Hans | ab 1945
Sobotka, Leopold | ab 1956
Sobotka, Walter | ab 1924
Sochor, Erwin | ab 1947
Soulek, Alfred | ab 1946
Sowa, Rudolf | ab 1945
Soyka, Heribert | ab 1952
Spielmann, E. | ab 1909
Spitzer, Erwin | ab 1929
Sulzbeck-Günther, Fritz | ab 1919

Surböck, Heinrich | ab 1951
Swoboda, Albert Konstantin | ab 1907
Sylvester-Keidel, Helmut | ab 1935
Szadko, Rudolf | ab 1924

Sch
Schacherl, Franz | ab 1926
Schaffran, Hilde | ab ca. 1951
Scheffel, Karl | ab 1920
Scheibl, Leopold | ab 1945
Scheicher, Rudolf | ab 1953
Scheide, Heinrich | ab 1951
Scherer, Rudolf | ab 1929
Schernberger, Alfred | ab 1957
Schick, Hans | ab 1945
Schieder, Moritz Hans | ab 1907
Schilhab, Josef | ab 1935
Schiller, Joseph Eugen | ab 1911
Schindler, Otto | ab 1948
Schinzel, Helmut | ab ca. 1951
Schlacher, Franz | ab 1934
Schlauf, Adolf | ab 1914
Schlauss, Kurt | ab 1947
Schläger, Frank | ab 1926
Schlechta, Joh. | ab ca. 1910
Schlesinger, Hans | ab 1927
Schlesinger, Norbert | ab 1932
Schlichting, Isabella | ab ca. 1951
Schlossberg, Friedrich | ab 1945
Schmeer, Fritz | ab 1933
Schmelzenbart, Josef | ab 1947
Schmid, Heinrich | ab 1913
Schmid, Herbert | ab 1955
Schmid, Martin J. | ab 1933
Schmiderer, Max | ab 1946
Schmidl, Ludwig | ab 1909
Schmidt, Klaus | ab 1952
Schmoll, Leo | ab 1933
Schmutzer, Walter | ab 1957
Schneider, Fritz Hannes | ab 1945
Schneider, Hans | ab 1911
Schnitzer von Lindenstamm, Emil | ab 1911
Schober, Hubert | ab 1955
Schobermayr Johann | ab 1949
Schoderböck, Fritz | ab 1937
Schopper, Heinrich | ab 1919
Schopper, Paul | ab ca. 1951
Schottenberger, Otto | ab 1932
Schöbl, Wilhelm | ab 1935
Schöll, Theodor | ab 1927
Schömer, Alfred | ab 1949
Schömer, Karl | ab 1924
Schön, Friedrich | ab 1907
Schöne, Ludwig | ab 1913
Schönthal, Otto | ab 1908

Schranz, Herbert | ab ca. 1910
Schreiber, Ernst | ab 1936
Schreier, Theodor | ab 1907
Schreier, Walter | ab ca. 1951
Schröfl, Werner | ab 1953
Schubert, Karl | ab 1932
Schultze, Ludwig | ab 1946
Schuster, Ernst | ab 1955
Schuster, Franz | ab 1926
Schüssler, Eugen | ab 1931
Schütz, Dominikus | ab ca. 1951
Schwameis, Fritz | ab 1945
Schwanzer, Karl | ab 1949
Schwarz, Thomas | ab ca. 1951
Schwarzacher, Wolfgang | ab ca. 1951
Schwarzbach, Liselotte | ab ca. 1951
Schwarzfeld, Siegfried | ab 1929
Schwarzinger (Kirschner), Leopoldine | ab 1947
Schwefel, Jacques | ab 1928
Schweighofer, Anton | ab 1957
Schwetter, Heinrich | ab ca. 1951

St
Staber, Hans | ab 1951
Stamminger, Lucia | ab ca. 1951
Stary, August | ab 1951
Steflicek, Anton | ab 1949
Stein, Josef | ab 1946
Stein, Manfred | ab 1971
Stein (geb. Euler), Monika | ab 1950
Steiner, Kurt | o. A.
Steinhardt, Robert | ab ca. 1951
Steinhof, Eugen | ab 1929
Steinitz, Leo | ab 1908
Steinklammer, Georg | ab 1935
Stejnar, Emil | ab 1947
Stelzig, Rainer | ab ca. 1951
Stepanik, Walter | ab 1945
Stephan, Karl | ab 1913
Stern, Siegfried | ab ca. 1910
Stiaßny, Wilhelm | ab ca. 1910
Stickler, Gottfried | ab 1955
Stiegholzer, Hermann | ab 1937
Stigler, Ludwig | ab 1932
Stix, Louis | ab 1935
Stonig, Hans | ab 1933
Stögerer, Kurt | ab 1959
Strang, August | ab 1935
Strasser, Rupert | ab ca. 1951
Strauss, Walter | ab 1957
Streit, Andreas | ab ca. 1910
Streli, Erwin | ab 1934
Strnad, Oskar | ab 1916
Stumpf, Christoph | ab 1918

Stutterheim, Alfred | ab 1912
Stwertnik, Emanuel | ab 1913

T
Takacs, Tibor | ab ca. 1951
Tamussino, Hermann | ab 1927
Teller, Alfred | ab 1909
Tessenow, Heinrich | ab 1916
Thajer, Franz | ab ca. 1951
Thaler, Peter | ab 1930
Theiss, Siegfried | ab 1911
Theiss, Werner | ab 1935
Theuer, Max | ab 1914
Thim, Hans | ab 1952
Thurner, Herbert | ab 1945
Tinhofer, Bruno | ab 1949
Tischer, Alois | ab 1947
Toda, Karl | ab ca. 1951
Tominschek, Franz | ab 1933
Tomssa, Silvester | ab 1908
Tontur, Franz | ab 1954
Tölk, Josef | ab 1907
Tölzer, Maria | ab 1946
Tölzer, Peter | ab 1950
Töpfer, Leopold | ab 1957
Tranquillini, Emil | ab 1915
Tremmel, Ludwig | ab 1912
Tritthart, Edgar | ab 1933
Trojan, Theodor | ab 1952
Troll, Karl | ab 1907
Tröster, Andreas | ab 1933
Tröster, Anna Elisabeth | ab 1955
Toda, Karl | ab 1936
Tscherne, Karl | ab ca. 1951
Tuma, Robert | ab 1958
Twerdy, Wilhelm | ab 1955

U
Ubl, Anton | ab 1929
Uhl, Ottokar | ab 1954
Ullmann, Friedrich | o. A. (bis 1973)
Ullrich, Ferdinand | ab 1930
Ulrich, Robert | ab 1946
Unger, Oskar | ab 1926
Unterberger, Jakob | ab 1920
Urban, Herta | ab ca. 1951
Uxa, Guido | ab 1927

V
Valentin, Anton | ab 1920
Vana, Heinrich | ab 1925
Vana-Schiffmann, Ilse | ab 1952
Vest-Rusan, Wilhelm | ab ca. 1951
Vetter, Hans | ab 1927
Vogel, Johann | ab 1947

Vorderegger, Rudolf | ab 1952
Vorderegger-Reitter, Christine | ab 1957
Völter, Lore | ab 1947
Vytiska, Josef | ab 1935

W
Waage, Fritz | ab 1928
Wachberger, Eugen | ab 1931
Wafler, Franz | ab 1948
Wagner, Otto | ab 1907
Wagner-Freynsheim, Helmuth | ab 1912
Walder, Kurt | ab 1947
Wallecz, Rudolf | ab 1927
Wallisc,h Franz | ab ca. 1951
Wanek (geb. Engel), Gertrud | ab 1947
Wanivenhaus, Hugo | ab ca. 1951
Wanko, Alfred | ab ca. 1951
Wantoch, Heinz | ab ca. 1951
Weber, Anton | ab 1907
Weber, Fritz | ab 1961
Weberitsch, Wolfgang | ab 1936
Weeh, Hans | ab 1934
Weese, Alois | ab 1926
Weichinger, Rudolf | ab 1954
Weinberger, Josef | ab ca. 1951
Weinbrenner, C. | ab 1907
Weiser, Armond | ab 1917
Weiss, Ernst | ab 1927
Weiss, Franz | ab ca. 1951
Weiss, Hans | ab 1935
Weisse, Richard | ab 1915
Weissenböck, Erwin | ab 1951
Weisshaar, August | ab ca. 1951
Weixler, Viktor | ab 1920
Wenz, Josef | ab ca. 1951
Wenzel, Josef | ab 1926
Wernegger, Josef | ab ca. 1951
Weschta, Ilse | ab 1947
Wesecky, Rudolf | ab ca. 1951
Wichtl, Anton | ab ca. 1951
Widmann, Paul | ab 1948
Widter, Kurt | o. A. (bis 1975)
Wiedmann, Brigitta | o. A. (bis 1975)
Wieger, Franz | ab 1945
Wielemans, Alexander | ab ca. 1910
Wieninger, Karl | ab 1935
Wieser, Günther | ab ca. 1951
Wieslaw, Susul | ab o. A.
Wiesner, Wilhelm | ab 1925
Wiesmann, Franz | ab ca. 1951
Wild, Valerie | ab 1945
Windbrechtinger, Wolfgang | ab 1958
Winkler, Rudolf | ab 1934
Witte, Herbert | ab 1952
Wittenhofer, Robert | ab 1935

Wittrisch, Gustav | ab 1920
Witzmann, Carl | ab 1919
Wlach, Oskar | ab 1916
Wobrazek, Wilhelm | ab 1947
Wojnarowski, Johann | ab 1945
Wolf, Alexius | ab 1930
Wolf, Hans | ab 1925
Wolf, Wiliam W. | ab 1930
Wondracek, Rudolf | ab 1937
Wosatka, Franz | ab 1945
Wottitz, Ernst | ab 1935
Wöhnhart, Josef | ab 1946
Wölfl, Hans | ab 1935
Wörle, Eugen | ab 1935
Wörle, Paul | ab 1936
Wurm-Arnkreuz, Alois | ab ca. 1910
Wurts, Josef | ab 1919
Würzl, Hans | ab 1915
Wüttrich, Friedrich | ab 1925
Wytrlik, Otto | ab 1916

Z
Zach, Hans | ab ca. 1951
Zachar, Jacob | ab 1945
Zahel, Günther | ab 1957
Zaininger, Kornelia | ab 1945
Zajicek, Franz | ab 1945
Zawiejski, Jan | ab 1907
Zelfel, Waldemar | ab 1947
Zeidner, Robert | ab 1951
Zeman, Günther | ab 1954
Zepke, Karl | ab ca. 1951
Zeschitz, Ernst | ab 1936
Zeymer, Fritz | ab 1925
Ziffer, Erich | ab 1915
Zimmel, Joseph | ab ca. 1951
Zimmermann, Friedrich | ab 1935
Zita, Hans | ab 1932
Zohles, Adolf | ab 1922
Zorn, Gustav | ab 1907
Zotti, Josef | ab 1928
Zowak, Peter | ab 1945
Zöhrer, Kurt | ab ca. 1951
Zügler, Josef | ab 1937
Zügner, Fritz | ab 1936
Zwickl, Kurt | ab ca. 1951

Ehrenpräsidenten (1907–1959)
Theiss, Siegfried
Holzmeister, Clemens

Ehrenmitglieder (1907–1959)
Aalto, Avar (FIN) | ab 1955
Bakema, Jakob B. (NL) | ab 1957
Bartnig, Otto (D) | ab 1954
Baumann, Ludwig | ab 1915
Behrens, Peter | o. A.
Hebebrand, Werner (D) | ab 1957
Hofmann, Hans (CH) | ab 1956
Gotthilf, Ernst | o. A.
Gurlitt, Cornelius (D) | o. A.
Helmer, Hermann | o. A.
Hoffmann, Josef | o. A.
Jaksch, Hans | o. A.
Kirstein, August | o. A.
König, Karl (1. Ehrenmitglied) | ab 1912
Krauß, Franz Karl | o. A.
Lauritzen, Vilhelm (DNK) | ab 1955
Le Corbusier (FRA) | ab 1957
Loos, Adolf | o. A.
Markelius, Sven (SWE) | ab 1954
Milles, Carl | (SWE) | o. A.
Ohmann, Friedrich | o. A.
Rogers, Ernesto N. (ITA) | ab 1957
Roth Alfred (CH) | ab 1955
Van den Broek, Johannes H. (NL) | ab 1957
Wagner, Otto | o. A.

Karikaturen des ZV-Präsidenten Siegfried Theiss von diversen Personen, die während einer ZV-Exkursion zum Thema Eternit im Herbst 1955 entstanden

iesewetter   4.   27.6.54

FRAU Tölzer

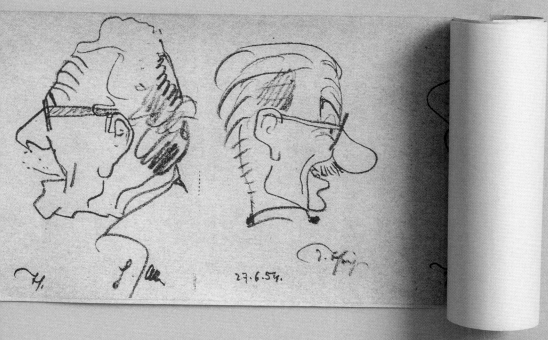

4.   27.6.54.

ARCHITECT W. M. DUDOK. UTRECHTSCHEWEG 71, HILVERSUM

2.3.1954

171

Zentralvereinigung
der Architekten,
WIEN.

Eingelangt am 5.III.54.
Erledigt am

Sehr geehrte Herren,verehrte Kollegen,

Ihr Schreiben vom 4ten Februar,dass ich erst heute, von einer Geschäftsreise in das Ausland zurückgekehrt, beantworten kann,erweckte in mir alte Erinnerungen und neue Freude.
Dass die Verbindungen zwisschen Kulturländern wiederhergestellt werden und die Grenzen im Reiche des Geistes durchbrochen werden ist sicherlich erfreulich und die Ernennung zu Ehrenmitglied Ihrer würdigen Vereinigung macht mich wirklich glücklich.So viele hochbegabten Kollegen haben Wien manchmal zum führenden Zentrum in unsrer Kunst erhoben;hoffentlich finde ich noch einmal die Zeit nach dieser immer begeisternden Stadt zu fahren und meinen alten Freunden ,wie Ihrem verehrten Präsidenten,Professor Theiss,die Hand zu drücken.
Die Zeit geht schnell,das Leben ist kurz, den eignen Weg zu gehen ist schwer,besonders heutzutage.
Dass Sie mir für das Wenige das ich bisher erreichte diese grosse Ehre bereiten,dafür danke ich Ihnen sehr herzlich.
Mit kollegialen Grüssen,

Ihr ergebener

Dudok

TELEFOON 7336, POSTGIRO 22725

Schreiben des ZV-Ehrenmitglieds Willem M. Dudok an die ZV, 1954

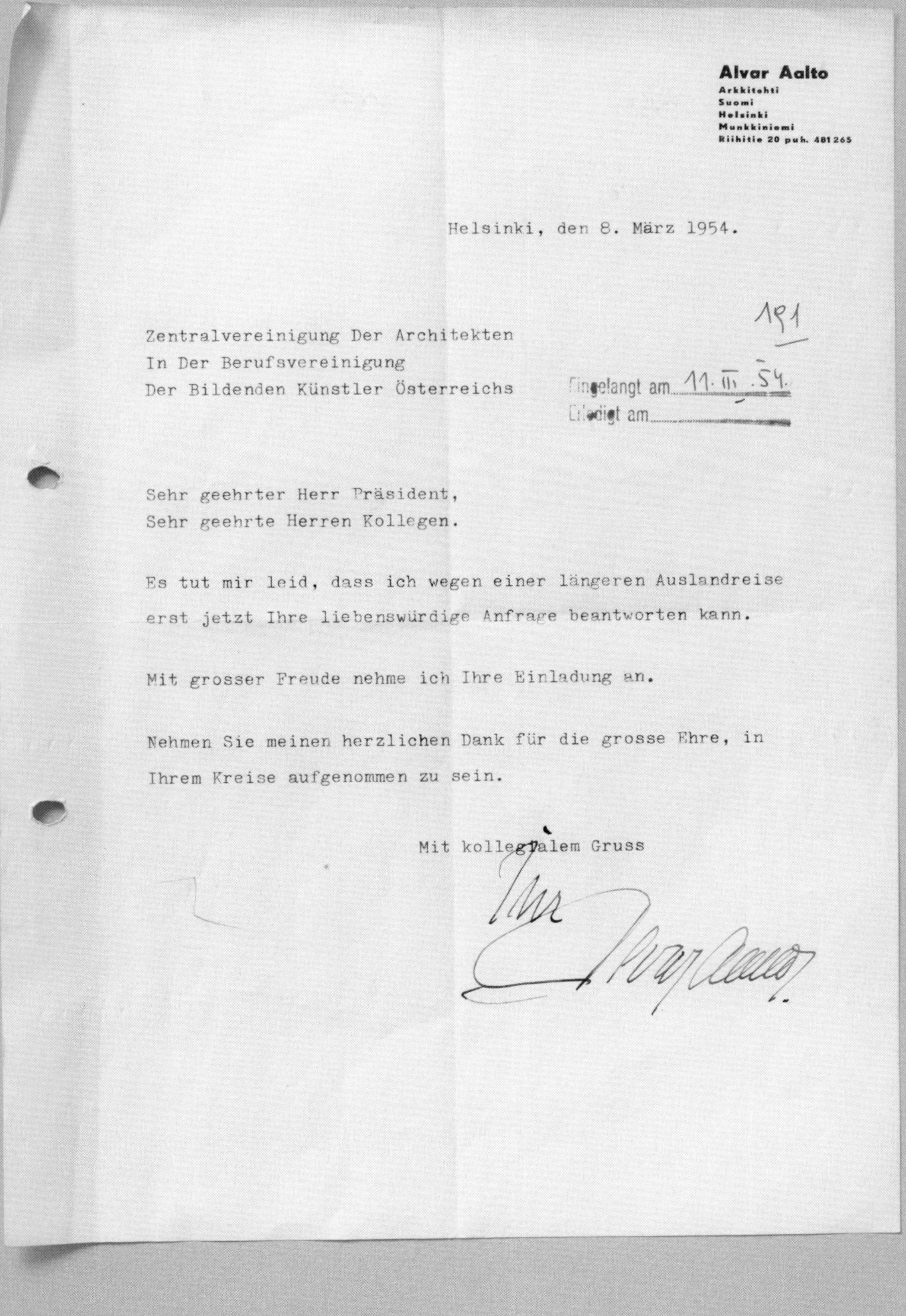

Alvar Aalto
Arkkitehti
Suomi
Helsinki
Munkkiniemi
Riihitie 20 puh. 481265

Helsinki, den 8. März 1954.

Zentralvereinigung Der Architekten
In Der Berufsvereinigung
Der Bildenden Künstler Österreichs

191

Eingelangt am 11.III.54.
Erledigt am_____

Sehr geehrter Herr Präsident,
Sehr geehrte Herren Kollegen.

Es tut mir leid, dass ich wegen einer längeren Auslandreise
erst jetzt Ihre liebenswürdige Anfrage beantworten kann.

Mit grosser Freude nehme ich Ihre Einladung an.

Nehmen Sie meinen herzlichen Dank für die grosse Ehre, in
Ihrem Kreise aufgenommen zu sein.

Mit kollegialem Gruss

Schreiben des ZV-Ehrenmitglieds Alvar Aalto an die ZV, 1954

Prof. Dr. h.c. Hans Hofmann
Architekt B.S.A.

Zürich, den 22. Februar 1955

246

An die Zentralvereinigung der
Architekten Oesterreichs
Salvatorgasse lo
W i e n I

Eingelangt am 24.II.55
Erledigt am

Sehr geehrter Herr Präsident!

Sehr geehrte Herren Kollegen!

Danke Ihnen für Ihren Brief vom lo. Februar 55.
Mit Freude über die Ehrung nehme ich die Ernennung zum Ehrenmitgliede Ihrer Vereinigung an.

Mit vorzüglicher Hochachtung

H. Hofmann.

Mit gleicher Post übersende ich Ihnen ein Separatum über eine meiner letzten Bauten: Mustermesse Basel.

Bitte Sie höflich in Ihrem nächsten Schreiben um Namensnennung von Präsident und Schriftführer, da ich die Unterschriften nicht entziffern konnte.

BUREAU: EIDGENÖSSISCHE TECHNISCHE HOCHSCHULE, ZÜRICH, TEL. (051) 32 73 30   PRIVAT: IN DER SOMMERAU 31, ZÜRICH 7/53, TEL. (051) 24 20 20

Schreiben des ZV-Ehrenmitglieds Hans Hofmann an die ZV, 1955

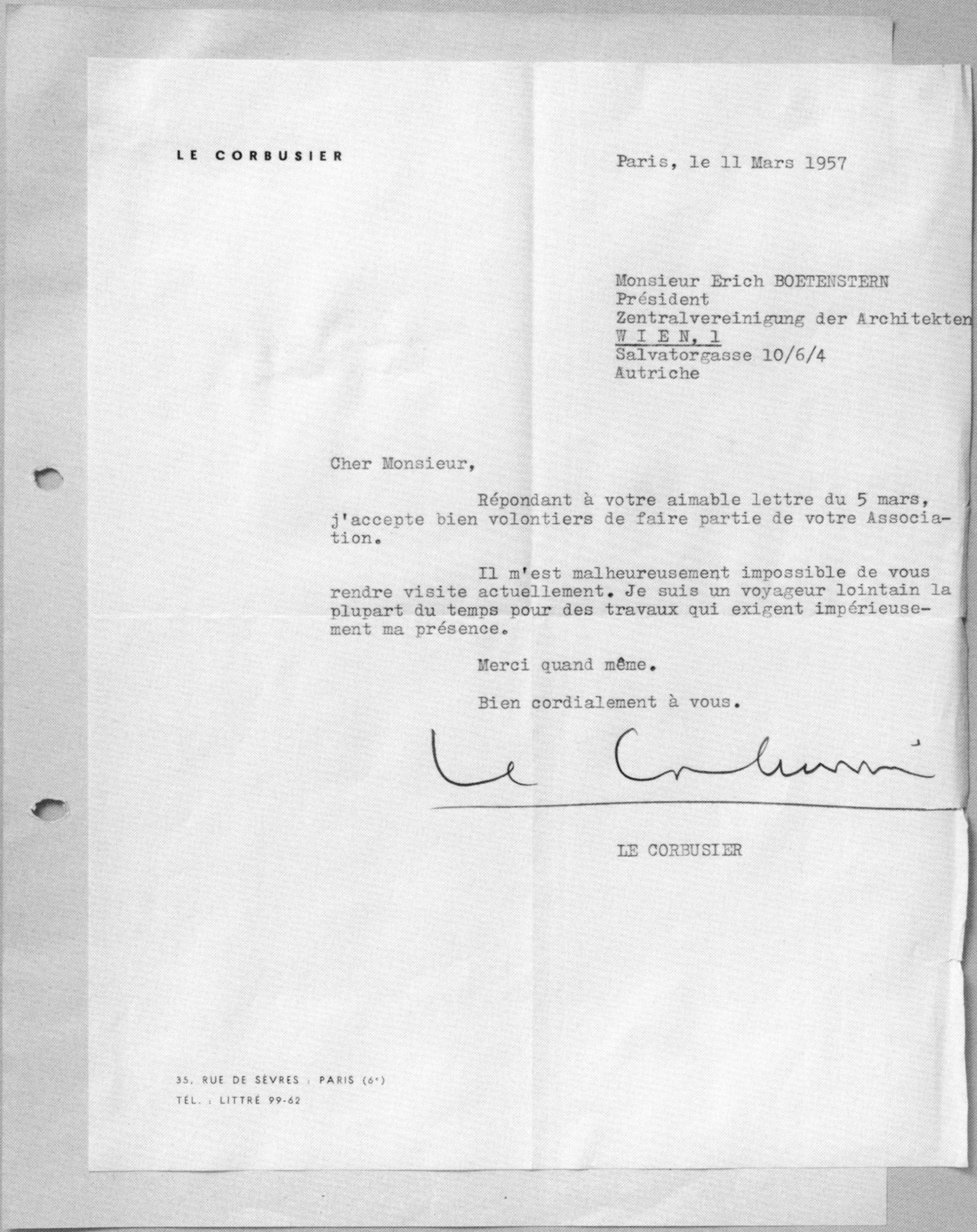

LE CORBUSIER

Paris, le 11 Mars 1957

Monsieur Erich BOETENSTERN
Président
Zentralvereinigung der Architekten
W I E N, 1
Salvatorgasse 10/6/4
Autriche

Cher Monsieur,

      Répondant à votre aimable lettre du 5 mars,
j'accepte bien volontiers de faire partie de votre Association.

      Il m'est malheureusement impossible de vous
rendre visite actuellement. Je suis un voyageur lointain la
plupart du temps pour des travaux qui exigent impérieuse-
ment ma présence.

      Merci quand même.

      Bien cordialement à vous.

LE CORBUSIER

35, RUE DE SÈVRES, PARIS (6°)
TÉL. : LITTRÉ 99-62

Schreiben des ZV-Ehrenmitglieds Le Corbusier an die ZV, 1957

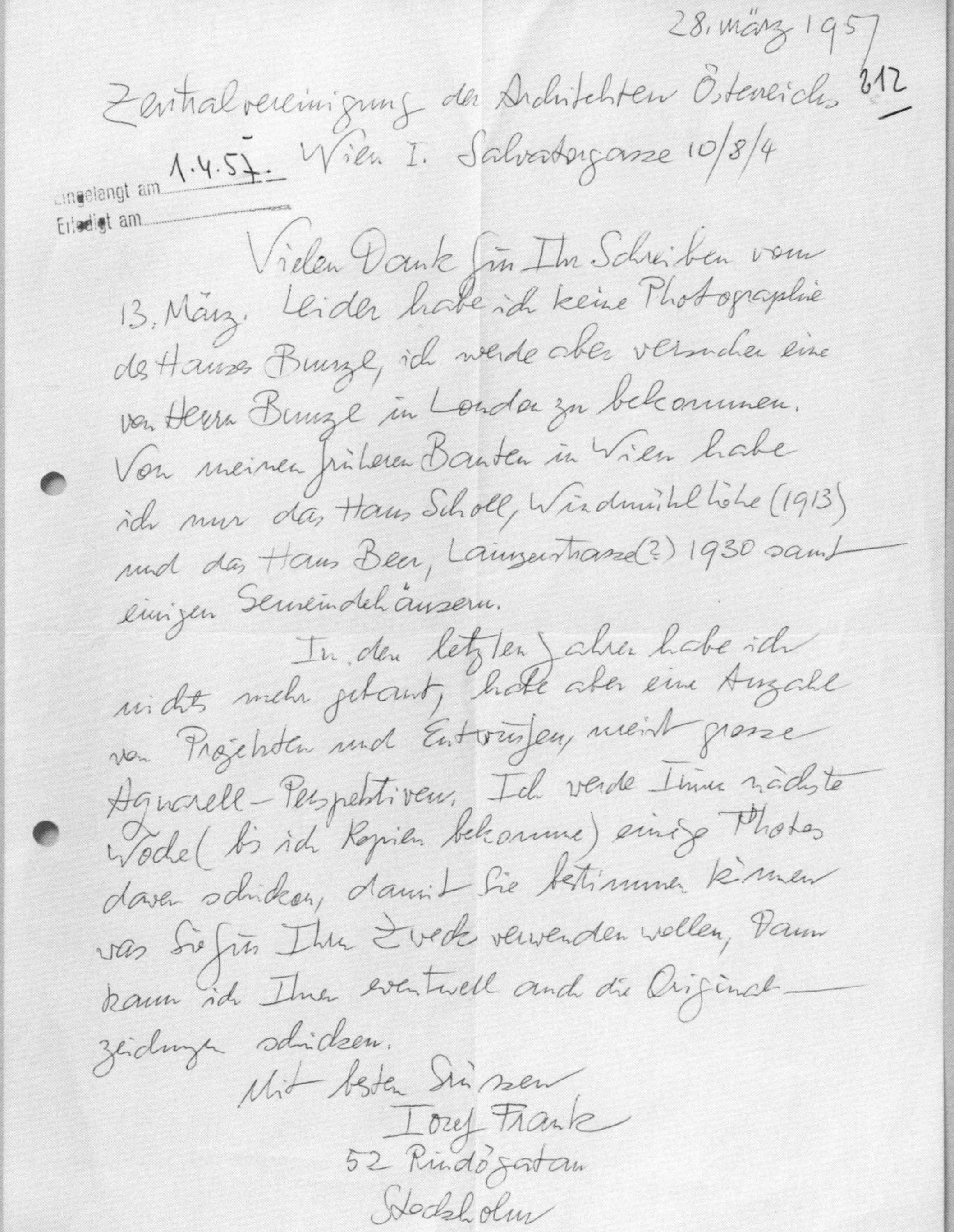

28. März 1957

312

Zentralvereinigung der Architekten Österreichs
Wien I. Salvatorgasse 10/8/4

Eingelangt am 1.4.57.
Erledigt am

Vielen Dank für Ihr Schreiben vom 13. März. Leider habe ich keine Photographie des Hauses Bunzl, ich werde aber versuchen eine von Herrn Bunzl in London zu bekommen. Von meinen früheren Bauten in Wien habe ich nur das Haus Scholl, Windmühlhöhe (1913) und das Haus Beer, Lainzerstrasse(?) 1930 samt einigen Gemeindehäusern.

In den letzten Jahren habe ich nichts mehr gebaut, habe aber eine Anzahl von Projekten und Entwürfen, meist grosse Aquarell-Perspektiven. Ich werde Ihnen nächste Woche (bis ich Kopien bekomme) einige Photos davon schicken, damit Sie bestimmen können was Sie für Ihre Zwecke verwenden wollen, dann kann ich Ihnen eventuell auch die Originalzeichnungen schicken.

Mit besten Grüssen
Josef Frank
52 Rindögatan
Stockholm

Schreiben des ZV-Ehrenmitglieds (ab 1966) Josef Frank an die ZV, 1957

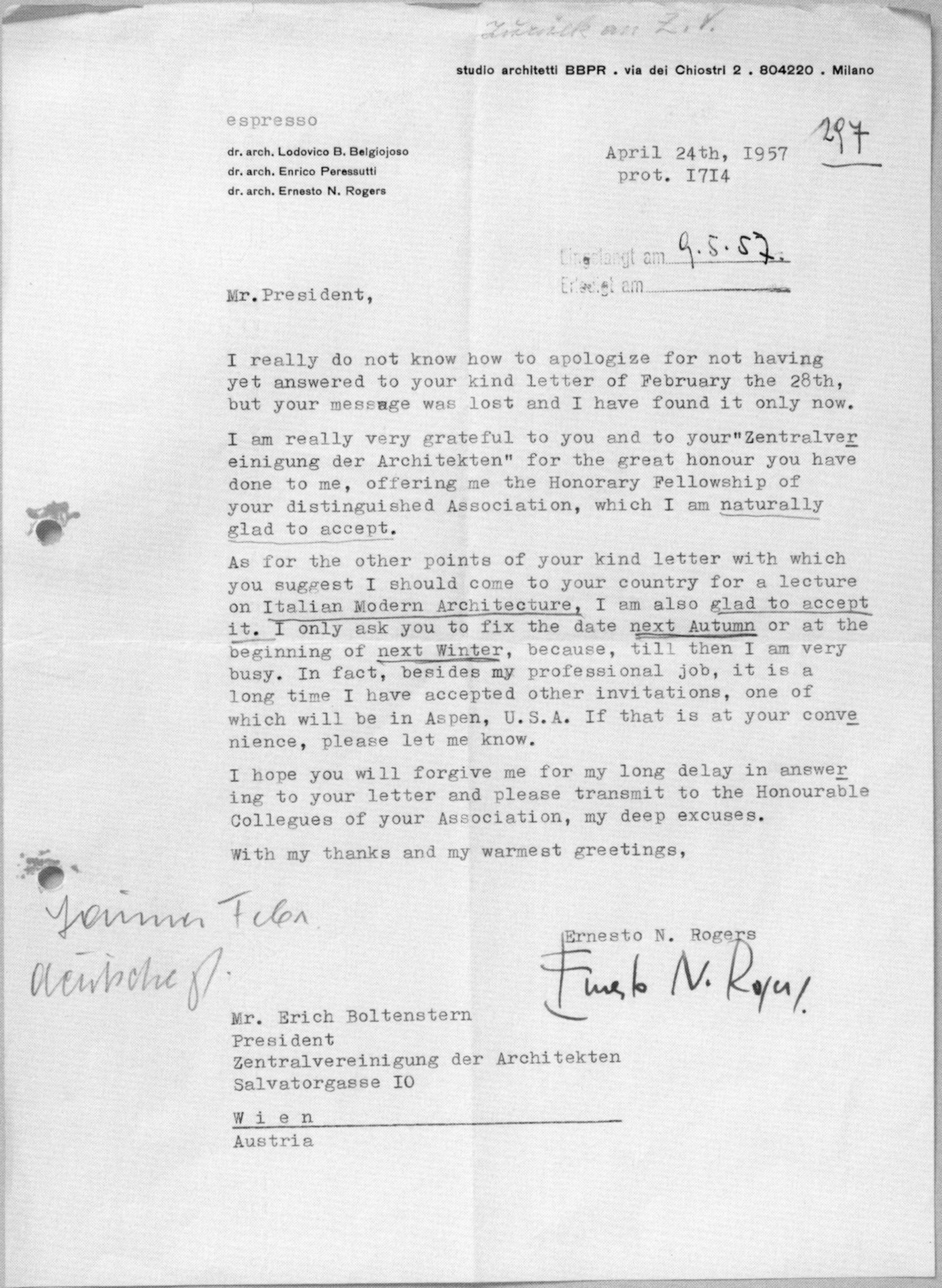

studio architetti BBPR . via dei Chiostri 2 . 804220 . Milano

espresso

dr. arch. Lodovico B. Belgiojoso
dr. arch. Enrico Peressutti
dr. arch. Ernesto N. Rogers

April 24th, 1957
prot. 1714

297

Eingelangt am 9.5.57.
Erledigt am _____

Mr. President,

I really do not know how to apologize for not having
yet answered to your kind letter of February the 28th,
but your message was lost and I have found it only now.

I am really very grateful to you and to your "Zentralver
einigung der Architekten" for the great honour you have
done to me, offering me the Honorary Fellowship of
your distinguished Association, which I am naturally
glad to accept.

As for the other points of your kind letter with which
you suggest I should come to your country for a lecture
on Italian Modern Architecture, I am also glad to accept
it. I only ask you to fix the date next Autumn or at the
beginning of next Winter, because, till then I am very
busy. In fact, besides my professional job, it is a
long time I have accepted other invitations, one of
which will be in Aspen, U.S.A. If that is at your conve
nience, please let me know.

I hope you will forgive me for my long delay in answer
ing to your letter and please transmit to the Honourable
Colleges of your Association, my deep excuses.

With my thanks and my warmest greetings,

Ernesto N. Rogers

Mr. Erich Boltenstern
President
Zentralvereinigung der Architekten
Salvatorgasse 10

W i e n _____
Austria

Schreiben des ZV-Ehrenmitglieds Ernesto N. Rogers an die ZV, 1957

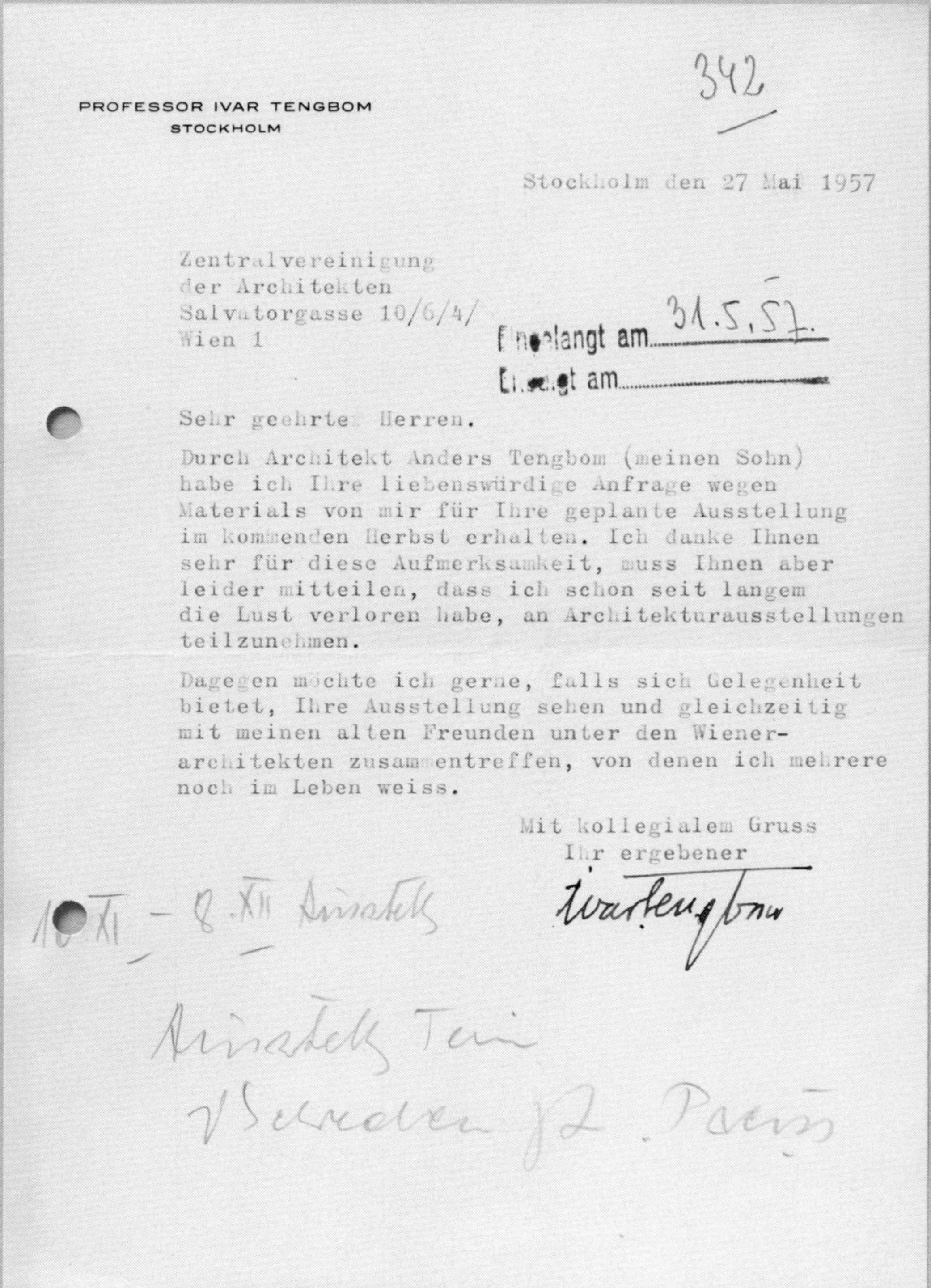

PROFESSOR IVAR TENGBOM
STOCKHOLM

342

Stockholm den 27 Mai 1957

Zentralvereinigung
der Architekten
Salvatorgasse 10/6/4/
Wien 1

Eingelangt am 31.5.57.

Eingelegt am ....

Sehr geehrte Herren.

Durch Architekt Anders Tengbom (meinen Sohn)
habe ich Ihre liebenswürdige Anfrage wegen
Materials von mir für Ihre geplante Ausstellung
im kommenden Herbst erhalten. Ich danke Ihnen
sehr für diese Aufmerksamkeit, muss Ihnen aber
leider mitteilen, dass ich schon seit langem
die Lust verloren habe, an Architekturausstellungen
teilzunehmen.

Dagegen möchte ich gerne, falls sich Gelegenheit
bietet, Ihre Ausstellung sehen und gleichzeitig
mit meinen alten Freunden unter den Wiener-
architekten zusammentreffen, von denen ich mehrere
noch im Leben weiss.

Mit kollegialem Gruss
Ihr ergebener

Ivar Tengbom

10.XI - 8.XII Ausstellg

Ausstellg Tan
Wernden z. Paris

Schreiben Ivar Tengbom an die ZV, 1957

VAN DEN BROEK & BAKEMA ARCHITECTEN POSTHOORNSTRAAT 12B ROTTERDAM

Prof. Ir J. H. van den Broek b.i.
J. B. Bakema

medewerkers:
D. J. van Wijk, chef de bureau
          en procuratiehouder
H. B. J. Lops
J. M. Stokla
J. E. Rijnsdorp

Eingelangt am _12. VI 57_
Erledigt am _3 57_

Zentralvereinigung der Architekten
in der Berufsvereinigung der Bildenden Künstler Österreichs,
Salvatorgasse 10/6/4,
W i e n . I.- (Österreich).-

no PrBa/2828/Ba/vdV.   datum   10.Juli 1957
betreft

Sehr geehrte Herren,

Im allgemeinen unterstütze ich jede Möglichkeit um
internationale Kontakte auf zu bauen, speziall zur
Entwicklung Verständnis kultureller Sachen.

Es ist für mich also eine Ehre und zugleich einen
positiven Beitrag, Ihre Einladung für die Ehrenmit-
gliedschaft zu empfangen und zu akzeptieren.

Mit kollegialen Grüssen,

               Hochachtungsvoll,

               (J.B. Bakema)

telefoon 11 31 35 2 lijnen
postgironummer 309900

Schreiben des ZV-Ehrenmitglieds Jakob B. Bakema an die ZV, 1957

Die Autorinnen

Ingrid Holzschuh (Hrsg.)

Studium der Kunstgeschichte an der Universität Wien, Promotion 2011; seit 2010 als freie Kunst- und Architekturhistorikerin und freie Ausstellungskuratorin sowie Museumsberaterin tätig; Lehrtätigkeit an der Universität Wien und der Technischen Universität Wien; Projektmitarbeiterin sowie Projektleiterin bei diversen Forschungsprojekten; Herausgeberin diverser Publikationen; Forschungsschwerpunkt: Architektur und Städtebau des 20. Jahrhunderts, insbesondere die Zeit des Nationalsozialismus und der Nachkriegszeit; seit 2017 Vorstandsmitglied der Zentralvereinigung der ArchitektInnen Österreichs (ZV).

Gabriele Kaiser

Studium der Kunstgeschichte an der Universität Wien, Promotion 2017; Arbeits- und Forschungsschwerpunkt Architektur und Architekturfachzeitschriften in Österreich nach 1945; 1996–2000 Redakteurin bei *architektur.aktuell* (Springer Verlag Wien), 2001–2010 Kuratorin und Redakteurin im Architekturzentrum Wien (Az W), 2003–2010 Forschungsmitarbeit an Band III/3 des Führers Österreichische Architektur im 20. Jahrhundert von Friedrich Achleitner; 2010–2016 Leiterin des architekturforum oberösterreich (afo); seit 2009 Lehraufträge an der Kunstuniversität Linz; 2014 Gründungsmitglied von diachron – Verein zur Verbreitung und Vertiefung des Wissens über Architektur; seit 2016 Vorstandsmitglied der Österreichischen Gesellschaft für Architektur (ÖGFA).

Sabine Plakolm-Forsthuber

Studium der Fächer Kunstgeschichte und Italienisch in Wien und Perugia, 1986 Promotion, 2000 Habilitation im Fachbereich Kunstgeschichte an der Technischen Universität Wien; Veröffentlichung von Publikationen zur österreichischen Kunst und Architektur des 19. bis 21. Jahrhunderts, insbesondere über Künstlerinnen und Architektinnen, Ausstellungsgeschichte und -architektur, Schulbau, zur Architektur des Otto-Wagner-Spitals in Steinhof sowie Florentiner Frauenklöster von der Renaissance bis zur Gegenreformation; Ao. Univ.-Prof. für Kunstgeschichte an der Technischen Universität Wien.

Monika Platzer

Studium der Kunstgeschichte an der Universität Wien, Promotion 2017; seit 1998 im Architekturzentrum Wien (Az W) tätig, dort Leiterin der Sammlung und Kuratorin; kuratorische Tätigkeit bzw. Leitung diverser Forschungs- und Ausstellungsprojekte; Lehrtätigkeit an der Universität Wien und an der Technischen Universität Wien; Editor von *icamprint* (Mitgliedszeitschrift des International Confederation of Architectural Museum); 2014 Visiting Scholar am Center for European Studies, Harvard University, USA; Forschungsschwerpunkt: österreichische Architektur- und Kulturgeschichte des 20. Jahrhunderts, aktuell mit Schwerpunkt zum Thema Architektur und Kalter Krieg.

Ursula Prokop

Studium der Kunstgeschichte an der Universität Wien, Promotion 1997; Forschungsschwerpunkt: österreichische Architektur- und Kulturgeschichte der ersten Hälfte des 20. Jahrhunderts; Veröffentlichung zahlreicher Fachartikel und Buchpublikation; Mitarbeit an diversen Ausstellungen und Forschungsprojekten der Universitäten in Wien und Graz; Vortragsreihe zur Ästhetik der Moderne am Institut für Wissenschaft und Kunst (IWK); langjährige Projektmitarbeit an der Architektendatenbank für das Architekturzentrum Wien (Az W); freie Mitarbeiterin für das *Österreichische Biographische Lexikon* der Akademie der Wissenschaften und der jüdischen Kulturzeitschrift *David*.

Katharina Roithmeier

Studium der Architektur an der Technischen Universität Wien, Diplom 2015; 2009–2016 Mitarbeit in diversen Architekturbüros; 2011–2015 Tutorin an den Instituten für Kunstgeschichte sowie Baugeschichte der Technischen Universität Wien; Mitarbeit an diversen Forschungs- und Publikationsprojekten; 2012–2015 Teilnahme am internationalen Wettbewerb Solardecathlon 2014 (Irvine, Kalifornien – 1. Platz); seit 2016 Referentin am Bundesdenkmalamt (Abteilung für Wien); seit 2017 Lehrauftrag an der Technischen Universität Wien, Schwerpunkt auf der Denkmalvermittlung.

Personenregister

Bibliografie

Friedrich Achleitner, Bemerkungen zum Thema „Österreichische Architektur", in: Viktor Hufnagl, Österreichische Gesellschaft für Architektur (Hrsg.), Österreichische Architektur 1960 bis 1970, Katalog Ausstellung, La-Chaux-de-Fonds, 3.–23. Mai 1969, Wien 1969, o. S.

Gert Ammann und Tiroler Landesmuseum Ferdinandeum (Hrsg.), Tirol – Frankreich. 1946–1960. Spurensicherung einer Begegnung, Katalog Ausstellung, Tiroler Landesmuseum Ferdinandeum in Zusammenarbeit mit dem Institut français d'Innsbruck, Innsbruck, 12. September – 6. Oktober 1991, Innsbruck 1991.

Felix Augenfeld, Modern Austria. Personalities and Style, in: The Architectural Review 83, London 1938, S. 165f.

Zygmunt Bauman, Leben in der Flüchtigen Moderne, Frankfurt am Main 2007.

Berufsvereinigung bildender Künstler Österreichs (Hrsg.), Kunst in Bewegung. 100 Jahre Berufsvereinigung der bildenden Künstler Österreichs, Wien 2012.

Matthias Boeckl (Hrsg.), Visionäre und Vertriebene, Wien 1995.

Matthias Boeckl (Red.), Otto Prutscher. 1880–1949. Architektur, Interieur, Design, Wien 1997.

Sigal Davidi, Architektinnen aus Deutschland und Österreich im Mandatsgebiet Palästina, in: Mary Pepchinski u. a. (Hrsg.), Frau Architekt. Seit mehr als 100 Jahren: Frauen im Architekturberuf, Frankfurt am Main/Berlin 2017, S. 49f.

Sokratis Dimitriou, Österreichs Architektur 1960 bis 1969, in: Viktor Hufnagl und Österreichische Gesellschaft für Architektur (Hrsg.), Österreichische Architektur 1960 bis 1970, Katalog Ausstellung, La-Chaux-de-Fonds, 3.–23. Mai 1969, Wien 1969, o. S.

Christoph Freyer, Hans Kamper (1905–1992), in: Ingrid Holzschuh und Monika Platzer (Hrsg.), „Wien. Die Perle des Reiches". Planen für Hitler, Zürich 2015, S. 221.

Ute Georgeacopol-Winischhofer, „Sich-bewähren am Objektiven", in: Juliane Mikoletzky u. a. (Hrsg.), „Dem Zuge der Zeit entsprechend ...". Zur Geschichte des Frauenstudiums in Österreich am Beispiel der Technischen Universität Wien, Wien 1997, S. 218.

Ute Georgeacopol-Winischhofer, Bolldorf-Reitstätter, Martha, in: Brigitta Keintzel und Ilse Korotin, Wissenschafterinnen in Österreich. Leben – Werk – Wirken, Wien u. a. 2002, S. 85f.

Ute Georgeacopol-Winischhofer, Koči, Ilse geb. Weschta, in: Brigitta Keintzel und Ilse Korotin, Wissenschafterinnen in Österreich. Leben – Werk – Wirken, Wien u. a. 2002, S. 386f.

Ute Georgeacopol-Winischhofer, Lassmann, Edith geb. Jurecka, in: Brigitta Keintzel und Ilse Korotin, Wissenschafterinnen in Österreich. Leben – Werk – Wirken, Wien u. a. 2002, S. 446f.

Hans Hinkel, Handbuch der Reichskulturkammer, Berlin 1937. Clemens Holzmeister, Stephan Simony (1903–1971), in: Der Bau, Heft 4/5, 25. Jg., Wien 1970, S. 2.

Benedikt Huber, Architekturkritik oder gilt auch in Österreich, in: Der Bau, Heft 2, 13. Jg., Wien 1958, S. 74f.

Eugen Hönig, Die Reichskulturkammer und die bildende Kunst im Neuen Reich, in: Ernst Adolf Dreyer (Hrsg.), Deutsche Kultur im Neuen Reich, Wesen, Aufgabe und Ziel der Reichskulturkammer, Berlin 1934, S. 59f.

Hans Jaksch, Aufruf an die Architekten, in: Neues Wiener Tagblatt, 9. April 1938, S. 10.

Norbert Kunz, Die Krim unter Deutscher Herrschaft 1941–1944. Germanisierungsutopie und Besatzungsrealität, Darmstadt 2005.

Wassili Kussakow, Der Wiederaufbau und die Neugestaltung der Sowjetunion, in: Der Aufbau, Dezember 1946, S. 247f.

Mirjam Langer, Wiener Theater nach dem „Anschluss" 1938 im Fokus nationalsozialistischer Arisierungsmaßnahmen dargestellt am Beispiel des Bürgertheaters, Wien, Univ., Masterarbeit, 2009.

Karl Raimund Lorenz, Ein europäischer Architekt sieht Amerika, in: Der Aufbau, Oktober 1950, Wien, S. 449f.

Ute Maasberg, Regina Prinz (Hrsg.), Die Neuen kommen! Weibliche Avantgarde in der Architektur der zwanziger Jahre, Hamburg 2004.

Iris Meder, Offene Welten, die Wiener Schule des Einfamilienhausbaus 1918–1938, Stuttgart, Univ., Diss., 2004.

Iris Meder, Ein Jahrhundert Baukultur, in: ZV (Hrsg.), 100 Jahre ZV. 40 Jahre Bauherrenpreis, Wien 2007, S. 13f.

Juliane Mikoletzky, „Von jeher ein Hort starker nationaler Gesinnung". Die Technische Hochschule in Wien und der Nationalsozialismus, Wien 2003.

Wilhelm Mrazek, Wie wohnt die Welt – Wie wohnt man in Österreich, in: Alte und Moderne Kunst, Heft 4, 1956, S. 35f.

Mary Pepchinski u. a. (Hrsg.), Frau Architekt. Seit mehr als 100 Jahren: Frauen im Architekturberuf, Frankfurt am Main/Berlin 2017.

Martina Pippal, Pippal-Kottnig, Eugenie, in: Brigitta Keintzel und Ilse Korotin, Wissenschafterinnen in Österreich. Leben – Werk – Wirken, Wien u. a. 2002, S. 573f.

Sabine Plakolm-Forsthuber, Ein Leben, zwei Karrieren. Die Architektin Liane Zimbler, in: Matthias Boeckl (Hrsg.), Visionäre & Vertriebene, Berlin 1995, S. 295f.

Vilja Popovic, Die Zentralvereinigung der ArchitektInnen Österreichs, Graz, Univ., Dipl.-Arb., 2004.

Wilfried Posch, Clemens Holzmeister. Architekt zwischen Kunst und Politik, Salzburg 2010.

Ursula Prokop, Zum jüdischen Erbe in der Wiener Architektur, Wien 2016.

R. J. B., Kritisch betrachtet …, in: Der Aufbau, Heft 5, 10. Jg., Wien 1955, S. 195.

Roland Rainer und Erich Boltenstern, Konrad Wachsmann. Planung und Erziehung, in: Der Bau, Heft 5/6, 11. Jg., 1956, S. 120f.

Siegfried Theiss, Was wollen die Architekten, in: Wiener Ingenieurkammer (Hrsg.), Festschrift anlässlich des 75-jährigen Bestandes der Ziviltechniker, Wien 1935, S. 56.

Stephan Simony, So baut die Welt, in: Der Bau ,Heft 5/6, 6. Jg., Graz/Wien 1951, S. 119.

Stephan Simony, Echtes und Falsches, in: Der Bau Heft 1/2, 7. Jg., Graz/Wien 1952, S. 119.

Stephan Simony: Ja und Nein, in: Der Bau, Heft 1/2, 10. Jg., Wien 1955, S. 33.

Katrin Stingl, Ella Briggs(-Baumfeld). Wohnbauten in Wien (1925/26) und in Berlin (1929/30), Wien, Univ., Dipl.-Arb., 2008.

Siegfried Theiss, Was wollen die Architekten, in: Wiener Ingenieur-kammer (Hrsg.), Festschrift anlässlich des 75-jährigen Bestandes der Ziviltechniker, Wien 1935, S. 56.

Maria Tölzer, Gestalten statt nur Möblieren. Vorschläge für das Gestalten von Kleinwohnungen 1947–1960, Bd. 1, Wien 1985, in: The International Archive of Women in Architecture (IAWA), Blacksburg, Virginia Tech, Ms 2001–054.

Robert Winkelhofer, Der „unbekannte" Max Hegele – Biographie und ausgeführte Werke des Wiener Architekten (1873–1945) ab 1914 im Kontext des zeitgenössischen Baugeschehens, Wien, Univ., Masterarbeit, 2014.

Veronika Zangl, „Ich empfinde diese Massnahme persönlich als ungerecht". Heinz Kindermanns Entlastungsstrategien 1945–1954, in: Birgit Peter und Martina Payr (Hrsg.), „Wissenschaft nach der Mode?". Die Gründung des Zentralinstituts für Theaterwissen-schaft an der Universität Wien 1943, Wien u. a. 2008, S. 181.

o. A., Verzeichnis der Mitglieder der Zentralvereinigung der Architekten Österreichs nach dem Stande vom 1. Juni 1933, Wien 1933.

o. A., Verzeichnis der Mitglieder der Zentralvereinigung der Archi-tekten Österreichs nach dem Stande vom Jänner 1937, Wien 1937.

o. A., Zentralvereinigung der Architekten Österreichs. Satzungen, Geschäftsordnung, Standesvorschriften, Wien 1929.

o. A., Nachlass Helene Koller-Buchwieser, in: The International Archive of Women in Architecture, Blacksburg, Virginia Tech (IAWA), Ms 95-020.

o. A., Vorschläge für das Gestalten von Kleinwohnungen 1947–1960, Bd. 1, Wien 1985, in: IAWA, Ms 2001-054.

o. A., Drei Wienerinnen und ein Wiener von der UNRRA nach USA eingeladen, in: Neues Österreich, 28. Juni 1946, S. 3.

o. A., Verkehrswerbebüro des Deutschen Reiches in Wien, in: Das behagliche Heim – Innen-Dekoration XLIX. Jahrgang, Darmstadt-Stuttgart 1938, S. 105f.

Quellen online

Ralf Blank, Albert Hoffmann (1907–1972), in: http://www.historisches-centrum.de/index.php?id=284, Zugriff am: 11. Juli 2017.

Jutta Brandstetter, Theodor Heinrich Mayer, in: http://www.architektenlexikon.at/de/391.htm, Zugriff am: 15. August 2018.

Jutta Brandstetter, Alexander Neumann, in: http://www.architektenlexikon.at/de/425.htm, Zugriff am: 26. Juni 2018.

Datenbank der Friedhöfe Wien, Gräbersuche, in: https://www.friedhoefewien.at/eportal3/, Zugriff am: 22. Juni 2018.

Dokumentationsarchiv des österreichischen Widerstandes (DÖW), Shoa-Opferliste, in: http://www.doew.at/erinnern/personendatenbanken/shoah-opfer, Zugriff am: 26. Juni 2018.

Dagmar Herzner-Kaiser, Anton Liebe, Edler von Kreutzner, in: http://www.architektenlexikon.at/de/358.htm, Zugriff am: 17. Juni 2018.

Monika Keplinger, Erich Boltenstern, in: http://www.architektenlexikon.at/de/1367.htm, Zugriff am: 2. Juni 2018.

Iris Meder, Sachen, wie sie eben geworden sind, in: http://davidkultur.at/artikel/8222sachen-wie-sie-eben-geworden-sind8220, Zugriff am: 15. August 2018.

Ursula Prokop, Otto Schönthal, in: http://www.architektenlexikon.at/de/570.htm, Zugriff am: 22. Juni 2018.

Ursula Prokop, Leopold Steinitz, in: http://www.architektenlexikon.at/de/621.htm, Zugriff am: 26. Juni 2018.

Ursula Prokop, Ludwig Tremmel, in: http://www.architektenlexikon.at/de/650.htm, Zugriff am: 12. August 2018.

Ursula Prokop, Oskar Unger, in: http://www.architektenlexikon.at/de/658.htm, Zugriff am: 6. Juli 2018.

Ursula Prokop, Fritz Zeymer, in: http://www.architektenlexikon.at/de/717.htm, Zugriff am: 28. Juni 2018.

Inge Scheidl, Otto Breuer, in: http://www.architektenlexikon.at/de/63.htm, Zugriff am: 26. Juni 2018.

Inge Scheidl, Ella Briggs, in: http://www.architektenlexikon.at/de/65.htm, Zugriff am: 2. Juni 2018.

Inge Scheidel, Arnold Goldberger, in: http://www.architektenlexikon.at/de/179.htm, Zugriff am: 8. Juni 2018.

Inge Scheidl, Kurt Klaudy, in: http://www.architektenlexikon.at/de/299.htm, Zugriff am: 2. Juni 2018.

Petra Schumann, Franz Schacherl, in: http://www.architektenlexikon.at/de/530.htm, Zugriff am: 22. Juni 2018.

o. A., Bundesgesetzblatt, 13. Jänner 1925, 21. Verordnung vom 27. Dezember 1924, Abänderung der Ziviltechnikerverordnung, http://alex.onb.ac.at/cgi-content/alex?aid=bgb&datum=1925&page=181&size=45, Zugriff am: 15. Juni 2018.

o. A., Bundesgesetzblatt, 2. März 1937, 61. Verordnung, Abände-rung der Ziviltechnikerverordnung, in: http://alex.onb.ac.at/cgi-content/alex?aid=bgl&datum=19370004&seite=00000297, Zugriff am: 15.Juni 2018.

o. A., Karl Langer Architectural Plans, in: http://blogs.slq.qld.gov.au/jol/2014/09/26/karl-langer-architectural-plans/, Zugriff am: 17. Juni 2018.

o. A., Otto Breuer, in: http://www.werkbundsiedlung-wien.at/biografien/otto-breuer, Zugriff am: 15. August 2018.

o. A., Reichsbehörden der Sonderverwaltungen im Reichsgau Wien, in: http://docplayer.org/48001093-Reichsbehiirden-der-sonderverwaltungen-im-reichsgau-wicn.html, Zugriff am: 25. August 2017.

o. A., Steinitz, Leo(pold) (1868–1942), Architekt und Baumeister, Österreichisch biografisches Lexikon, in: http://www.bio-graphien.ac.at/oebl/oebl_S/Steinitz_Leo_1868_1942.xml, Zugriff am: 15. August 2018.

o. A., Theodor-Körner-Hof, in: https://www.wienerwohnen.at/hof/103/103.html, Zugriff am: 16. Juni 2018.

o. A., Wolfganggasse 50-52, in: https://www.wienerwohnen.at/hof/889/Wolfganggasse-50-52.html, Zugriff am: 24. Juni 2018.

Impressum

Herausgeberin
Ingrid Holzschuh, A-Wien

In Zusammenarbeit mit der
Zentralvereinigung der ArchitektInnen Österreichs

Dank an alle fördernden Institutionen:

Mit Beiträgen von
Maria Auböck, A-Wien
Ingrid Holzschuh, A-Wien
Gabriele Kaiser, A-Wien
Sabine Plakolm-Forsthuber, A-Wien
Monika Platzer, A-Wien
Ursula Prokop, A-Wien
Katharina Roithmeier, A-Wien

Acquisitions Editor
David Marold, Birkhäuser Verlag, A-Wien

Project and Production Editor
Angelika Heller, Birkhäuser Verlag, A-Wien

Lektorat
Kirsten Rachowiak, D-München

Gestaltung
seite zwei, www.seitezwei.com

Fotografien
Paul Bauer, A-Wien

Druck
Holzhausen Druck GmbH, A-Wolkersdorf

Library of Congress Control Number
2018956461

Bibliografische Information der Deutschen Nationalbibliothek
Die Deutsche Nationalbibliothek verzeichnet diese Publikation in der Deutschen Nationalbibliografie; detaillierte bibliografische Daten sind im Internet über http://dnb.dnb.de abrufbar.

ISBN 978-3-0356-1795-5

© 2019 Birkhäuser Verlag GmbH, Basel
Postfach 44, 4009 Basel, Schweiz
Ein Unternehmen der Walter de Gruyter GmbH, Berlin/Boston

9 8 7 6 5 4 3 2 1   wwww.birkhauser.com